本书由河南省烟草专卖局（公司）、河南农业大学农业政策与农村发展研究中心资助出版

河南省烤烟生产发展稳定性问题研究

Study on the Stability of Flue-cured Tobacco Production Development in Henan Province

苏新宏　著

中国农业出版社

图书在版编目（CIP）数据

河南省烤烟生产发展稳定性问题研究/苏新宏著
.—北京：中国农业出版社，2011.6
ISBN 978-7-109-15666-1

Ⅰ.①河… Ⅱ.①苏… Ⅲ.①烤烟-烟草工业-经济发展-研究-河南省 Ⅳ.①F426.89

中国版本图书馆 CIP 数据核字（2011）第 086703 号

中国农业出版社出版
（北京市朝阳区农展馆北路 2 号）
（邮政编码 100125）
责任编辑 赵 刚

北京中科印刷有限公司印刷 新华书店北京发行所发行
2011 年 7 月第 1 版 2011 年 7 月北京第 1 次印刷

开本：720mm×960mm 1/16 印张：13.75
字数：255 千字 印数：1～1 000 册
定价：28.00 元

序　　言

《河南省烤烟生产发展稳定性问题研究》一书出版之际，作者邀我作序，作为本书作者的博士生导师，我责无旁贷，欣然接受。苏新宏是我的第一个博士生，他于2006年考入河南农业大学攻读博士学位，几年来，我目睹了他在烟草技术经济领域的不懈追求和成长过程，他农学硕士毕业后进入河南省烟草专卖局（公司）工作，主要从事烤烟生产经营管理工作，倍感农业经济管理知识的匮乏，2006年适逢河南农业大学经济与管理学院招收第一届博士生，他有幸成为该院当年唯一一名博士生。由于工作繁忙，而且是从学习作物生产技术转向农业经济管理，在指导他学习、选题和撰写论文的过程中，使我看到了他有志于将农业经济管理理论和烤烟生产相结合的迫切愿望，并为此不懈追求，与此同时，也加深了我对烟草行业、对河南省烤烟生产的了解。在苏新宏博士的学术专著即将出版之际，谨向他表示由衷的祝贺！

烟草产业是我国的重要产业，在增加国家财政收入和发展地方经济中发挥着重要作用，同时烟草产业也是一个特殊的产业，目前实行国家垄断、专卖专营。烟叶作为烟草产业供应链的起始点，在整个产业中处于重要的基础地位，其产量与质量稳定与否，不仅关系到整个烟草产业经济运行的平稳发展和经济运行质量的提高，同时事关国家烟草产业的安全。国家烟草专卖局姜成康局长指出，烟叶是行业发展的基础，也是制约行业发展的因素，烟叶工作的好坏事关全行业发展的大局；烟叶稳，整个行业就稳；烟叶出问题，整个行业必然出问题。随着《烟草控制框架公约》生效、农业大环境的变化、卷烟产品结构的调整、烟草行业体制改革的深化以及品牌扩张战略的实施，烟叶生产平稳发展的不确定因素增多，对我国烟草行业产生深远的影响。

河南省是我国烤烟发源地之一，1913年开始试种烤烟，已有近百年种植历史，是我国的老烟区，过去很长时间是我国烤烟的主产区之一。河南烟叶具有独特的浓香型风格特色，配伍性好，在过去很长一段时间内支撑着我国卷烟工业的发展，为行业发展做出了巨大贡献。1987年之前河南省烤烟收购量稳居全国第一，之后整体呈下降趋势，尤其是1998年后收购量大幅下降，生产波动较大，2007年创历年来最低，在全国的位次逐步后移，不能满足一些把河南烟叶作为主料原料工业企业卷烟生产的需要。随着国家烟草专卖局“中式卷烟”的提出、“两个10多个”战略以及卷烟上水平规划的实施，行业发展已经进入了新的阶段，优势卷烟企业和优势卷烟品牌迅速扩张，对河南浓香型烟叶的需求有一定程度的增加，而烟草行业工商管理体制分离后实施的工业烟叶采购计划与商业烟叶生产计划相等政策，对烟叶生产销售计划进行严格管制，以及烟叶资源配置方式改革（烟叶生产计划由工业需求来确定），对河南烟叶发展提出了不小的挑战。研究河南省烤烟生产稳定性问题，对持续满足卷烟工业企业优势品牌对河南烟叶的需求，实现河南省烤烟生产的稳定发展具有重要意义。

本书针对河南省烤烟生产发展实际，运用理论分析与实证分析相结合，定量分析与定性分析相结合的方法，从理论到实证，从宏观到微观，通过研究背景介绍、国内外研究动态与主要理论基础概述，对专卖管理体制下河南省烤烟供给与需求进行了分析，运用生产波动理论对河南省烤烟生产波动问题进行了实证分析，还运用比较优势理论和竞争优势理论对河南省烤烟生产区位移动及生产布局调整进行了实证分析，运用数据包络分析方法（DEA）对河南省烤烟生产技术效率进行了评价，并通过问卷调查的方式对河南省烟农种植意愿进行了实证分析。从供需状况、生产波动、布局调整、比较效益、技术效率、生产者行为、政策环境等方面分析了影响河南省烤烟生产发展稳定性的制约因素，并据此提出实现河南省烤烟生产稳定发展的政策建议。研究成果具有一定的创新之处，对策建议具有一定的操作性。希望本书的出版能为河南省乃至全国烤烟生产提供借鉴和参考。

是为序。

张冬平

2011年4月于河南农业大学

摘　要

烟叶作为烟草产业供应链的起始点，在整个产业中处于重要的基础地位。河南省是我国烤烟主产区之一，所产烟叶具有独特的浓香型风格特色、配伍性好，在国内卷烟配方中发挥着重要作用。1998 年后河南省烤烟收购量大幅下降，生产波动较大，在全国的位次后移，不能满足卷烟生产需要，尤其是在国家烟草专卖局（简称国家局）提出卷烟大品牌战略后表现更为突出。研究河南省烤烟生产发展稳定性问题，对持续满足卷烟工业企业优势品牌扩张对河南烟叶的需求，实现河南省烤烟生产的稳定发展具有重要意义。

本书基于经济学相关理论，在总结已有研究成果，吸取其中有益的理论分析和论证方法的基础上，针对河南省烤烟生产发展实际，系统深入地分析了影响河南省烤烟生产稳定发展的障碍性因素，揭示了相关因素对烤烟生产发展影响效应及存在问题，为河南省烤烟生产稳定发展提供思路和对策。本书的主要结论和创新成果如下：

1. 分析了我国及河南省烤烟供给与需求状况。结果表明，烟叶作为一种自然属性与经济属性相互交织的农产品，生产受自然、经济、社会、政府管制等多种因素影响，需求弹性与供给弹性差别很大，供给的调整总是相对滞后于需求的变化，烟叶生产的周期性波动和烟叶市场的供需失衡难以完全避免，尤其是烤烟收购的完全买方政府垄断和烟农自由种植之间的矛盾越来越突出。河南省烤烟生产和全国烤烟生产一样，每年都面临着“稳与控”、“多与少”的压力，国家局中式卷烟的提出以及我国加入《烟草控制框架公约》对减害降焦的新要求，给河南省烤烟生产发展带来了机遇。河南省烤烟生产应把有限的烤烟种植计划用足、做实，稳定种植面积，在保持河南省烤烟浓香型风格特色的基础上，提高单位面积产量，避免产量出现大的波动，并根据市场需求状况，不断向国家局争取种植收购计划，力争规模稳定在 17.5 万～20 万吨，占我国烤烟市场份额稳定在 8%以上，提高特色优质烟叶的保障能力。

2. 对河南省烤烟生产波动进行了实证分析。结果表明，在 1988 年之前河南省和全国烤烟生产波动基本一致，大部分年份占全国总量的 20%以上，年收购量均在 35 万吨以上，1988 年之后河南省烤烟生产总体呈下降趋势。建立烟草专卖体制后的1983—1992年是豫中烟区发展最好的时期，占全省总量一直保持在30%以上，之后逐渐被豫西烟区代替。HP滤波法测定烤烟生产波动表明，河南省烤烟产量以1986年为分界点明显分为上升和下降两个大阶段，2005年后又开始缓慢平稳向上。根据周期波动理论，可以将河南省1950—2009年烤烟生产波动划分为12个阶段，波动的平均年距为4.75年，烟草管理体制的建立并没有抑制烤烟生产稳定性差的状况。进一步分析显示，种植面积2003—2009年呈缓慢平滑向下，而单产1999—2009年呈较快平滑上升，种植面积进一步恢复的难度较大。影响河南省烤烟产量波动最主要的因素是种植面积、物质投入（正效应），其次是自然灾害（负效应），其他因素影响较小。

3. 对河南省烤烟生产布局调整及区位移动进行了分析。结果表明，不管是与其他产烟省份相比，还是在省内与其他竞争作物相比，河南省烤烟生产都具有较强的综合比较优势，但从近十年的发展趋势看比较优势正在不断丧失，河南省烤烟生产的比较优势有待加强。河南烤烟生产的效率比较优势不明显，较高的综合比较优势主要靠规模优势来维持，发挥河南烤烟生产综合比较优势必须依靠省内烤烟生产布局调整和提高效率比较优势。河南省烤烟生产优势具有显著的地域差异，生产的优势区主要分布在豫西烟区的三门峡、洛阳和济源，豫中烟区的平顶山、许昌和漯河以及豫西南烟区的南阳；豫中、豫东烟区效率比较优势高于规模比较优势，而豫西、豫西南烟区则相反。规模比较优势高的地区要以提高土地生产率为主，而效率比较优势高的地区要以提高烟叶质量为主。从烤烟产区移动的状况看，生产重点区域呈现由平原向丘陵山区、东部向中西部、经济发达地区向经济欠发达地区转移的趋势。

4. 对河南省烤烟生产比较效益与生产效率进行了分析。结果表明，河南省烤烟单位面积产量、出售价格、生产成本较低，净利润、现金收益、成本利润率较高；河南省平原烟区单产较高、生产成本较低、净利润较高，而部分丘陵烟区具有价格优势，加上适度补贴和较高单产，净利润也较高，如果丘陵山区单产过低，即便有价格优势和较高补贴，净利润仍较低。烤烟单作或小麦/烤烟与其他作物复种方式相比，总成本、产值、现金成本、现金收益高，但净利润、成本利润率低，主要原因是河南烤烟生产以家庭劳动力为主进行生产，用工数量多，家庭劳动日工价被明显低估。对河南省烤烟生产效率分析可知，与全国其他主要产烟省份相比，目前河南省烤烟生产的综合技术效率、技术效率与规模效率均处于无效率状态，生产还处于规模报酬递增阶段。基于Malmquist指数的生产效率分析表明，1983年以来，河南省烤烟生产的全要素生产率TFP、技术进步、综合技术效率、纯技术效率与规模效率变化都呈现明显的下降趋势，且年际间波动较大，主要是受技术进步缓慢和规模效率不高的影响。

5. 分析了河南省烟农烤烟种植意愿和影响因素。结果表明，烟区多数烟农年龄在50岁左右，文化程度以初中文化为主，烤烟生产仍然是以“小农生产、分散种植、粗放经营”为主的传统农业生产方式，户均种植规模主要集中在0.27～0.67公顷，烟农在长期的实践中对种植技术比较熟悉，烤烟种植收入比较稳定。烤烟种植劳动用工多、强度大、比较效益不高、病虫害多和机会成本高是阻碍烟农种烟的主要原因，影响烟农种烟积极性主要是管理问题而不是技术本身。烟农对病虫害防治技术和测土配方施肥技术需求迫切，希望得到生产资料补贴；烟农希望烟草部门加大生产投入，继续做好技术指导和服务。ISM模型分析表明，影响烤烟生产稳定发展的因素链中，直接因素是种植技术、烟农种植意愿、种烟收入、管理服务等；基础因素是烟农文化程度和烟田轮作制度。对烟农种植意愿影响因素的实证分析表明，烟农年龄、所处地貌、种烟劳动力人数、种烟烟龄、种烟收入占全部收入的比例、是否进行轮作、对烟草公司技术服务满意度、参加烟叶种植保险意愿、烟叶收购站的服务等因素都会对烟农种烟的意愿和积极性产生正的影响，烟田基础设施和密集烤房等基础设施建设虽然不能起到激励作用，但作为保健因素在稳定烟农种烟积极性方面不可或缺。

6. 对河南省烤烟生产的外部政策环境和要素投入进行了分析。结果表明，种烟比较效益下降，市场需求萎缩和国家局政策取向加剧了北烟南移步伐。烤烟种植面积和单产是影响河南省烤烟生产变化相对活跃的因素，城镇化对烤烟生产有一定程度的负向影响，工业化对带动烤烟生产发展的促进作用有待进一步加强，烤烟生产支持政策还需要进一步强化。农村土地经营制度是导致烤烟“小而散”种植方式的根本原因，2004年以来中央的农业新政为烤烟生产稳定发展带来了机遇与挑战。与其他种烟省份相比，河南省烤烟生产要保持资金生产率较高的前提下，不断提高土地生产率和劳动生产率；与其他烤烟竞争作物相比，烤烟生产单位面积产值的提高主要靠价格上涨实现，1983年以来烤烟生产土地、资金生产率增长幅度和劳动生产率下降幅度远不及其他竞争作物。河南烤烟生产还缺乏关键技术支撑，尤其是缺乏优质、适产、抗逆性好的当家品种和先进的生产工具，稳控矛盾仍然困扰河南省烤烟生产发展。

7. 提出了实现河南省烤烟生产稳定发展的对策建议。在理论分析与实证研究结论的基础上，针对河南省烤烟生产现状，在分析影响因素作用机制的基础上，提出了农工商研牵手，加快品牌导向性基地单元建设；大力推进现代烟草农业建设；创新烤烟生产组织管理模式；加快河南省烤烟种植向优势产区转移和调整种植结构；完善河南省烤烟生产科技支撑体系；提高农民种植烤烟的比较效益，促进烟区农民增收；建立和完善烟叶生产扶持政策等一系列对策建议。

关键词：河南省；烤烟生产；稳定性；专卖体制

Abstract

Tobacco leaf as a starting point for the tobacco industry supply chain, is an important foundation in the whole tobacco industry. Henan province is one of the main producing areas of China; Henan tobacco leaf has a unique aroma-type tobacco flavor trait and good compatibility, which play an important role in the domestic cigarette blends. After 1998, Henan provincial flue-cured tobacco displayed a sharp decline in purchase amounts and enormous production fluctuation, resulting in backward order of precedence in the domestic and insufficient needs of cigarette production; highlighted in the big brand strategy proposed by state tobacco monopoly bureau. Studying on some problems influencing the stability of flue-cured tobacco production development will be great significance for sustaining demand of preponderant cigarette brands of industrial enterprises and stable development of flue-cured tobacco production in Henan province.

Based on the theory of economics, reported research results summarized, and useful theoretical analysis and verification methods, this dissertation systematically and deeply analyzed obstacle factors influencing the stability of flue-cured tobacco production development, and revealed influencing effects-related factors and existing problems, aiming at current status of flue-cured tobacco production in Henan province. This study will provide useful ideas and measures for stable development of flue-cured tobacco production in Henan province. The main conclusions and innovations are as follows:

1. Analysis of flue-cured tobacco supply and demand conditions in Henan province and in China. The results show that tobacco leaf as an agricultural product intertwined with natural property and economic attributes, is influenced by natural, economic, social, government regulation and other factors; its demand and supply elasticity exists large difference, and the adjustment of its supply always lags behind the demand changes. The resulting cyclical fluc-

tuations of tobacco leaf production and imbalance of products market supply and demand are not avoided completely, especially, more and more prominent contradictions between complete government monopoly of flue-cured tobacco purchase and free planting of growers. Like flue-cured tobacco production nationwide, flue-cured tobacco production in Henan province faces pressure of "stability and control", "more and less" each year. The concept "Chinese-cigarettes" proposed by the state tobacco monopoly bureau and new requirements of harm-reduction and reducing tar from China's accession to "the Framework Convention on Tobacco Control" bring opportunity to flue-cured tobacco production development in Henan province. Henan flue-cured tobacco production should be of limited use to the full planting plans, and practical, stability, growing area, while maintaining the unique style of Henan tobacco aroma-type flavor, based on increased yield per unit area, to avoid big fluctuations in output; According to market demand situation, the Henan flue-cured tobacco production should constantly strive for increasing planting and purchase program to the state tobacco monopoly bureau, and attempt to scale stable at 17.5-20 million tons, accounting for more than 8% of domestic flue-cured tobacco market share, and improve security capacity of characteristic and high-quality tobacco leaf.

2. Empirical analysis of the fluctuation of the Henan flue-cured tobacco production. The results show that the volatility of flue-cured tobacco production in Henan province is similar to that of the nation prior to 1988; In most of years the yield accounted for more than 20% of national total amounts and annual purchase amount exceeds more than 35 million tons; after 1988, Henan province has overall downward trend in tobacco production. The best period of flue-cured tobacco development in central Henan province was from 1983 to 1992 after the establishment of tobacco monopoly system in Henan province, accounting for and remaining more than 30%of the whole province's total. After that, its position was gradually replaced by western Henan province tobacco areas. But flue-cured tobacco district of Western Henan province position is no longer compared with the old central Henan province. The analyses of flue-cured tobacco production fluctuations in Henan province using HP filter method showed that flue-cured tobacco production can be divided into two major rise

and fall phases as the cutoff point of 1986 and began to rise slowly and smoothly again after 2005. According to business cycle theory, flue-cured tobacco production fluctuations from 1950 to 2009 are divided into 12 stages in Henan province, fluctuations in average distance of 4.75 years; Establishment of the tobacco management system did not inhibit the situation of deteriorating stability in the production of flue-cured tobacco. Further analysis showed that planting area presents down slowly and smoothly from 2003 to 2009, and yield per unit displays a smooth rise rapidly from 1999 to 2009, planting area is difficult to further recovery. The most important factor impacting flue-cured tobacco production fluctuations in Henan province is planting area, material input (positive effect), followed by natural disasters (negative effect), and other factors were less effect.

3. Henan flue-cured tobacco production layout adjustment and mobile location were analyzed, the result shows that Henan flue-cured tobacco production has strong comprehensive comparative advantage regardless of comparing with other than flue-cured tobacco producing provinces, or other competing crops; but comparative advantage is losing from the development trend in recent decade. Overall, flue-cured tobacco production comparative advantage needs to be strengthened. The comparative advantage of the efficiency of Henan flue-cured tobacco production is not obvious, and high comparative advantage depends mainly on the scale advantage to maintain; function as a comprehensive comparative advantage of flue-cured tobacco production must rely on the production layout adjustment and improve efficient comparative advantage in Henan province. Flue-cured tobacco production has significant advantages of regional differences in Henan province; the advantages of flue-cured tobacco area are mainly distributed in western Henan Sanmenxia, Luoyang and Jiyuan, central Henan in the tobacco area Pingdingshan, Xuchang and Luohe and southwest Henan Nanyang; The efficient comparative advantage is higher than the scale comparative advantage central and eastern Henan tobacco area, while those in the western and southwest Henan tobacco area are on the contrary. Flue-cured tobacco production should give priority to improving land productivity in high scale comparative advantage areas, while improving the quality of tobacco leaf in high efficient comparative advantage areas. From the

status of flue-cured tobacco producing areas, the key areas of production presented by the plains to the hills and mountains, east to central and western regions, economically developed regions to underdeveloped regions.

4. The comparative benefits and production efficiency of tobacco production were analyzed in Henan province, the results show that yield per unit area, the sale price, and production cost are lower; net profit, cash earnings, cost and profit margins are higher; plain flue-cured tobacco areas have higher yields, lower production costs and higher net profit, and some hilly areas have competitive price, with appropriate subsidies and higher yields per unit area , net profit was also higher; if the yield per unit area is too low in hill and mountainous area, even with the price advantage and higher subsidies, net profit is still low. Compared with other multiple cropping, tobacco monoculture or wheat/tobacco have higher total cost, production value, cash costs, cash earnings, but lower net profit, cost and profit margins; It is mainly because that flue-cured tobacco production in Henan province is based on family labors, labor quantity, underestimated family labor price of working day. Efficiency analysis shows that CRS technical efficiency, VRS technical efficiency and scale efficiency of flue-cured tobacco production in Henan province are inefficient, compared with other major flue-cured tobacco producing provinces; moreover, at present production is still in the increasing returns to scale stage. Efficiency analysis based on Malmquist index shows that total factor productivity (TFP), technical progress, CRS technical efficiency, VRS technical efficiency and scale efficiency changes of flue-cured tobacco production are showing a significant downward trend and the fluctuations between years, mainly due to slow technical progress and low scale efficiency since 1983 in Henan province.

5. Analysis of growers' planting willingness and influencing factors in Henan province, the results show that the age of majority of growers is mainly in the 50-year-old around in the areas, culture-based education to junior high school; tobacco production is mainly traditional agricultural production based on "small-scale production, scattered planting, and extensive management". Each household planting scale focused on 0.27～0.67hm^2, growers in the long-term practice are more familiar to planting techniques and their income is stable. The main reasons for hampering planting cultivation are more employ-

ment, hard labor, relatively low benefit, frequent diseases and pets, and high opportunity costs. Affecting the enthusiasm of growers is due to management issues rather than the technology itself. Growers need urgently diseases and pests control techniques and soil testing and fertilizer technology, and wish to get goods subsidies; growers hope tobacco sectors to increase inputs, technical services and guidance. ISM model analysis indicated that the direct factors are the growing technology, planting willingness, income, management services and other factors, and basic factors are the education and crop rotation. Empirical analysis of factors influencing planting willingness shows that factors that age, topography, labor force, planting time, income ratio, crop rotation or not, satisfaction of tobacco company's technology service, participation in planting insurance, collection stations services and other factors have positive effects on growers' planting willingness and enthusiasm in the stable development of flue-cured tobacco production chain. Field infrastructure and bulk curing barn etc. can not play incentive roles, but are indispensable as health care factors in the stability of growers' enthusiasm.

6. Analysis of external policy environment and production essential inputs of flue-cured tobacco in Henan province, the result shows that relative benefit declined, and market demand shrieked, state tobacco monopoly bureau policy orientation, intensified the planting areas from the north to the southward. Flue-cured tobacco planting areas and yield per unit area are relatively active factors affecting tobacco production in Henan province; urbanization factor produced negative impact to some extent; industrialization pulling the development of flue-cured tobacco production needs to be further strengthened, and support policies need to be further reinforced. Rural land management system is primary cause of "small and scattered" planting pattern, and the central new agricultural policy brings opportunities and challenges for the stable development of tobacco production since 2004. Compared with other planting provinces, flue-cured tobacco production should maintain the premise of high capital productivity and improve land productivity and labor productivity in Henan province; Compared with other competitive crops, flue-cured tobacco production output value per unit area is mainly achieved depending on the price increase; The growth amplitude of land and capital productivity and the decline

amplitude of labor productivity of flue-cured tobacco production are far less than other competitive crops since 1983. Henan flue-cured tobacco production is also a lack of key technical support, especially of prior varieties with high quality, suitable yield, and stress tolerance and advanced production tools. Stability and control conflicts still plague the development of tobacco production in Henan province.

7. Raising countermeasures and suggestions for achieving stability and development of flue-cured tobacco production in Henan province. On the basis of previous theoretical analysis and empirical research, aiming at current status of flue-cured tobacco production development in Henan province, This study analyzed function mechanisms of impact factors, and proposed to growers, tobacco business, tobacco industry and research institutes in hand, speeding up the construction of brand-oriented base unit; vigorously promoting the construction of modern tobacco agriculture; innovating flue-cured tobacco production organization and management model; speed up the transfer of planting to more favorable areas and adjustment of planting structure; perfecting flue-cured tobacco production science and technology support system; increasing growers; relative benefit and promoting growers' income in planting area; establishing and improving tobacco leaf production support policies etc.

Key words: Henan province; Flue-cured tobacco production; Stability; Monopoly system

目　　录

1 绪论

1.1 研究背景

烟草行业目前是国家垄断、专卖专营的行业，烟草产业通常是指以烟叶为主的原料生产、收购、加工，卷烟生产和销售以及烟草贸易等经济活动企业的集合。在我国，处在烟草产业链（图 1 - 1）中端的卷烟制造企业通常称之为“烟草工业”，处在烟草产业链前端和后端主要从事卷烟原料生产、卷烟产品销售的企业称之为“烟草商业”，处于烟草工业和烟草商业之间的烟叶加工企业虽然有不同工商企业的参股，但通常归烟草商业负责管理，处于烟草产业链的起点——烟草农业，尽管受烟草专卖体制监管，但烟农有权选择是否种植烟叶。

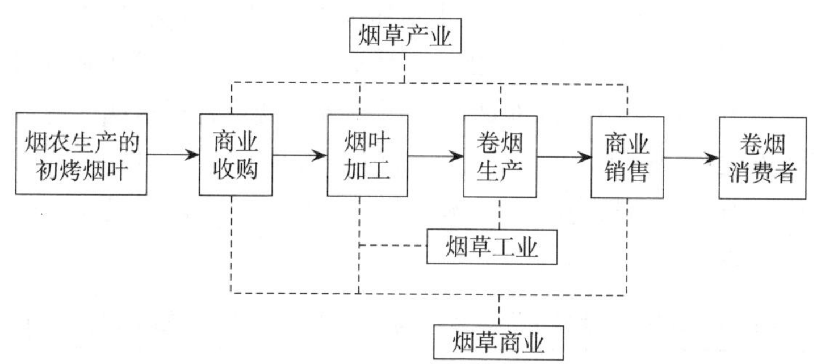

图 1 - 1 我国烟草产业链结构图

烟草产品不同于一般的商品，是一种能上瘾的嗜好品，是一种有害于健康、具有外部负效应的高利润的商品。依据 1999 年的统计数据测算，我国烟草行业的消费弹性为 0.5，也就是说，烟草产品属于价格弹性极小的“商品”[1]。烟草产品作为嗜好品，直接禁止吸烟的成本过于高昂，往往通过“寓禁于征”，即向国家交纳高额税收限制生产与销售，向有吸烟习惯的成年人征收高额税收提供商品的办法达到“禁烟”的目的。作为一种用途单一的特殊消费品，烟草及其制品在人们的日常生活中占有一定的地位。当今世界，烟草产业已发展成为一个庞大的产业，成为很多国家重要的经济支柱。据统计，全球从事烟叶原料生产的国家已超过120个，从事卷烟制造的国家达到135个。世界卷烟年消费额达到4 000亿美元，主要产烟国家的烟草产业从业人员超过4 700万人[2]。此外，还有接近1 000万人从事与烟草生产相关的工作，例如，烟机设备、卷烟盘纸、过滤嘴棒生产等。烟草产业每年为全球提供上千亿美元的税收，为促进世界经济发展起到了一定的积极作用[3]。

根据世界卫生组织统计，当今世界吸烟人口约为13亿，比20世纪90年代初期增加了近2亿，预计到2030年将增加到16亿。吸烟人口的增加和各国居民收入水平的提高，为世界烟草产业发展提供了持续的拉动力量。2008年，世界烟叶产量为601.4万吨，其中烤烟418.6万吨，中国收购烤烟237.9万吨，除中国外，巴西、印度、美国、阿根廷和津巴布韦是世界前五大烤烟生产国，烤烟产量分别为60.8万吨、27万吨、23.1万吨、8.2万吨和5.6万吨[4]。环球公司和联一国际公司（2005年5月13日，由德孟公司收购标准商业公司合并组建而成）是目前世界第一、第二大跨国烟叶公司，两公司市场份额接近，烟叶贸易量55万吨左右，约占世界烟叶贸易总量的60%[5]；2008年世界卷烟产量约6.3万亿支，销量约6.1万亿支，均为历史最高水平。在几个规模较大的卷烟消费国中，中国占世界卷烟销量的比重为35.9%，俄罗斯占6.2%，美国占5.8%，日本占4.2%，西班牙占1.5%，德国占1.4%。菲莫国际公司、英美烟草公司、日本烟草公司、帝国烟草公司这四大跨国烟草公司合计卷烟销量占世界市场的份额为41%，占中国以外世界市场的份额为64%[6]。从各国卷烟销量来看，总体上仍然保持发展中国家趋于上升、发达国家趋于下降的态势（表1-1）。

表1-1　2008年世界主要国家、跨国公司烤烟生产、卷烟销售情况

国家	烤烟产量（万吨）	市场份额（%）	国家	卷烟销量（亿支）	市场份额（%）	跨国公司	卷烟销量（亿支）	占中国以外市场份额（%）
中国	237.9	56.8	中国	21 908	35.9	菲莫	43 485	22.35
巴西	60.8	14.5	俄罗斯	3 800	6.2	英美	35 730	18.36
印度	27	6.5	美国	3 510	5.8	日本	30 705	15.78
美国	23.1	5.5	日本	2 585	4.2	帝国	14 590	7.50
阿根廷	8.2	2.0	西班牙	900	1.5			
津巴布韦	5.6	1.3	德国	880	1.4			

数据来源：李保江，衡丙权.2008年世界烟草发展报告［R］.东方烟草报，2009.

我国是世界上规模最大的烟草生产和消费国，其生产量和消费量均居世界第一，占到了全球总量的1/3左右，两烟（烟叶、卷烟）生产经营在增加国家财政收入和发展地方经济中发挥着重要作用。烟草产业自1994—2008连续15年位列全国各产业利税第一大户，对我国国民经济的发展特别是财政增收做出了重要贡献（表1-2）。据中国烟叶公司统计，2008年全国种植烤烟1 153.13千公顷，收购烟叶241.86万吨。经过几年来的联合重组，全国卷烟生产企业已由2000年的145家减少至2008年的18家省级中烟工业公司、27家具有独立法人的卷烟工业企业，18家中烟工业公司年生产规模均在500亿支以上，生产内销卷烟22 059.1亿支，销售21 908.1亿支，单牌号卷烟年产量在500亿支以上的达到13个[7]。中国卷烟品牌集中度CR_{10}已由2000年的5.8%提高到2008年的39.5%，卷烟销售网络控制市场的能力进一步提升。随着电子商务和现代物流建设步伐的加快，卷烟交易已全部纳入烟草产业统一的交易平台，全国统一销售网络基本形成，并向建设全国烟草统一大市场逐步推进。烟草产业的盈利能力持续增强，经济运行质量明显提高。2008年烟草产业实现工商税利4 499亿元，比上年增长15.7%，其中实现工商税金2 641亿元，同比增长16%[8]。

表1-2 1983—2008年我国烟草行业实现税利概况

年份	财政收入（亿元）	烟草利税（亿元）	烟草税利占财政收入比重（%）	年份	财政收入（亿元）	烟草利税（亿元）	烟草税利占财政收入比重（%）
1983	1 367	102	7.46	1996	7 408	830	11.20
1984	1 643	107	6.51	1997	8 651	900	10.40
1985	2 005	120	5.99	1998	9 876	950	9.62
1986	2 122	145	6.83	1999	11 444	989	8.64
1987	2 199	170	7.73	2000	13 395	1 050	7.84
1988	2 357	210	8.91	2001	16 386	1 150	7.02
1989	2 665	240	9.01	2002	18 904	1 450	7.67
1990	2 937	270	9.19	2003	21 715	1 680	7.74
1991	3 149	280	8.89	2004	26 356	2 100	7.97
1992	3 483	305	8.76	2005	31 649	2 400	7.58
1993	4 349	410	9.43	2006	39 373	2 950	7.49
1994	5 218	550	10.54	2007	51 321	3 880	7.56
1995	6 242	710	11.37	2008	61 317	4 499	7.34

注：烟草利税数据来源于《中国烟草》2008年增刊；财政收入数据来源于历年来《中国统计年鉴》。

2003年我国烟草行业开始了工商体制改革，将负责卷烟制造的工业企业分离出来，成立了18家工业公司。2005年国务院为烟草体制改革指明了方向，要求完成中国烟草总公司所属企业国有资产划转工作，构建母子公司体制，建立烟草现代企业制度，明确商业企业“三级法人、二级管理、一级营销”（总公司、省公司、市公司），工业企业二级法人的体制（总公司、省级工业公司）（图1-2）。总公司的职能是烟草行业的宏观调控，战略管理，政策研究，资产经营，队伍建设；省公司的职能是履行出资人职责，抓管理、抓监管、抓资产经营管理、抓队伍建设；地市公司的职能是建立充满生机与活力的市场营销主体，依法行政，守法经营，确保国有资产的保值增值；县级局的职能是加强烟草专卖行政执法主体建设，强化外打内管。

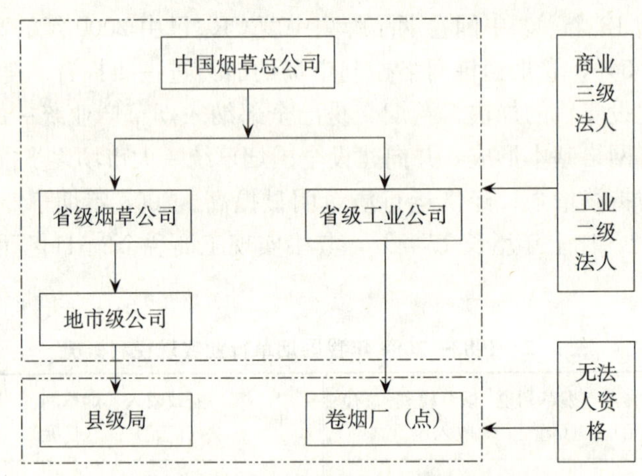

图1-2　中国烟草行业组织管理框架图

我国对于烟叶原料生产和销售实行严格的计划管理，按照《中华人民共和国烟草专卖法》的规定，烟叶收购计划由县级以上地方人民政府计划部门根据国务院计划部门下达的计划下达，其他单位和个人不得变更。烟草公司或者其委托单位应当与烟叶种植者签订烟叶收购合同。烟叶收购价格由国务院物价主管部门会同国务院烟草专卖行政主管部门按照分等定价的原则制定。烟叶由烟草公司或者其委托单位按照国家规定的收购标准、价格统一收购，其他单位和个人不得收购。省（自治区、直辖市）际间的烟叶调拨计划由国务院计划部门下达，省（自治区、直辖市）内的烟叶的调拨计划由省、自治区、直辖市计划部门下达，其他单位和个人不得变更。烟叶、复烤烟叶的调拨必须签订合同，实行准运证管理。从2004年起，为适应工商管理体制分离的需要，省内烟叶调拨计划并入省际烟叶调拨计划，实行统一管理。

河南省历史上曾是全国“两烟”第一大省，20世纪50年代曾被毛主席称赞为“烟叶王国”，60年代是辖华北、西北地区的烟草生产指挥中心，1987年以前，河南省的烟叶、卷烟产量和烟草经济效益，长期居全国之冠。河南省烟叶在全国各卷烟厂的卷烟配方中占到60%的比例，新中国成立后以浓香型烟叶为主料的河南卷烟，一直风靡全国，曾创出了一个又一个全国名牌，烟草每年的利税占省财政收入的十分之一，成为河南省经济的支柱性产业。1987年是河南省烟草发展史上一个曾经的辉煌“顶点”，当年卷烟总产量达到1 627.5亿支，占全国总产量的11.4%；销量达到1604.5亿支，占全国总销量的12.2%[9]。1988年后，尤其是90年代中期后，云南、上海、湖南等省市经“八五”、“九五”技改的胜利完成，河南省烟草大而散，大而弱的弊端逐步显现。进入21世纪后，尤其是2004年河南省烟草工商分离以来，烟草工商税利连续增长，全省共生产卷烟由2004年的1 425亿支上升到2009年的1 610亿支，销售卷烟由2004年的1 420.95亿支上升到2009年的1 609.35亿支，实现烟草工商税利由2004年的83亿元上升到2009年的212.6亿元（表1-3）。2009年河南中烟工业有限责任公司实现税利143.64亿元，比2008年增长13.97%，是全省唯一一家利税过百亿元的企业；河南省烟草公司实现税利68.96亿元，比2008年增长10.52%。河南省烟草工商企业为全省经济社会发展做出了积极贡献，河南省人民政府从2004年起连续6年对全省烟草工商系统通报表彰[10]。

表1-3 2004—2009年河南省烟草工商企业主要生产经营指标及实现税利概况

年份	生产卷烟（亿支）	销售卷烟（亿支）	烟草工商税利（亿元）	工商税利同比增长（%）
2004	1 425	1 420.95	83	32
2005	1 425	1 424.4	104.46	22.13
2006	1 479.9	1 479.75	132.75	28.45
2007	1 552.1	1 545.25	160.72	21.07
2008	1 586.1	1 580.65	188.13	16.84
2009	1 610	1 609.35	212.6	13.01

注：数据来源于2005—2010年河南省人民政府关于表彰全省烟草工商系统的通报。

1.2 问题的提出

作为烟草产业供应链的起始点，烟叶在整个烟草产业中处于重要的基础地位，其产量与质量稳定与否，不仅关系到整个烟草产业经济运行的平稳发展和经济运行质量的提高，同时事关国家烟草产业的安全。如果烟叶原料长期依赖进口就会受制于人[11]。国家烟草专卖局（简称国家局）姜成康局长指出，烟叶是行业发展的基础，也是制约行业发展的因素，烟叶工作的好坏事关全行业发展的大局。他还指出，烟叶稳，整个行业就稳；烟叶出问题，整个行业必然出问题[12]。自1982年实行烟草专卖制度以来，我国的烟叶生产经过20多年的不断发展，已具有较强的竞争优势，我国已成为世界“烟叶大国”，烟叶产量占世界烟叶总产量的30%以上，而且烟叶品种齐全，可满足卷烟工业包括美式混合型在内的各种类型的卷烟生产。由于我国卷烟主要以烤烟型为主，烟叶生产也主要以烤烟生产为主，每年产量在225万吨左右，约占世界总量的50%[13]，除烤烟外的白肋烟和香料烟所占比例较小，在国内提到的烟叶主要是指烤烟。全国共有22个省（区、市）种植烤烟，2008年，我国烤烟种植面积为1 153.13千公顷，收购量241.86万吨，云南省是我国最大的烤烟产区，收购量占全国总量的35%；其次是贵州和四川两省，收购量分别占全国总量的15.1%和7.5%；河南省烤烟收购量居全国第四，占全国总量的7%[14]。目前，中国烟草工业所需的烟叶98%以上来自于国内，部分产区的烟叶品质已经接近或达到了国际先进水平，而且中国烟叶生产成本相对较低[15]。

由于卷烟税收占财政收入比例较高，加之与人们生活的关系密切，所以行业内外对卷烟的关注程度大大超过了烟叶。实际上，我国烟叶的供求状况也不令人乐观，由于国家对烟叶生产实行严格的计划管理，而我国的卷烟生产以烤烟型为主，在卷烟配方中多使用横配方，对烟叶等级结构要求高，烟叶供求总量和结构矛盾突出。尽管1998年以来，我国的烟叶生产继续保持稳定发展，但与之前“控得住”的压力不同，我国烟叶生产发展开始同时面临着“控得住”和“稳得住”的双重压力。一方面，“三农”问题导致的烟叶生产不稳定，对全行业烟叶生产宏观调控能力提出了考验；另一方面，优质品牌快速成长所需要的优质原料保障问题，也对烟叶生产提出了更高的要求[16]。

烟叶属于农产品，有其特殊性，突出表现在：烟叶作为一种特殊的工业原料，用途单一，由政府进行管制，实行专营专卖，法律赋予了烟草专卖局（公司）对烟叶生产销售的垄断经营，对烟叶生产、收购、销售实行严格的计划管理，对烟叶收购实行政府定价，对烟叶销售实行行业定价，对烟叶分级实行强制性国家标准等。在当今逐步建立完善社会主义市场经济体制的背景下，除烟叶外的其他农产品全部按照市场供求关系，由市场定价，而国家仍对烟叶实行严格的管制，烟叶被系统外称为“市场经济中的计划孤岛”，

“最后的官方作物”[17]。我国烟叶生产实际上面临着计划经济和市场经济的双重影响，每年都面临着“控与稳、热与冷”的问题。一方面，烟叶市场需求基本稳定，国家严格控制烟叶的种植和收购，每年下达种植收购计划和烟叶收购价格；另一方面，农民是否种烟主要取决于其对种植烟叶和其他农作物之间收益的比较以及外出务工机会成本的高低。长期以来，我国烟叶收购价格是按照烟叶和粮食的比价关系来制定的，但是采用烟粮比价定价法制定的烟叶收购价格并不能真正反映种烟和种粮之间的收益对比关系，因此无法有效调动和控制农民的种烟积极性[18]。尤其在黄淮烟区，随着社会经济的快速发展和农业经济结构的调整，烤烟种植比较优势不明显，在当地经济中的份额逐年下降。

随着《烟草控制框架公约》生效、农业大环境的变化、卷烟产品结构的调整、烟草行业体制改革的深化以及品牌扩张战略的实施，烟叶生产平稳发展的不确定因素增多，对我国烟草行业产生深远的影响。烟叶生产可持续发展面临诸多的问题和挑战[19]，一是基础工作薄弱，烟田水利设施、调制设施、基层站点等基础设施建设有待加强；二是部分烟区生态环境、土壤质量退化，建立基本烟田保护制度、改善烟田质量的必要性和迫切性日渐凸显；三是烟叶品质与卷烟工业企业的需求存在差距，烟叶供求区域性、结构性矛盾更为突出；四是烟农种烟积极性亟须稳定，服务烟农水平有待提高。阻碍烟叶生产发展的突出矛盾表现为“四个脱节”[20]：一是烟叶生产虽拥有先进的实用技术，但由于烟农整体素质较低，烟叶种植者与先进的烟叶生产技术之间存在脱节；二是烟叶生产组织管理与烟叶产区分布不集中、千家万户分散种植的实际状况之间的脱节；三是烟叶经营调拨管理与多层次、多数量、成分复杂的经营主体之间的脱节；四是工农业结合不紧密，导致烟叶供给结构与工业需求结构的脱节。近年来，南方烟区一些省份烟农种烟积极性较高，而黄淮和北方烟区一些省份由于种烟比较效益较低，农民种烟积极性不高，保持烟叶生产稳定的不确定因素增多，烟叶供求矛盾日趋突出。

河南省是我国烤烟发源地之一，1913 年开始试种烤烟，已有近百年种植历史，是我国的老烟区，过去很长时间是我国烤烟的主产区之一。河南烟叶具有独特的浓香型风格特色，配伍性好，在过去很长一段时间内支撑着我国卷烟工业的发展，为行业发展做出了巨大贡献。河南省烟区发展经历了曲折的过程，在 1987 年以前河南省烤烟收购量一直居全国第一，占全国收购量多数年份都在 30%以上，其中 1960 年达 44.8%，所占比例最高，1988 年烤烟收购量达到最高，为 47.86 万吨。1989 年后，河南省烤烟收购量总体呈下降趋势，期间个别年份有所回升，1997 年 33.17 万吨，2006 年 15.67 万吨，2008 年 16.63 万吨，2009 年 18.46 万吨，而 2007 年仅收购 10.72 万吨，创历年来最低（图 1－3）。由于全国收购总量的增加，1993—2008 年这 16 年期间，仅 1994、1998 两年收购量占全国的比例超过 10%，其他年份均在 10%以下，种植规模不稳且不断下滑，在全国的位次后移，由此引起的质量信誉问题日渐突出。

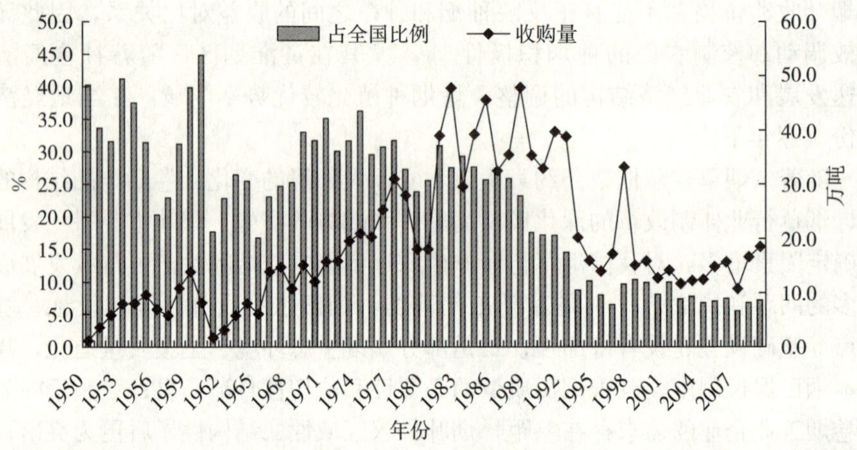

图 1－3 1950—2009 年河南省烤烟收购量及占全国收购量比例

注：数据来源于《中国烟草通志（2006）》及《中国烟叶生产实用技术指南（2001—2008）》。

目前河南省年种植烤烟在 80 千公顷左右，烟农近 20 万户，生产烟叶在 15 万吨左右，稳定规模的任务依然很大，还处于较为困难的时期。由于国家对烟叶生产、购销实行严格的计划管理，烟叶市场需求大体和生产计划相当，其中省外工业需求量约占 60%，省内客户约占 40%。随着国家局中式卷烟、“两个 10 多个”战略（培育 10 多个重点骨干企业和 10 多个重点名优品牌）[21]，以及卷烟上水平规划的实施，行业发展已经进入了新的阶段，优势卷烟企业和优势卷烟品牌的迅速扩张，对河南烟叶的需求有一定程度的增加，而国家局 2004 年工商管理体制分离后实施的工业烟叶采购计划与商业烟叶生产计划相等政策，对烟叶生产销售计划进行严格管制，以及 2008 年实施的烟叶资源配置方式改革，烟叶生产计划由工业需求（市场需求）来确定[22]，对河南烟叶发展提出了不小的挑战。如何实现烟叶生产稳定发展，持续满足卷烟工业企业对河南浓香型烟叶的需求是河南省烟叶发展面临的一个重要课题。

1.3 研究目的与意义

1.3.1 研究目的

2004年河南省烟草工商管理体制分离以来，河南省局高度重视烟叶工作，提出大抓烟叶，下大力气巩固烟叶基础地位的要求，烟叶生产投入年年增加，烟叶基础设施建设成效显著，烟叶生产开始出现止跌回升的良好势头（表1-4）。2004—2009年收购计划分别为16万吨、15.6万吨、15.4万吨、15.4万吨、15.4万吨和15.4万吨，实际收购烟叶12.43万吨、14.83万吨、15.67万吨、10.72万吨、16.63万吨和18.46万吨，2006、2008、2009年完成国家收购计划，其中2009年是1998年以来收购量最多的年份。烟叶销售也出现了良好势头，2004—2008年，受国家局销售计划不超过收购计划的影响，集中交易共与省内外工业企业和省进出口公司签订合同都约定在收购计划以内，实际执行12.58万吨、14.42万吨、15.82万吨、10.64万吨、16.54万吨和18.46万吨（超出收购量部分为上年度库存烟叶）。从近几年集中交易烟叶供需协议签订情况上看，河南省烟叶需求总量大体稳定在17.5万吨左右，与当前实际生产规模有较大差距，烟叶数量还不能满足市场的需求。

表1-4 2004—2009年河南省烤烟收购销售情况

单位：万吨

年份	收购计划	收购烤烟	销售计划	销售烤烟	市场实际需求
2004	16.00	12.43	16.00	12.58	
2005	15.60	14.83	15.60	14.42	
2006	15.40	15.67	15.40	15.82	17.5
2007	15.40	10.72	15.40	10.64	
2008	15.40	16.63	15.40	16.54	
2009	15.40	18.46	15.40	18.46	

注：数据来源于河南省烟草公司内部统计数据。

同时，河南烟叶生产受国家指令性收购计划和农民自愿种植烟叶的双重影响，“控与稳、热与冷”的问题突出。尤其是国家局提出“大市场、大企业、大品牌”战略、“两个10多个”战略和卷烟上水平规划，其核心都是品牌战略。工业企业的大品牌发展战略对烟叶供应提出了更高的要求和挑战：首先，烟叶供应的数量要满足品牌对数量的最低要求并保持持续供应；其次要求建立大品牌烟叶供应的质量保证体系，确保产区供应的烟叶质量稳定；第三，要在确保供应烟叶数量和质量稳定性的前提下满足大品牌市场快速成长对原料需求增加的要求，即：稳定、均质、持续满足需求是卷烟大品牌对烟叶供应企业最基本的要求。

就目前河南省烟叶发展状况而言，与工业要求仍有相当的差距。一是烟叶发展的基础尚不稳固，烟叶生产抵御自然灾害的能力还不够强，年际间烟叶生产数量的大幅波动，难以树立大品牌卷烟企业把河南省确定为稳定的战略合作伙伴的坚定信心。二是烟叶生产的不稳定为烟叶的质量管理带来较大困难，烟叶少时，工业抢调，烟农惜售；烟叶多时，工业缓调，烟农急售，产区公司的指导思想在稳定烟叶生产和提高质量之间摇摆不定，造成烟叶质量不同年份、不同产区之间波动较大。总之，在国家局控制烟叶总量的前提下，河南省烤烟生产的稳定发展显得越来越重要，不断满足工业企业对河南省烟叶的稳定持续供应已经成为行业上下的共同目标。

1.3.2 研究意义

烤烟是河南省的传统经济作物，在农民增收、发展地方经济和实现烟草行业快速发展过程中发挥了重要作用，稳定发展河南烟叶生产意义重大。一是促进烟区新农村建设的需要。烟叶产业是河南省农村的传统支柱产业之一，发展烟叶生产，对于优化烟区农业结构，增加烟农收入和地方财政收入，解决烟区“三农”问题，加快社会主义新农村建设步伐有着十分重要的作用。二是巩固行业改革发展成果、有效推进品牌扩张的需要。河南烟叶的浓香型风格特色是生产中式卷烟不可替代的原料之一。随着烟草行业“大品牌”战略的推进，优势卷烟工业企业和优势卷烟品牌迅速扩张，省内外一些优势厂家对河南烟叶稳定、均质、持续满足的要求更加迫切。三是实现河南烟草商业平稳发展的需要。河南烟叶曾经有过辉煌的历史，但目前烟叶种植规模不稳、质量风格弱化，不能满足市场的持续供应，河南烟叶稳定发展有利于实现河南烟草商业的平稳较快发展。四是河南烟草商业走在中西部地区前列的需要。烟叶是河南烟草商业的两大支柱之一。河南省是老烟区，从事烟叶工作的人员多，主产区市、县公司烟草企业的发展主要靠烟叶，发展烟叶生产对实现河南烟草商业走在中西部地区前列意义重大。五是推进河南省现代烟草农业发展的需要。在发展现代农业的背景下，创新烟叶生产机制，构建河南省现代烟草农业相关机制和体系，有利于推进河南烟区实现烤烟生产从传统烟叶生产向现代烟草农业发展的转变，实现跨越式发展。因此，研究河南省烤烟生产发展稳定性问题，对实现河南省烤烟生产的稳定发展具有重要意义。

1.4 研究内容及方法

1.4.1 研究内容

根据研究目标，本书通过研究背景介绍、文献回顾和主要理论基础概述，对专卖管理体制下河南省烤烟供给与需求进行了分析，运用生产波动理论对河南省烤烟生产波动问题进行了实证分析，运用比较优势理论和竞争优势理论对河南省烤烟生产区位移动及生产布局调整进行了实证分析，运用数据包络分析方法（DEA）对河南省烤烟生产技术效率进行了评价，并通过问卷调查的方式对河南省烟农种植意愿进行了实证分析。综合上述分析，就河南省烤烟生产稳定发展的关键因素进行理论分析和实证研究，并据此提出实现河南省烤烟生产稳定发展的对策建议。全书共分为五部分 10 章，主要内容如下：

第一部分为绪论（第 1 章）。明确研究问题、研究目的和研究意义。本章首先对全球、我国和河南省烤烟生产现状进行了概述，之后对我国、河南省烤烟生产的主要问题进行了分析，最后提出了本书的研究内容、技术路线与研究方法，以及数据来源。

第二部分为国内外研究动态与主要理论基础（第 2 章）。通过对国内外已有关于烟叶生产发展稳定性相关文献的梳理和分析发现，国内外尚未建立模型对本国（本区域）烟叶生产稳定发展问题进行系统研究，多是从市场占有份额、烟叶原料供给稳定性和安全性等方面进行研究，缺乏在现有体制下对我国烟叶生产稳定发展系统的量化分析。同时，对研究的主要理论基础作一回顾，在此基础上，提出了本书的研究视角。

第三部分为实证分析部分（第 3～8 章）。第 3 章对我国烤烟供给与需求状况进行了分析，重点就专卖管理制度包括计划管理、价格管制、生产投入补贴、分级标准和税收政策对烤烟生产的影响进行了分析，剖析我国烤烟市场需求状况、需求的特点以及影响因素。同时分析了市场经济条件下河南省烤烟生产，以及我国加入 WHO 和中式卷烟的提出给河南省烤烟生产带来的机遇，着重分析河南烟叶的市场优势。第 4 章利用烟草行业内部数据，分析了河南省烤烟生产波动对我国烟叶生产的影响以及河南省烤烟主产区烤烟生产波动对全省烟叶生产的影响，同时利用 HP 滤波法对河南省烤烟生产波动进行了分析，剖析了烤烟生产波动的影响因素，并运用 CD 函数分析了生产要素、科技进步等对烤烟生产的影响。第 5 章以比较优势、竞争优势理论为基础，对全国各省（区、市）烤烟生产以及河南省烤烟与其竞争作物的比较优势进行了测算，分析了河南省烤烟生产区位移动的原因，并运用迈克尔·波特“钻石模型”对河南省烤烟生产的竞争优势进行了分析，为河南省烤烟生产布局调整提供理论依据。第6章先以河南省烤烟生产和全国其他烤烟主产区成本收益进行比较，而后以河南省不同产区的典型代表县为对象，比较代表县之间的成本收益差别，并进一步比较在不同复种方式下烤烟生产和其他作物的成本收益，同时对烤烟种植省际间、县际间以及年际间生产效率进行测算，分析技术效率组成、变化趋势及改进途径。第7章采取问卷调查的方式，从烟农视角对现代烟草农业背景下烟农的种植意愿进行实证分析，分析了烟农意愿和行为特征，运用系统解释结构模型（ISM模型）对烤烟生产进行分析，明确烤烟生产的系统解析结构，并对烟农烤烟种植意愿及其影响因素实证分析，查找影响烟农种烟的关键因素。第8章分析了经济政策（包括烟草行业政策、宏观经济政策和农村经济政策）、生产要素投入等因素对河南省烤烟生产稳定发展的影响，从烤烟生产所处的宏观、微观环境和生产要素投入等方面分析影响烤烟生产稳定发展的关键因素。

第四部分为对策建议（第9章）。本章在理论分析与实证研究结论的基础上，分别从农工商研牵手加快基地单元建设（建设载体）、推进现代烟草农业建设（物质基础）、创新河南省烤烟生产的组织管理模式（组织保障）、加快河南省烤烟种植向优势产区转移和结构调整（布局调整）、完善河南省烤烟生产的科技支撑体系（科技支撑）、提高河南烤烟种植比较效益和生产效率（烟农增收）以及建立和完善烟叶生产宏观调控体系（政策支持）等七个方面，提出了实现河南省烤烟生产稳定发展的对策建议。

第五部分为结论与展望（第10章）。本章对主要研究工作与研究结论进行总结，提炼出研究的主要创新点，并指出不足以及今后的研究方向。

本书的研究框架如图1-4。

1.4.2 研究方法

本研究以河南省烤烟生产发展稳定性问题为对象，以经济学、管理学等学科理论为指导，采用定量分析与定性分析、实证分析与规范分析相结合的方法，为河南省烤烟生产稳定发展提供思路和对策。

实证分析主要回答“是什么”和“能不能”这些类型的问题，不涉及价值判断，而规范分析主要回答“应该怎样”和“该不该”这些类型的问题。本书采用实证分析和规范分析相结合的方法，通过对河南省省烤烟生产现状的实地调研和烟农问卷调查，获得烤烟生产的第一手资料，对烟农种植意愿进行实证

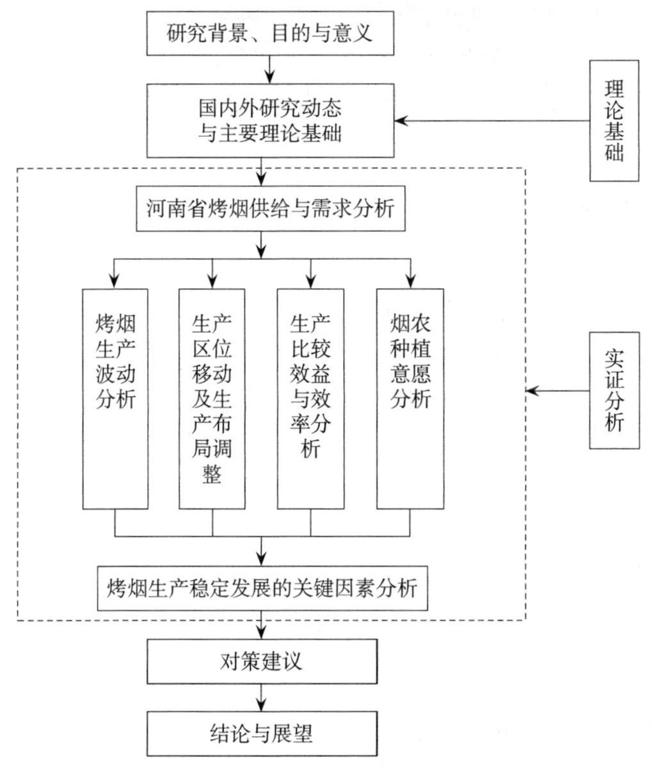

图 1-4 本书技术路线

分析，同时对我国烤烟生产稳定性现状和河南省烤烟生产稳定性现状进行客观评价与分析。

定性分析是对事物的性质、特征、形式等方面进行抽象的理论思维，而定量分析则对事物进行具体的量化分析。本书采用定量分析与定性分析相结合的方法，对通过调查问卷获得的截面数据与查阅获得的相关统计数据进行分析，建立数学模型，结合烤烟生产的内部、外部因素对河南省烤烟生产发展进行分析和预测，查找影响河南省烤烟生产稳定发展的制约因素。

1.5 数据来源

1.5.1 实地调查与访谈

根据研究内容的需要对河南省烤烟主产区进行实地调研，并针对研究问题进行烟农问卷调查，同基层干部、群众进行座谈，获取第一手资料，其中问卷调查分别在2007年和2009年进行，2007年共调查烟农1 920户，涉及区域包括许昌、平顶山和漯河3市7县；2009年共调查烟农700户，涉及区域包括三门峡、洛阳、济源、许昌、平顶山、漯河、南阳、驻马店、信阳和周口10市14个县。

1.5.2 统计资料收集

本书所用资料重点参考烟草行业内部文件，数据资料以行业内部统计为主，尤其是河南省烟草公司和中国烟叶公司的统计数据。同时，参考1984—2009年《全国农产品成本收益资料汇编》、2005—2007年《河南省农产品生产成本与收益调查资料汇编》、1998—2008年《中国农村统计年鉴》、1984—2009年《河南省统计年鉴》和1984—2009年《河南省农村统计年鉴》等相关统计数据。

1.6 创新点

（1）烟叶作为一种自然属性与经济属性相互交织的农产品，生产受自然、经济、社会、政府管制等多种因素影响，尤其是烤烟收购完全买方政府垄断和烟农自由种植之间的矛盾越来越突出，要实现当年烟叶生产的总量均衡是不可能的，在较长时间如3～5年实现基本均衡大致可以做到。在此背景下，河南省烤烟生产每年都将面临“稳与控”、“多与少”的压力。

（2）河南省烤烟产量以1986年为分界点明显分为上升和下降两大阶段，2005年后又开始缓慢平滑向上，波动的平均年距为4.75年，烟草管理体制的建立并没有抑制烤烟生产稳定性差的状况；影响河南省烤烟产量波动最主要的因素是种植面积、物质投入（正效应），其次是自然灾害（负效应），其他因素影响较小。

（3）河南烤烟生产具有较强的综合比较优势，但从近十年的发展趋势看比较优势正在丧失，河南烤烟生产的效率比较优势不明显，较高的综合比较优势主要靠规模优势来维持；从烤烟产区移动的状况看，生产重点区域呈现由平原向丘陵山区、东部向中西部、经济发达地区向经济欠发达地区转移的趋势。

（4）目前河南省烤烟生产的综合技术效率、技术效率与规模效率均处于无效率状态，生产还处于规模报酬递增阶段；1983年以来，河南省烤烟生产的全要素生产率TFP、技术进步、综合技术效率、纯技术效率与规模效率变化都呈现明显的下降趋势，且年际间波动较大，主要是受技术进步缓慢和规模效率不高的影响。

（5）烤烟种植劳动用工多强度大、比较效益不高、病虫害多和机会成本高是阻碍烟农种烟的主要原因，影响烟农种烟积极性主要是由于管理问题而不是技术本身；影响烤烟生产稳定发展的因素链中，基础因素是烟农文化程度和烟田轮作制度；烟农年龄、所处地貌、种烟劳动力人数、种烟烟龄、种烟收入占全部收入的比例、是否进行轮作、对烟草公司技术服务满意度、参加烟叶种植保险意愿、烟叶收购站的服务等因素都会对烟农种烟的意愿和积极性产生正的影响。

（6）种烟比较效益下降，市场需求萎缩和国家局政策取向加剧了北烟南移步伐；烤烟种植面积和单产是影响河南省烤烟生产变化相对活跃的因素，城镇化对烤烟生产有一定程度的负向影响，工业化对烤烟生产发展的带动有待进一步加强，烤烟生产支持政策还需要进一步强化。

2 国内外研究动态与主要理论基础

2.1 国内外研究动态

2.1.1 国内研究现状

我国农村经济社会发展总体上沿着贫困——温饱——基本实现小康生活的轨迹发展，农产品的供给大致经历了追求数量增长——强调数量与质量并重——全面提高农产品质量安全水平的三个发展阶段。保持农业稳定增长，避免大起大落是政府农业实施宏观调控的基本目标[23]。2009 年中央一号文件要求把保持农业农村经济平稳较快发展作为首要任务，围绕稳粮、增收、强基础、重民生，进一步强化惠农政策，增强科技支撑，加大投入力度，优化产业结构，推进改革创新，千方百计保证国家粮食安全和主要农产品有效供给，千方百计促进农民收入持续增长，为经济社会又好又快发展继续提供有力保障[24]。

保障主要农产品的有效供给一直是农业生产的首要任务，在农产品供给中尤其以粮食安全最为重要。20 世纪 70 年代联合国粮农组织（FAO）提出粮食安全概念 30 多年来，粮食安全概念一直处在演变之中，不同历史阶段粮食安全的侧重点不同、不同国家粮食安全的内容不同，但其最基本的内容仍然是保证全世界的人都有权利得到最起码的营养。到目前为止，关于“粮食安全”还没有统一的定义，联合国、世界银行等国际机构以及一些国家的政府和研究机构普遍采用是 FAO 的概念[25]。1974 年 FAO 最早界定的“粮食安全”，即“保证任何人在任何时候都能够得到为了生存和健康所需要的足够食品”。粮食安全从根本上讲指人类的一种基本生活权利，这种理解虽揭示了粮食安全的目标，但仍是粗线条式的描述。1983 年 FAO 通过了总干事爱德华·萨乌马（Edouard Saouma）提出的粮食安全定义：“确保所有人在任何时候既能买得到又能买得起他们所需要的基本食品”。该定义认为粮食安全包括：买得到，即粮食的供给状况；买得起，即人们的购买能力，只有这两者同时满足，才能实现粮食安全。这种理解将生产与购买连接起来，丰富了人们的认识，但没有指出“基本食品”的指向。1996 年 FAO 指出，“只有当所有人在任何时候都能够在物质和经济上获得足够、安全和营养的食物来满足其积极和健康生活的膳食需要及喜好时，才实现了食物安全。”此定义继承了萨乌马的思路，将消除贫困、国际贸易等考虑在内，拓展了粮食安全的内涵。2004 年 FAO 粮食安全委员会通过一项确保人们享有粮食安全权利的“自愿原则”，要求各国政府在粮食安全领域遵循以下原则：平等、非歧视、全面参与、包容性、责任、法治以及所有人权都具有普遍性、不可分割、相互联系和相互依存性。

1992 年我国政府提出的粮食安全概念，指“能够有效地提供全体居民以数量充足、结构合理、质量达标的包括粮食在内的各种食物”[26]。此定义是从政府视角来理解其对居民的粮食提供义务，更加强调粮食供求均衡，对粮食结构和质量作了界定。近年来更多的学者倾向于借鉴 FAO 1996 年的定义，从可获得的视角来认识我国的粮食安全，这涉及生产、流通和消费等环节，对粮食安全的认识逐渐从单纯的总量平衡向多维深化。朱泽（1997）认为粮食安全是指国家在其工业化进程中满足人民日益增长的对粮食的需求和粮食经济承受各种不测事件的能力，这一概念只针对中国而言，并且把国家作为一个整体来看待，而未考虑某个地区或家庭安全问题[27]。李道亮等（2000）认为我国粮食安全至少包括 4 个方面的内容：要有充足的食物供给（有效供给）；要有充分获得食物的能力（有效需求）；上述两方面的可靠性；要有保持自然资源基础的生产力（最低限度地破坏自然资源基础）。四者缺一不可，否则都将导致食物的不安全[28]。雷玉桃等（2003）认为我国粮食安全不仅单纯指实现总量增长目标，而且要考虑到粮食总量与质量并重，粮食品质结构合理的问题；保障我国粮食安全的首要目标是保护和提高粮食生产能力等[29]。吴志华等（2003）指出，粮食安全是一个国家或地区为保证任何人在任何时候能得到与其生存和健康相适应的足够食品，而对粮食生产、流通与消费进行动态、有效平衡的政治经济过程[30]。闻海燕（2003）指出，粮食安全体系包括生产出足够多的粮食、有一个高效率的流通组织来供应、确保所有需要粮食的人在任何时候都能获得粮食[31]。钟甫宁等（2004）从四个层次来理解粮食安全：一是供求的长期总量平衡，主要体现为如何增加和保持长期的粮食生产能力；二是平抑供应的波动，即在长期供求基本平衡但年度间生产波动的条件下如何确保任何时点上的平稳供应；三是分配的可获得性，尤其是特定弱势人群食品消费的保障程度；四是营养、卫生、检疫和化学药品残留物等方面的标准和规范，即粮食的食用安全[32]。在这四点中，前一个是生产意义上的粮食安全，中间两者是获取意义上的粮食安全，最后一个是品质意义上的粮食安全。曾宏（2006）综合各种解释和理解，认为粮食安全是一个国家或地区可以持续、稳定、及时、足量和经济地获取所需粮食的状态或能力，特别是在非常态（严重自然灾害、战争）情况下国家获取粮食的能力[33]，并依据粮食安全的概念将粮食安归纳为五种基本内涵：①数量的内涵。即数量要充裕，既有总量的充裕，也有人均量的充裕，但后者较之前者更具意义。②质量的内涵。即质量要有保证，于是产生了最低质量的概念，例如粮食有害物质最低残留标准。③结构的内涵。粮食供给结构的多样性、供给渠道的多样性是供给稳定性的基础，保证粮食供给的稳定，要发展粮食贸易伙伴关系，特别要注意建立粮食共同体。④均衡的内涵。包括地区均衡与人群均衡两方面。粮食分布的不均衡，亦即粮食的非遍布同质性，增加了粮食供给的时间和成本，是导致粮食安全问题的原因之一；人群阶层的存在，特别是收入阶层的存在，导致获取粮食的经济能力（支付能力）上的差异，也是影响粮食安全的重要因素之一。粮食安全的目标是最大限度地实现粮食供求的地区均衡和人群均衡。⑤经济或价格的内涵。指一个国家或地区可以从市场（特别是国际市场）上以较小经济代价（如较低价格）获取所需粮食的能力或状态，这一点在常态（非战争状态）下非常重要。因为一般而言，任何国家都可以从市场上获取其所需的粮食，只是其所付出的经济代价不同而已，粮食安全所要追求的是以最低的经济代价获取所需粮食。

食物安全的概念是发展的，由最初的建立食物储备和发展农业生产，到提高低收入者的购买力，再发展到现在的生态环境和资源保护。由于经济发展水平不同，不同时代、不同国家、不同研究者对食物安全的认识不尽相同（图2-1)。中文“粮食安全”一词通常有两种不同的含义[34]：一种主要指供应方面的保障程度，对应的英文为 Food Security，我们首先关心的是粮食的供应是否充足、稳定，以及所有人是否都能获得满足生活和发展所必需的粮食。在这一层面上与 FAO 所定义的粮食安全内容基本一致。另一种则主要指营养、健康方面的保障程度，相对应的英文为 Food Safety，当粮食安全问题在第一层面基本解决后，更多的注意力放到了诸如卫生、检疫、营养等另一层面的粮

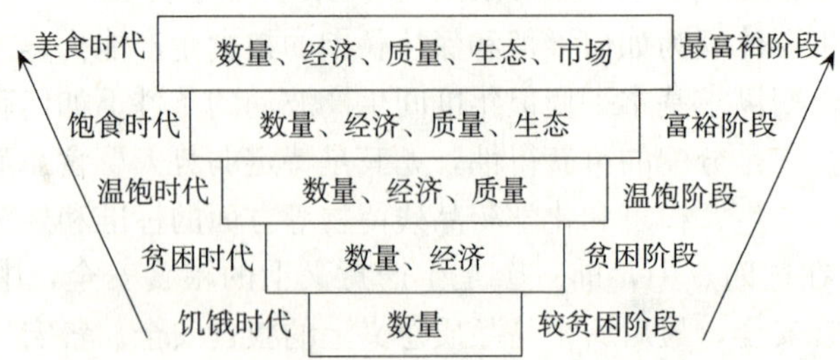

图 2-1 不同阶段粮食需求与粮食安全内容的演变

食安全问题上。

多数研究者主要从保障粮食安全应该怎么办提出对策，陈萌山（2006）结合近年来我国粮食发展的情况，提出稳定发展粮食生产的措施包括：制定法律法规，落实粮食安全责任；实行补贴制度，促进种粮农民增收；健全服务制度，提高粮食生产的组织化水平；建立考核机制，充分发挥行政推动作用；完善宏观调控办法，营造粮食生产的政策环境[35]。尹成杰（2005）认为粮食综合生产能力是粮食安全的基础，包括耕地供给能力、科技支撑能力，技术装备水平、农田建设水平，作物布局结构、粮食品种结构，经营行为取向、政策目标取向等基本要素，强调要正确估计我国粮食生产面临的制约因素，提出了提高我国粮食综合生产能力的重要措施[36]。近几年来，我国虽然出现粮食过剩，但并不意味着粮食安全问题已经得到解决，粮食供过于求的短期与直接效应是粮食价格下跌、农民收入增长缓慢或下降，如果这种效应进一步影响到（潜在或现实的）粮食生产能力和粮食供应的持续性，那么粮食安全和农业的稳定地位就得不到保障[37]。从以上的分析可以看出，对以粮食为主的主要农产品生产稳定发展更多关注点是在总量和政策层面上。

按照中华人民共和国国家标准食品工业基本术语（GB 15091—95）的界定，食品是指可供人类食用或饮用的物质，包括加工食品、半成品和未加工食品，不包括烟草或只作药品用的物质[38]。卷烟是一种满足人类口感嗜好的消费品，作为卷烟原料的烟叶有和食物类似的特点。烟叶安全主要是基于吸烟与健康的问题提出的，自 20 世纪 50 年代卫生界提出吸烟与肺癌的关系后，世界卷烟业受到了日趋严峻的吸烟影响健康的舆论压力，提高吸烟的安全性逐渐成为烟草行业继续生存与发展的共同目标[39]。世界上许多国家对卷烟和卷烟的农药残毒、霉菌污染及焦油和烟碱问题等进行了大量的研究工作，并提出了一些卫生指标，制定了相应的措施[40]。但仅从这一角度理解烟叶安全是不全面的，烟叶作为农产品，与粮食等农产品供应保障有许多的共同之处，但烟叶供应保障又不同于其他农产品，突出表现在烟叶用途单一，只能用于卷烟生产，国家对烟草实行专卖管理体制（法律赋予了烟草商业企业对烟叶生产销售的垄断经营，对烟叶生产、收购、销售实行严格的计划管理，对烟叶收购实行政府定价，对烟叶销售实行行业定价，对烟叶分级实行强制性国家标准等[41]）。烟叶数量的多少事关烟草产业经济运行的平稳发展。烟叶生产必须坚持市场导向，烟叶满足市场持续供应包括数量的安全性、质量的稳定性、烟气风格的持久性、化学成分的协调性等。其中数量的安全性是指保持烟叶供求的基本平衡，防止大起大落，持久满足市场的需求，要求烟叶生产要以市场需求为导向，即按照客户需要组织烟叶生产；在保障数量的同时，突出质量特色，用优质烟叶去满足市场需求[42]。

从烟草行业组建以来，烟叶生产的稳定发展问题，一直以来都是该行业关注的热点。尤其是1997年，我国烟叶总量严重失控，收购烟叶343.75万吨，比实际需求多了100多万吨的烟叶，行业付出了惨重的代价，但同时也收获了保障烟叶安全最大的教训——必须要控制总量[43]。汪世贵（2002）在总结1998年以来烟叶生产稳定发展的经验时认为，中国烟叶问题主要有两个：一个是总量，一个是结构。而总量则是第一位的问题，没有总量的稳定，就没有中国烟叶生产的良性发展，就不可能真正解决结构问题[44]。在严控总量的同时，需要“稳、控”结合，保障烟叶生产的协调发展[45]。

随着烟草行业联合重组、品牌扩张、结构调整的快速推进，烟叶资源的约束和制约作用日趋显现，品牌扩张、结构调整与烟叶发展之间的矛盾越发明显，烟叶生产的瓶颈性问题日益严峻，烟叶生产的稳定发展迫在眉睫[46]。卷烟工业企业和烟叶产区对烟叶生产稳定发展、保障原料稳定供应都有深刻认识，陆续开展了烟叶原料的供应保障研究与模式探讨。上海烟草（集团）公司经过不断探索与完善，率先通过建立烟叶基地及调拨点的形式，在烟叶原料基地加大投入，对烟叶原料生产基地进行合理分级与扶持管理，建立了稳定的烟叶原料基地，基地烟叶调拨量占烟叶采购量的80％以上，一定程度上实现了烟叶原料的定向生产与供应，对稳定烟叶原料质量、保障卷烟产品的质量稳定、促进烟区协调发展起到了巨大的作用[47-48]。越来越多的卷烟工业企业开始重视优质烟叶原料基地建设和原料保障体系研究工作，红塔烟草（集团）公司、湖南中烟工业有限责任公司、湖北中烟工业有限责任公司等相继开展烟叶原料保障体系研究与应用项目，立足各自企业产品的特点和优势，探索适合本企业和产地实际的烟叶原料供应保障体系[49]。

与此同时，为弥补进口烟叶数量的不足，实现优质原料安全、稳定供应，国家局站在烟叶战略安全的高度，于2000年提出开发国际型优质烟叶，2004年初提出在国内适宜产区启动部分替代进口烟叶项目[50]，2008年国家局正式明确提出特色优质烟叶开发[51]，目的都是保持特色优势烟叶的稳定供应，实现烟叶生产的稳定发展。这些项目的先后实施，对优质烟叶原料保障进行了有益的探索，示范点烟叶质量明显提高，探索了相应的配方模式，一定程度上实现了卷烟配方对进口烟叶的替代，对稳定中高档卷烟品牌的原料供应起到了良好的促进作用[52]。我国部分烟叶主产区也陆续开展了烟叶质量特色定位研究，以提高当地特色烟叶的稳定发展。如福建三明烟区提出高香气、高安全、适烟碱、创特色的质量目标，开发出了“金三明”烟叶特色品牌；山东临沂烟区提出典型中间香型、协调性好、配伍性强的“沂蒙山”特色烟叶品牌；四川凉山提出了清甜香型的“金攀西”特色烟叶品牌；湖北环神农架地区提出了淡雅香型的“金神农”特色品牌[53]。这些烟区烟叶质量特色的定位为本地区特色烟叶的生产和稳定发展明确了发展方向。

烟农是烟叶生产的主体，稳定烟农的种烟积极性是实现烟叶生产稳定发展的基础。而在烟叶生产上，分析烟叶生产稳定发展上多集中在宏观层面[54]，微观层面针对烟农的问卷调查多集中在成本及收益、烟农收入影响因素调查方面[55-56]，而烟农对烟叶生产的感受和体验缺乏统计学上的数据支持。

2.1.2 国外烟研究现状

烟草原料安全及烟叶稳定发展也是国外烟草行业关注的焦点问题。由于各烟叶生产国家经济发展水平差异大，经济制度各不相同，决定了各国对如何有效解决烟叶资源的合理配置问题给予了不同程度的关注。从资源配置的方式来划分，可分为：以巴西、津巴布韦为代表的市场配置型和以美国为代表的多数国家实行的市场—计划配置型[57]，然而 2004 年 10 月美国通过了烟草配额买断的法令，取消了烟叶最低支持价格体系和烟叶生产配额制度。在生产体制方面，巴西、津巴布韦、印度、马拉维等国的政府没有烟叶生产计划，播种面积多少、生产多少，由烟农或烟农同烟草公司商讨确定，政府并不干预。美国在 2004 年以前为了使其烟叶在国际市场更富竞争力，同时又不使烟农的收入减少，政府实行烟叶生产控制计划，通过立法来保护烟叶生产。2004 年 10 月 22 日美国总统签署专门法令，宣布有偿购回配额持有者和种植者手中配额后，联邦烟草种植收购计划和配额制度宣告结束[58]。多数烟叶主产国的政府以不同程度的资助和支持、或补贴或津贴、或贷款便利或贷款优惠来保障烟叶生产。在购销体制方面，存在以美国及津巴布韦为代表的拍卖制和以巴西、日本为代表的合同收购制。拍卖仍是津巴布韦等多数市场经济国家烟叶进入市场的主要形式。2004 年以前，美国生产的烟叶 97％左右是通过拍卖市场出售的，只有很少一部分烟叶以合同形式直接在市场上出售，或通过烟农自营合作社销售；2004 年配额买断后烟叶主要实行合同种植，即种植户与卷烟厂家或经销商直接签订种植和销售合同，烟农按合同确定种植规模，按合同中由买方确定的不同等级价格销售，按厂家技术方案要求进行品种选择、栽培管理、烘烤调制，所产烟叶直接为厂家收购。目前 90％以上的烟农都采用合同种植[59]，只有为数不多的烟农通过与烤烟稳定合作社签订的合同在拍卖场上销售烟叶。拍卖制也是津巴布韦主要的烟草购销模式，从2003年开始，为减轻津政府对烟草生产的投入，津巴布韦开始允许投资者同烟农签约开展合同化种植，由于政府改革现行烟草营销体制的步伐依然缓慢，合同收购还处于探索阶段[60]。根据日本《烟草事业法》，日本烟草产业株式会社每年与向该公司出售烟叶的烟农订立合同，包购生产出来的全部烟叶。合同制的推行对巴西烟叶生产的发展起到了关键作用，作为合同主体的烟草公司与烟农在烟叶种植前签订烟叶生产收购合同，明确双方的权利与义务。在价格体制方面，由市场供求决定烟叶价格的基本走势已被越来越多的国家所认同。津巴布韦的烟叶在拍卖市场上的价格由供需双方共同决定。马拉维、印度的烟叶价格完全由市场供需决定，政府及行业协会对此没有任何形式的补贴和保护，因此三国烟叶价格的变动，反映着市场上烟叶供需的变化趋势。巴西每年的烟叶价格由烟农协会与烟草贸易协会在每年烟叶种植开始之前谈判协商确定，谈判邀请巴西农业部官员到场，但政府官员并不参加谈判，仅起到监督和协调作用。日本、韩国和阿根廷政府，通常对烟叶的收购价格实行高额补贴，使它们的烟叶价格居世界最高水平[61]。

尽管所有农产品都会发生过剩或短缺，但是烟草供需的波动特别引人关注，如果遇到大量短缺时不可能被替代，烟叶供应过剩，往往被纠正过度，导致短缺和库存急剧减少[62]。烟叶短缺往往伴随的是不同类型的烟叶同时短缺。这是在需求稳定的时候多种不利因素共同作用的结果，如美元疲软，全球性物价暴涨、石油和天然气涨价使肥料和运输的费用大涨，再加上气候影响。上述因素中有一些因素不是烟草行业能掌控的，但是有一个因素是在行业掌控之下的，而且能够绕过其他因素起作用，就是烟农种烟的激励因素，主要是烟叶价格。如果烟农能从市场得到公平和有竞争力的回报，他们就有动力生产更多的烟叶。如果烟农和烟商得到激励，烟叶产量没有理由不能恢复，传统的产烟区有充分的潜力可以满足任何需求[63]。

世界上各国的烟草巨头在烟草原料的稳定持续供应方面投入了大量的科研经费和资本。他们一方面通过改进烟叶生产技术提升烟叶质量，同时通过探索合理的分级标准和收购模式维护烟农利益和烟叶供应稳定，并不断通过开拓和完善新的烟叶原料产地建设扩充烟叶资源来源，保证其卷烟原料的有效供给。环球公司是世界上第一大跨国烟叶公司，公司高级管理层清醒认识到未来烟叶市场的竞争将日益激烈：联一国际公司和英美烟草公司都将成为公司强有力竞争对手的事实，而津巴布韦烟叶产量的降低以及美国卷烟制造商对烟叶需求量的进一步下降也给环球公司带来更为严峻的挑战。面对这些严峻形势，为保障优质烟叶的采购，环球公司加强对主要烟叶市场区域的管理；加强与公司各利益方的战略联盟，尤其是加强同烟草生产商和其他烟叶供应商的合作；在继续发展传统烟叶优势产地市场的同时，在全球更积极地开拓新的烟叶供应地以减小对某一地区烟叶的依赖；在一些烟叶重点产区加大投入力度以稳定主要烟叶供给来源[64]。环球烟叶公司在巴西的子公司 Universal Leaf Tabacos Limitada 还实施一项社区计划以帮助当地居民脱离贫困谋求较好的生活。由于这一计划的成功，环球公司正在巴西的其他地区和阿根廷开展类似的项目[65]。联一国际公司是世界上第二跨国烟叶公司，面对日益激烈的市场竞争，主要经营策略是充分利用公司分布在全球的营销资源，发挥在烟叶采购、加工、销售和分销等方面的能力和优势，不断改进和发展公司业务，致力为客户提供最有价值的服务，为股东提供满意的回报；将资源集中到有限的业务上，重点发展核心业务；重视企业自身发展与环境的相互协调，注重与所有利益相关方建立良好的共生关系；通过质量体系标准化建设和信息技术的运用，提高客户满意度和改善公司内部管理[66]。

面对《烟草控制框架公约》国际性法律文书的压力，世界最大的卷烟制造商菲利普·莫里斯公司，率先向跨国烟草经营商德孟、环球、标准商业公司（大陆公司）（2005 年 5 月 13 日，由德孟公司收购标准商业公司合并组建联一国际公司）提出，从 2005 年起所有供应给菲·莫公司制造卷烟使用的烟叶原料，无论产地是哪一个国家，都必须在烟叶产区推行 GAP（良好农业规范）生产管理模式以提高烟叶质量和安全性，成功地实现了津巴布韦烟叶的替代，较好地保持了产品的风格和质量。国际烟草合作研究中心（CORESTA）的许多成员已经推行 GAP 模式，CORESTA 自身也投入相当大的精力来建立一套适合烟叶生产的指导方针[67]。英美烟草公司主要是以全球烟叶运作策略之“长”来解决原料之“短”。作为全球第二大跨国烟草公司，英美烟草公司的烟叶生产供应链遍及世界主要烟叶产区，公司始终坚持以在全球范围内建立烟叶基地的途径把核心原料掌握在自己手中，目前也在我国云、贵、川建立了烟叶基地，并且实现了“555”卷烟的原料本地化[68]。

2.1.3 国内外研究动态述评

综观上述国内外研究成果，可以发现，国外在实现烟叶生产稳定发展问题上有以下几个特点：第一，由于各烟叶生产国经济发展程度以及经济制度的巨大差异，烟叶生产与流通体制的管理方式及内容又不尽相同，有相同或相似的一面，其中多是体现在生产过程中和政府对烟叶产业程度不同的介入和扶持上；第二，越来越多的国家对烟叶资源配置采用巴西、津巴布韦为代表的市场配置型，由市场供求决定烟叶价格的基本走势已被越来越多的国家所认同，烟叶丰歉是由多种因素引起的，其中通过烟叶价格调整烟叶的多少是国外烟草行业惯用的方式；第三，对烟叶稳定发展研究多集中于发达国家的几个烟草产业巨头上，烟草巨头包括烟叶采购商和卷烟生产商投入大量的科研经费和资本，通过改进烟叶生产技术，探索合理的分级标准和收购模式，不断通过开拓和完善新的烟叶原料产地建设扩充烟叶资源来源；第四，面对《烟草控制框架公约》国际性法律的压力，国际烟草巨头对烟叶原料需求提出了更高的要求，要求烟叶供应商和烟叶基地推行GAP生产管理模式；第五，在研究方法上以定性、实证研究为主，尚未建立模型对本国烟叶生产稳定发展问题进行系统研究，多是仅仅从市场占有份额、烟叶原料供给稳定性和安全性等方面进行研究，缺乏在现有体制下对本国烟叶生产稳定发展系统的量化分析。

保持烟叶生产稳定发展，避免大起大落是烟草行业宏观调控的基本目标。总体来看，虽然我国烤烟产量占据世界烤烟总产量的半壁江山，但烤烟进出口量占世界烤烟进出口量的比重很小，烟叶基本用于自产自销，产销相对独立，国内烟叶稳定发展和国外面临的问题不同。国内专题性研究成果的不足之处在于：首先，从宏观层面，国家首先要保障主要农产品的有效供给，尤其以粮食安全最为重要，粮食是越多越好，而对烟叶生产却处于两难局面，不能太多也不能太少，对烟叶生产稳定发展提出的对策多，没有深入剖析专卖管理体制（计划经济）与烟农自愿种植（市场经济）之间的矛盾；其次，不同主体对烟叶生产稳定发展的侧重不同，烟叶产区（烟叶经营者）是连接生产和消费的中间环节，在现有专卖管理体制下，尤其是国家局严格控制总量的要求下，如何在持续满足市场需求的基础上不断扩大市场份额，保持规模上的优势，由此涉及烟叶生产波动的影响因素、生产布局调整方向、种烟生产效率问题还缺乏深入的研究；最后，上述研究中多站在国家局、工业企业或烟叶产区的角度考虑烟叶生产的稳定发展，烟农是烟叶生产的主体，烟农的种植意愿如何，他们对发展烟叶生产有何看法，还缺乏从微观的角度探讨烟叶生产稳定发展的关键因素。

河南省是我国烤烟的主要产区，以豫中烟区为代表的河南浓香型烟叶，风格特色突出、配伍性好，在中式卷烟配方中发挥着不可替代的作用，是中华、利群、黄金叶等重点骨干卷烟品牌的重要原料之一。目前，随着国家局“两个10多个”战略的实施，烟草行业已经进入了大市场、大企业、大品牌的发展阶段，市场竞争已从过去的产品竞争发展到品牌竞争[69]，优势卷烟企业和优势卷烟品牌的迅速扩张，对河南省烟叶的需求有一定程度的增加。而国家局

2008年实施的烟叶资源配置方式改革[70]，烟叶生产计划由工业需求（市场需求）来确定，对河南烟叶发展提出了不小的挑战，如何实现烟叶生产稳定发展是河南烟区发展面临的一个重要课题。

而国内外关于烟叶生产稳定发展研究的不足是，这些研究还停留在描述性、经验性的层次上，未能从实证研究的层面建立起模型以系统的测度和比较，而仅仅是统计数据的对比分析，从个别角度谈论单个问题，尚缺乏全面、系统的分析。鉴于上述研究现状，本书有了进一步研究的空间。本书试图总结已有的研究成果，吸取其中有益的理论分析和论证方法，结合计量经济学、农业经济学等相关知识，针对河南省烤烟生产发展实际，以理论分析与实证分析相结合，定量分析与定性分析相结合等分析方法，充分考虑数据资料的可获得性，对影响河南省烤烟生产稳定发展的障碍性因素进行全面系统深入的分析，揭示相关因素对烤烟生产发展影响效应的大小、特征以及所存在问题，以期为河南省烤烟生产稳定发展提供思路和对策。

2.2 主要理论基础

2.2.1 生产波动理论

2.2.1.1 经济波动与经济周期

波动与周期原本都是物理学上的名词。波动指振动传播的过程，是能量传递的一种形式。周期是指物体或物理量完成一次振动或振荡所需的时间，或物体再度回到某一相对位置或恢复同一状态所需的时间，又泛指在事物运动变化过程中某些特征重复出现时，其连续两次出现所经过的时间。当波动与周期借用到经济学上，经济波动是在一定的经济冲击作用下，使经济系统原有的运行状态受到影响，引起同其均衡状态的偏离的一种现象，而经济周期则主要强调一个循环过程。经济波动的概念要比经济周期广泛，波动可以呈现出周期性，也可以不呈现出周期性，经济波动包括经济周期，经济周期只是经济波动的一种表现形式而已。

由于历史的原因，经济波动与经济周期在理论研究和实践中往往是通用的，保罗·萨缪尔森（Paul A. Samuelson）就将经济周期描述为“是国民总产出、总收入、总就业量的波动，持续时间通常为2～10年，它以大多数经济部门的扩张或收缩为标志”[71]。曼昆（N. GregoryMankiw，1997）在他所著的《经济学原理》中写道：“经济中的波动常被称为商业周期”[72]。奥利维尔·琼·布兰查德（O. J. Blanchard，1998）和斯坦利·费希尔（S. Fischer，

1998）曾对经济周期概念作过详细地解释："根据传统，我们使用'经济周期'来表示产出与就业的总量波动。但是，我们并不墨守这一思想，有时在使用术语'经济周期'时，隐含着所有瞬时偏离确定性趋势的产出波动"[73]。为了对"经济波动"做出更为合理的解释，宏观经济学家一般不再试图将波动解释为确定性的不同长度的周期组合，相反现代主流经济学的观点是，经济不断受到随机的不同类型和大小各异的扰动因素的影响，而这些扰动会传播整个经济[74]。虽然主流经济学逐渐摒弃了经济周期概念，但是对于比较各种经济体系在一定时期内的波动特征来讲，"周期"的概念仍然是有效的。波动可根据指标增长率的变化划为古典型周期和增长型周期：如果在一个周期内指标绝对水平出现下降而后反弹，也就是指标出现负增长，称之为古典型周期；如果指标水平在整个周期中只是增长速度的变动，指标增长率始终为正，则称该周期为增长型周期[75]。

西方学者对经济周期问题的重视，源自1825年英国爆发世界上第一次经济危机以来经济运行中所出现的繁荣与萧条现象。1860年克里门特·朱格拉（C Juglar）第一次将商业繁荣和萧条的现象看作"重复发生的虽然不一定是完全相同的经济周期形式"[76]。此后，经济周期被描述为繁荣期、衰退期、萧条期和复苏期四个阶段构成的波动。经济周期的经典性定义是由米切尔和伯恩斯（Burns，A. F.，Mitchell，W. C）在1946年出版的《衡量经济周期》一书中表述的："经济周期是在主要按商业企业来组织活动的国家的总体经济活动中所看到的一种波动：一个周期由几乎同时在许多经济活动中所发生的扩张，随之而来的同样普遍的衰退、收缩和一个周期的扩张阶段相连的复苏所组成；这种变化的顺序反复出现，但并不是定时的；经济周期的持续时间在一年以上到十年或十二年；他们不再分为具有接近自己的振幅的类似特征的更短周期。"[77]保罗·萨缪尔森（Paul A. Samuelson）也曾对经济周期作了这样的描述："在繁荣之后，可以有恐慌与暴跌。经济扩张让位于衰退。国民收入、就业和生产下降，价格与利润跌落，工人失业。当最终到达最低点以后，复苏开始出现。复苏可以是缓慢的，也可以是快速的。新的高涨可以表现为长期持续的旺盛的需求、充足的就业机会以及增长的生活标准。他也可以表现为短暂的价格膨胀和投机活动，紧接而至的是又一次灾难性的萧条。简单来说，这就是所谓的'经济周期'。"[78]尽管对经济周期的定义表述存在着差异，但西方经济学界都认为经济周期具有以下两个特点：第一，经济周期是指经济活动沿着经济发展的总体趋势所经历的有规律的扩张和收缩。第二，经济周期在经济运行中反复出现，周期形式具有不规则性和随机性，并且难以预测其发生日期和持续的时间。

2.2.1.2 农业波动的形成机制

对于导致经济波动的冲击来源是什么，现代宏观经济学理论还没有给出一个确切的答案，各种经济波动理论还在试图对经济波动的形成机制进行研究。根据产生经济波动的不同因素来源，经济波动理论可以划分为两大类[79]：内生经济波动理论（Endogenous Fluctuation Theory）和外生经济波动理论（Exogenous Fluctuation Theory）。所谓内生经济波动就是指经济系统受到了来自系统内在因素的冲击而导致的经济波动。内生经济波动理论认为经济波动现象是经济系统本身所具有的内在特征和基本属性，是经济系统内部矛盾作用的体现，因此分析经济波动必须从经济系统内生因素的运行变化着手。外生经济波动理论认为经济系统是由于受到来自外部因素的变化冲击，从而形成了经济波动。使经济体系产生波动的外生因素包括战争、技术创新、自然灾害、资源发现、政策冲击以及来自于需求偏好的突变等。

无论是内生经济波动理论还是外生经济波动理论，在分析经济波动形成机理时，并不是互相排斥或者对立的，只不过两种类型的波动理论在解释经济波动内生性和外生性时给予了不同程度的关注和强调。一般而言，引起经济波动的原因无外乎两个方面：一是内部结构，它决定了经济系统以某种方式对初始外部冲击做出反应；二是外部冲击，导致经济系统发生变异，从而产生经济波动。内部结构决定着波动的持续性，外部冲击则主要是通过内部结构对每一个波动周期的波幅、波长产生影响，并决定波动过程中的转折点[80]。

农业的周期性波动是一种超越体制和发展阶段的普遍现象[81]。在经济发展初期，农业是一个重要的经济部门，对农业的周期性波动的探讨最早也是从农业开始的。杰文斯（W. S. Jevons）1875 年的《太阳周期与谷物价格》中认为，天气和气象条件影响农作物生产，进而影响一般经济活动。具体说来，太阳黑子的周期运动造成了 10.5 年长的经济周期。尽管随着经济的发展，农业在 GNP 中呈下降趋势，农业仍然是经济中相当重要的部门，并对经济波动特别敏感[82]。引起农业波动的因素也分为内部影响因素和外部影响因素，内部影响因素是由导致经济运动的系统内部结构特性，包括农业生产的要素投入（土地、劳动力和资金投入等）；外部影响因素是指通过系统内部传导而发生的经济波动的系统外部随机的或非随机的冲击，包括气候资源和经济政策[83]。在分析粮食作物的波动时，单产波动是影响我国粮食总产波动的最主要原因，影响单产波动的主要因素是技术创新[84]和气候，自然灾害（气候因素）既是粮食产量不确定影响因素，也是主要变量之一[85]。播种面积是影响粮食波动的另一个因素，面积波动取决于粮食价格、政策因素等[86]。制度变迁（政策因素）、可变投入的边际产出和投入品绝对数量的变动、粮食生产的绝对利益和比较利益也影响到粮食生产[87]。张越杰、王军（2007）认为吉林省粮食产量波动具有短周期的显著特征，产量波动主要是受农业政策变化、自然灾害等气候因素的影响[88]。在分析某一作物生产波动时，谭砚文（2005）认为政策和自然灾害等外部冲击对棉花生产波动的影响较大，而在影响我国棉花产量波动的内部因素中，种植面积的波动是最主要的因素[89]，钟甫宁、胡雪梅（2008）认为棉花与替代作物的相对价格影响最为突出[90]；方福平（2006）认为农业和粮食政策、种植制度调整、科技进步以及气候条件因素等均影响早稻生产波动[91]。

2.2.1.3 波动的度量方法

从统计分析的角度看，波动就是时间序列变量的实际观察值对其长期趋势的偏差。偏差的绝对值越大，表示波动强度越大，经济系统运行的稳定性越差。目前测定波动的主要方法有速度法、趋势分解法、滤波法（BP 滤波法和 HP 滤波法）。

1. 速度法

速度法是以经济变量的年际环比增长率来衡量波动强度，并通过寻找增长率的波峰和波谷来研究波动的规律。增长率或者称为波动指数的计算公式为：

$$I.F. = \frac{Y_t - Y_{t-1}}{Y_{t-1}} \times 100\% \tag{2.1}$$

式中，$I.F.$ 为波动指数（Index of Fluctuation）；Y_t 为 t 年的实际产量。计算出增长率以后可以直接计算波动绝对幅度和波动相对幅度，波动的绝对幅度和相对幅度的含义是指在区间 t 内真实经济增长率偏离平均值的大小和程度。

设 t 时刻的增长率 Y_t 与其平均值 $\bar{Y}$ 之间的距离 $\Delta Y_t = Y_t - \bar{Y}$。我们称 ΔY_t 为 t 时间波动的绝对幅度。对于一个时间序列变量 Y_t，样本均值 $\bar{Y}$ 为：

$$\bar{Y} = \frac{1}{n}\sum_{i=1}^{n} Y_t \tag{2.2}$$

样本标准偏差为：

$$S = \sqrt{\frac{1}{n}\sum_{i=1}^{n}(Y_t - \bar{Y})^2} \tag{2.3}$$

我们称 S 为波动的绝对幅度（absolute amplitude of fluctuation），它反映真实增长率波动偏离其均值的大小。显然，S 越大，波动的绝对幅度就愈大；

反之，S 越小，波动的绝对幅度就越小。

我们定义波动系数（coefficient of fluctuation）为增长率样本标准偏差与样本均值之比的百分数：

$$\delta=\frac{S}{\bar{Y}}\times 100\% \tag{2.4}$$

波动系数是波动的相对幅度（relative amplitude of fluctuation），它反映真实的增长波动偏离均值的相对程度。显然，δ 越大，波动的相对幅度就越大；反之则相反。

2. 趋势分解法

趋势性分解法或者称为分量法也是将经济变量的波动分解为趋势分量（trend component）和循环分量（cyclical component）两部分，循环分量也称为波动分量（fluctuant component），其基本思想是按照某一方法将趋势剔除，剩余部分即为经济变量的周期波动。一般的时间序列分解要求是：将时间序列分解为两部分，一部分是一些随机游动加漂移过程的和，这种序列在构造上是非平稳的，将其作为趋势成分：另一部分是一个平稳过程，将其作为波动分量。

我们以时间趋势曲线回归为例，假定将经济变量 Y 对时间 t 进行回归，得到的方程为：

$$Y_t=ae^t+b+\varepsilon \tag{2.5}$$

式中，Y_t 表示实际观测值，e 为估计值与实际值的残差。如果时间趋势曲线回归残差是平稳变量的话，则可以进一步利用回归方程的有关统计量对原序列进行分析。

我们用 Y_t 表示长期趋势，那么 $Y_t-\hat{Y}$ 则表示消除长期趋势后经济变量的绝对波动数值。$(Y_t-\hat{Y})$ 与 $\hat{Y}$ 的比值则称为变异率(ratio of variation)。即：

$$RV=\frac{Y_t-\hat{Y}_t}{\hat{Y}_t}\times 100\% \tag{2.6}$$

用 RV 来表示短期波动能够大致准确地反映特定时点上经济变量的稳定程度。进一步根据计量经济学的有关知识，我们用变异指数（variation index）来反映总体波动的强度，变异指数是回归方程中的残差平方和与总体平方和的比值，用公式表示为：

$$VI=\frac{\sum_{i=1}^{n}(Y_t-\hat{Y}_t)^2/(n-k-1)}{\sum_{i=1}^{n}(Y_t-\bar{Y}_t)^2/(n-1)} \tag{2.7}$$

式中，Y_t 为实际产量，$\hat{Y}_t$ 为趋势产量，$\bar{Y}_t$ 为平均产量，n 为年数，k 为回归方程中解释变量的个数。在 VI 中分子是实际产量相对于趋势产量的方差，分母是实际产量相对于平均产量的方差，$VI=1-R^2$，为回归方程的决定系数。

另外，变异系数 CV（coefficient of variation）也是一个反映长期波动的重要指标，它是样本实际观测值与估计值的标准差再除以样本的均值所得的比值，即：

$$CV=\frac{\sqrt{\sum(Y-\hat{Y}_t)^2/(n-1)}}{\bar{Y}} \tag{2.8}$$

式中，各符号的含义同上式。变异系数反映的是在剔除时间趋势以后相对的波动幅度。

3. BP 滤波法[92]

自时间序列分析产生以来，人们对经济周期波动的分析不仅集中在时间域内，即直接分析数据随时间变化的结构特征，而且从频域角度研究经济周期波动的时间序列谱分析方法也在受到重视和应用，谱分析方法又提供了一种研究经济周期波动的有力工具。谱分析的基本思想是：把时间序列看作是互不相关的周期（频率）分量的叠加，通过研究和比较各分量的周期变化，以充分揭示时间序列的频域结构，掌握其主要波动特征。

考虑随机过程｛xt｝的线性变换

$$y_t=\sum_{j=-\infty}^{\infty} w_j x_{t-j} \tag{2.9}$$

其中，w_j 是确定的权重序列，比如是 xt 的移动平均权重。上面的变换可以用延迟算子表示为

$$y_t=W(L)\ x_t \tag{2.10}$$

其中：$W(L)=\sum_{j=-\infty}^{\infty} w_j L^j$

由这种变换构成的延迟多项式被称为线性滤波（linear filter），或只称为滤波。这样的变换还可以被说成对｛x_t｝作用了滤波。由谱分析的知识可知，｛y_t｝的功率谱可以表示为

$$f_y(\lambda)=|W(e^{-i\lambda})|^2 f_x(\lambda) \tag{2.11}$$

其中，$f_y(\lambda)$ 和 $f_x(\lambda)$ 分别是｛y_t｝和｛x_t｝的功率谱，关于 $e^{-i\lambda}=\cos\lambda-i\sin\lambda$ 的指数函数 $W(e^{-i\lambda})$ 被定义为：

$$w(\lambda)=W(e^{-i\lambda})=\sum_{j=-\infty}^{\infty} w_j e^{-ij\lambda} \tag{2.12}$$

其中，i 是满足 $i^2=-1$ 的虚数。W（$e^{-i\lambda}$）等同于 W（L）中的 L^j 用 $e^{-i\lambda j}$ 置换的结果。

w（λ）$=W$（$e^{-i\lambda}$）称为滤波的频率响应函数（frequency response function）。W（$e^{-i\lambda}$）是复数，它的绝对值 $|W(e^{-i\lambda})|$ 是实数,称为滤波的增益(gain)。因此,变换后的功率谱给定为实数。进一步,增益的平方 $||W(e^{-i\lambda})|^2$ 称为滤波的功率传递函数（power transfer function），或只称为传递函数。通过适当设计（2.12）式中的权重序列，可以使 w（λ）在某些频率区间内等于或近似等于 0，这样就可以将输入中所有在这个频率带中的分量“过滤”掉，留下其他成分。根据被保留下来的频率位于低频处、高频处或某个中间带上，分别称为低通滤波（low - pass filter，LP）、高通滤波（high - pass filter，HP）和带通滤波（band - pass filter，BP）。要想得到理想的滤波，需要无限阶移动平均。实际应用中，我们必须要用有限项移动平均近似理想的滤波，设截断点为 n，这时的频率响应函数为：

$$w_n(\lambda)=\sum\nolimits_{j=-n}^{n}w_je^{-i\lambda j} \tag{2.13}$$

Baxter 和 King 对比了 BP 滤波与包括 HP 滤波在内的其他常用的方法，指出线性剔除趋势方法和一阶差分法具有明显的缺陷，利用 HP 滤波方法得到循环成分的效果类似于 BP 滤波的一种特殊形式——高通滤波（high pass filter），HP 滤波方法得到的结果没有通过 BP 滤波得到的循环成分光滑[93]。

4. HP 滤波法[94]

HP 滤波因在宏观经济分析中用来得到经济时间序列的长期趋势而被广泛使用[95]。该方法在 Hodrick 和 Prescott（1980）分析战后美国经济周期的论文中首次使用。设 $\{Y_t\}$ 是包含趋势成分和波动成分的经济时间序列，$\{Y_t^T\}$ 是其中含有的趋势成分，$\{Y_t^C\}$ 是其中含有的波动成分。

则
$$Y_t=Y_t^T+Y_t^c \qquad t=1,2,\cdots,T \tag{2.14}$$

计算 HP 滤波就是从 $\{Y_t\}$ 中将 $\{Y_t^T\}$ 分离出来。一般的，时间序列 $\{Y_t\}$ 中的不可观测部分趋势 $\{Y_t^T\}$ 常被定义为下面最小化问题的解：

$$\min\sum_{t=1}^{T}\{(Y_t-Y_t^T)^2+\lambda[c(L)Y_t^T]^2\} \tag{2.15}$$

其中：c（L）是延迟算子多项式

$$c(L)=(L^{-1}-1)-(1-L) \tag{2.16}$$

将式（2.16）代入式（2.15），则 HP 滤波的问题就是使下面损失函数最小，即

$$\left\{\sum_{t=1}^{T}(Y_t - Y_t^T)^2 + \lambda\sum_{t=2}^{T-1}\left[(Y_{t+1}^T - Y_t^T) - (Y_t^T - Y_{t-1}^T)\right]^2\right\} \tag{2.17}$$

最小化问题用$[c\ (L)\ Y_t^T]^2$来调整趋势的变化，并随着λ的增大而增大。这里存在一个权衡问题，即要在趋势要素对实际序列的跟踪程度和趋势光滑度之间作一个选择。$\lambda=0$时，满足最小化问题的趋势等于序列$\{Y_t\}$；λ增加时，估计趋势中的变化总数相对于序列中的变化减少，即λ越大，估计趋势越光滑；λ趋于无穷大时，估计趋势将接近线性函数。一般经验地，λ的取值如下：

$$\lambda=\begin{cases}100\text{，年度数据}\\1\,600\text{，季度数据}\\14\,400\text{，月度数据}\end{cases}$$

HP 滤波的运用比较灵活，它不像阶段平均法那样依赖于经济周期峰和谷的确定。它把经济周期看成宏观经济波动对某些缓慢变动路径的偏离，这种路径在期间内单调地增长，所以称之为趋势。HP 滤波增大了经济周期的频率，使周期波动减弱。

从以上生产波动的度量方法来看，速度法以增长率作为衡量波动强度的指标，增长率是一个年度概念，增长率本身含有长期趋势的成分，基本上不能反映长期的波动内涵。剩余法通过考察短期波动分量围绕长期趋势的偏离幅度来研究变量的波动程度，运用该方法必须首先检验回归残差是否为一个稳定的时间变量，否则就不能确定用时间趋势曲线分离出的波动分量是否是真实的。BP 滤波法把时间序列看作是互不相关的周期（频率）分量的叠加，通过研究和比较各分量的周期变化，以充分揭示时间序列的频域结构，掌握其主要波动特征，缺点是该方法无法对近期的产出进行测算，同时对经济周期中暂时性周期成分的测算也存在一些问题。HP 滤波法是一种非线性回归技术，其作用很像双向移动平均，尽管这种方法的有效性也存在争议，如 Harvey 和 Jaeger (1993) 指出 HP 滤波分解的准确性会随时序特征的变化而变化[96]。但鉴于 HP 滤波具有无限样本、运用灵活、无样本损失等优良特性，该方法非常适合分析时间序列中的波动成分。

2.2.2 比较优势与竞争优势理论

2.2.2.1 比较优势理论

1. 比较优势理论的提出

比较优势理论源于解释国际贸易原因和贸易利益的主导理论，经历从古典贸易模型到新古典贸易模型的发展，已形成较为完善的体系。古典比较优势理论起源于英国古典政治经济学代表人物亚当·斯密（Adam Smith）的绝对优势理论，该理论认为价格差异是劳动生产率的差异，因而劳动成本高低决定国家间竞争力的强弱。结论是按比较优势参与国际分工，各个国家都能从贸易中获利[97]。只不过斯密模型所说的是绝对成本优势，大卫·李嘉图（David Ricardo）扩展为相对成本优势。根据李嘉图的比较优势理论，只要各国之间存在着生产技术上的相对差别，就会出现生产成本和产品价格的相对差别，从而使各国在不同的产品上具有比较优势，国际分工和国际贸易因此成为可能。如果每个国家都集中生产并出口其具有比较优势的产品，进口其具有比较劣势的产品，不仅自己能获得比较利益，资源的使用效率也得以提高[98]。新古典比较优势理论是以瑞典经济学家赫克歇尔（ELI. Heckscher）和其学生俄林（Bertil Cotthard Ohlin）为代表的生产要素禀赋学说，该学说认为价格差在于资源要素的禀赋差异，要素禀赋决定着要素价格差，后者又决定产品成本差，结论是一国应该出口密集使用其丰裕要素的商品，进口密集使用其稀缺要素生产的商品，参与国际分工与竞争的国家都能获利[99]。从本质上看，古典和新古典贸易理论都认为：国际竞争力的理论基础是比较优势，比较优势是指各国在有形资源禀赋上存在着差异，从而使一个国家可以在某类产品的国际贸易中形成比较生产费用优势，也就是低成本从而低价格优势，因而比较优势是外生给定的。

2. 作物生产比较优势的测算

由比较优势理论可知，各地区如果按照比较优势来进行作物生产，即生产具有比较优势的种植业产品，从而提高各自的生产率，并且在市场交换中获得整体效益的最大化。目前对农作物比较优势地区之间差异的测定和比较时，通常使用两套指标，一套是国内资源成本系数指标 DRCC（Domestic Resource Cost Coefficient）[100]；另一套是综合比较优势指标 CCA（Comprehensive Comparative Advantage Index），包括效率优势指数 EAI（Efficiency Advantage Indices）、规模优势指数 SAI（Scale Advantage Indices）和综合优势指数 AAI（Aggregated Advantage Indices）[101-102]。

DRCC 指标主要从资源配置效率及机会成本的角度将国内生产同国外生产相比，分析其社会经济效益和比较优势。因此，无论是全国平均数据还是分省市数据，将 DRCC 进行国际比较，可大致看出该地区与国际市场相比其生产上的比较优势状况，同时将各地区生产的 DRCC 直接相比就可以判断出地区之间生产的相对优劣程度。然而在测定分析省市 DRCC 值时，大部分宏观经济参数都使用了全国平均或综合数据，这在一定程度上抹杀了地区之间的部分差异[103]。

而CCA指标在一定程度上弥补了DRCC指标这一缺陷。其EAI主要通过分析特定地区特定作物的土地产出率（单位面积产量）与该地区所有作物平均土地产出率的相对水平、与全国该比率平均水平的对比关系，考察该地区在该作物生产上的生产效率相对优势。SAI通过分析特定地区特定作物的播种面积占该地区所有作物总播种面积的比例与全国该比例平均水平的对比关系，考察该种作物在该地区粮食生产上的相对重要性及优势。而AAI从相对生产效率和由市场、技术、种植制度及气候、地理区位等综合因素决定的区位、规模优势两方面综合衡量地区特定作物生产的相对比较优势[104]。因此，综合比较优势指标更适合于在一国范围内不同区域之间某种商品，或同一区域内不同商品之间比较优势的衡量和比较。

CCA源于国际贸易中测度比较优势的一个常用指标——显性比较优势指数RCA（Revealed Comparative Advantage Index）[105−106]。显性比较优势指数是指一个国家某种商品的出口值占该国所有出口商品总值的份额与世界该类商品的出口值占世界所有商品出口总值的份额的比例。其计算公式是：

$$RCA_{ij}=\frac{X_{ij}/X_i}{X_j/X} \tag{2.18}$$

式中，RCA_{ij}为第i国家（或地区）第j种商品的显性比较优势指数；X_{ij}为第i国家第j种商品的出口值；X_i为第i国家所有商品的出口总额；X_j为世界第j种商品的出口总值；X为世界所有商品的出口总值。

RCA_{ij}通过一国某种商品出口的相对份额与世界该种商品出口的相对份额的比较，间接反映了该国在这种商品贸易方面的比较优势状况。考虑到烤烟用途单一，只能作为卷烟工业的原料，国家对烤烟生产实行严格的计划管制，烤烟生产量和贸易量相当，特别是本文对地区烤烟生产的关注，因此，可将式(2.18）改造如下：

$$CAI_{ij}=\frac{Q_{ij}/Q_i}{Q_j/Q} \tag{2.19}$$

其中，CAI_{ij}（Comparative Advantage Index）为第i个省区第j种作物生产的比较优势指数，Q_{ij}为第i国第j种作物的生产量，Q_i为第i个省区所有作物的生产量，Q_j为全国范围第j种作物的生产量，Q为全国范围所有作物的生产量。与RCA_{ij}的含义相似，CAI_{ij}通过一个省区某种作物生产的相对份额与全国该种作物生产的相对份额的比较，来间接反映该省区在这种作物生产方面的比较优势状况[107]。

由于作物产量是播种面积和单位面积产量的乘积，因此有：

$$Q=GS \cdot AP \tag{2.20}$$

其中，GS 为作物的播种面积，AP 为作物的单位面积产量。将式（2.20）代入式（2.19），可得：

$$CAI_{ij}=\frac{GS_{ij} \cdot AP_{ij}}{GS_i \cdot AP_i}\Big/\frac{GS_j \cdot AP_j}{GS \cdot AP}=\frac{AP_{ij}/AP_i}{AP_j/AP} \cdot \frac{GS_{ij}/GS_i}{GS_j/GS}=EAI_{ij} \cdot SAI_{ij} \tag{2.21}$$

式中：EAI_{ij} 为 i 区 j 种作物的效率优势指数；AP_{ij} 为 i 区 j 种农作物单产；AP_i 为 i 区全部农作物平均单产；AP_j 为全国 j 种作物平均单产；AP 为全国全部作物平均单产。$EAI_{ij}>1$，表明与全国水平相比，i 区 j 种作物生产具有效率优势；$EAI_{ij}<1$ 表明 i 区 j 种作物与全国平均水平相比，生产效率处于劣势。EAI_{ij} 值越大，生产效率优势就越明显。由于粮食作物是最主要的农作物，其生产力状况往往比较能综合反映一个地区的农业生产条件，特别是自然资源条件状况。因此，效率优势在本书是指和粮食作物相比较而言。SAI_{ij} 为规模优势指数；GS_{ij} 为 i 区 j 种农作物的播种面积；GS_i 为 i 区所有农作物的播种面积；GS_j 为全国 j 种农作物的播种面积；GS 为全国所有农作物的播种面积。$SAI_{ij}>1$，表明与全国水平相比，i 区 j 作物生产具有规模优势；$SAI_{ij}<1$，表明 i 区 j 作物生产处于劣势；SAI_{ij} 值越小，劣势越明显。

$$AAI_{ij}=\sqrt{CAI_{ij}}=\sqrt{EAI_{ij} \cdot SAI_{ij}} \tag{2.22}$$

从（2.22）式可知，特定地区某种作物生产的综合比较优势指数 $AAI_{ij} \geq 0$，它取决于效率优势指数 EAI_{ij} 和规模优势指数 SAI_{ij}，是这两个分量的乘积的开方[108]。$AAI_{ij}>1$，表明与全国平均水平相比，i 区 j 作物生产具有比较优势，AAI_{ij} 越大则比较优势越显著；$0<AAI_{ij}<1$，表明 i 区 j 作物生产与全国水平相比该区该种作物生产就不具有比较优势，指数越接近 0，则比较优势越不显著，比较劣势越突出。

EAI 高说明单位面积产量即土地产出率高，但是只有高的土地产出率是不能形成农作物比较优势的，同样 SAI 高只能说明种植规模较大，但是若没有较高的土地产出率也不能形成农作物比较优势[109]。因此，只有在 $EAI>1$、SAI 相对稳定或 EAI 相对稳定、$SAI>1$ 或 $EAI>1$、$SAI>1$ 的情况下，才能实现农作物生产比较优势的提升。

2.2.2.2 竞争优势理论

1. 竞争优势的提出

20 世纪 90 年代中后期以来，在国内有关产业竞争问题的研究文献和各类报道中，“竞争优势”和“竞争力”两个术语频繁地出现。在大多数的情况下，对“竞争优势”和“竞争力”的区分并没有实质上的意义，因为它们不仅交替使用，而且也并不总是有明确的区别[110]。竞争优势是基于一地区范围内的产业与其他地区同类产业的竞争所表现出来的优势，竞争优势涉及的是各地区间同一产业内的市场交换关系，体现的是各地区相同产业生产率的绝对优势，是其生产力发展水平的标志[111]。一般认为产业竞争力是指在市场经济条件下，某一特定产业具有的开拓市场、占据市场并获得利润的能力[112]。按照研究范围的不同，可将产业竞争力区分为产业国际竞争力和国内区域产业竞争力，其中，对产业国际竞争力的研究是基础和热点，对国内区域产业竞争力的研究通常是借鉴它的理论、范式和方法来进行的[113]。

产业国际竞争力的研究始自上世纪80年代，在30多年的研究中，世界经济论坛（WFE）和瑞士洛桑国际管理与发展研究学院（IMD）所做的《国际竞争力研究报告》和发表的年度性报告《全球竞争力报告》、《世界竞争力年鉴》具有广泛影响，而美国哈佛大学迈克尔·波特教授（Michael Porter）对产业国际竞争力的研究做出了突出的理论贡献。波特的竞争力体系表现出由企业竞争力、产业竞争力再到国家竞争力这样一个由微观、中观再到宏观的层次体系。按照竞争的场所划分可分为相同产业在不同地区之间或国际间为了夺取它们共同需要的对象而展开的较量，在这一竞争过程中反映出同一产业在不同地区或国际间的竞争力。他认为，产业国际竞争力是在国际间自由贸易条件下（在排除了贸易壁垒因素的假设条件下），一国特定产业以其相对于其他国更高的生产力向国际市场提供符合消费者（包括生产性消费）或购买者需要的更多的产品，并持续获得盈利的能力[114]。

我国对于产业竞争力的研究中，金碚（1997）提出的生产力+市场力（赢利的能力）学说，把产业国际竞争力定义为：“在国际间自由贸易条件下（或在排除了贸易壁垒因素的假设条件下），一国特定产业以其相对于他国的更高生产力，向国际市场提供符合消费者（包括生产性消费者）或购买者需求的更多产品，并持续地获得赢利的能力”[115]。裴长洪（2002）提出的比较优势和竞争优势认为产业竞争力是指属地产业的比较优势和它的一般市场绝对竞争优势的总和[116]。张超（2002）认为产业竞争力是指“属于不同国家的同类产业之间效率、生产能力和创新能力的比较，以及在国际自由贸易条件下各国同类产业最终在产品市场上的竞争能力”[117]。盛世豪（2004）提出了综合生产能力说，即产业竞争力是产业的供给能力、价格能力、投资赢利能力的综合[118]。

从以上情况看，学术界对产业竞争力的认识还存在一些差异，还没有形成一个统一的定论，迈克尔·波特教授的定义在国际上影响力最大，金碚的定义在国内较为流行。这两种定义虽然表达不一，但都从竞争力的表现形态和形成发展方面说明产业竞争力的属性，并隐含了产业竞争力的决定因素。

2. “钻石”理论

迈克尔·波特（Michael E. Porter）于 20 世纪 80 年代开始陆续发表了《竞争战略》（1980 年）、《竞争优势》（1985 年）和《国家竞争优势》（1990 年）等著作，系统地提出了竞争优势理论。根据波特的观点，一个行业中的竞争，不只是在原有竞争对手中进行，而是存在着五种基本的竞争力量：潜在的行业新进入者、替代品的竞争、买方讨价还价的能力、供应商讨价还价的能力以及现有竞争者之间的竞争。这五种基本竞争力量的状况及综合强度，决定着行业的竞争激烈程度，从而决定着行业中最终的获利潜力以及资本向本行业的流向程度，这一切最终决定着企业保持高收益的能力[119]。他提出的价值链分析法（1985），即将企业的整个创造价值的过程，分成几个不同的阶段或环节，由于在不同的阶段或环节企业创造价值和获得的利润不同，因而可以通过对不同阶段或环节企业创造的价值和利润的比较以及企业最终创造价值总量与他们竞争对手的比较来体现企业的整体竞争力。他还认为该方法对分析和提高产业的国际竞争力也具有重要的应用价值[120]。

通过对 10 个国家上百种产业的发展过程的研究，1990 年波特提出了著名的“钻石模型”（Diamond Framework）来描述产业的国际竞争力（图 2-2）。他并没有直接地给“产业国际竞争力”下一个简单明了的定义，但他从产业和企业的角度研究国家竞争力问题，认为国家竞争力取决于产业和企业的竞争优势，而产业和企业的竞争优势又取决于“国家环境”。波特认为决定一个国家的某种产业竞争力的有四个因素：生产要素，包括人力资源、天然资源、知识资源、资本资源、基础设施；需求条件，主要是本国市场的需求；相关产业和支持产业的表现，这些产业和相关上游产业是否有国际竞争力；企业的战略、结构、竞争对手的表现。这四个要素具有双向作用，形成钻石体系。在四大要素之外还存在两大变数：政府与机会。机会无法控制，政府政策的影响不可漠视。它们共同构成一个动态的激励创新的竞争环境，共同构成国家和产业竞争力的来源[121]。竞争优势的一般分析框架为：在规模经济和不完全竞争假设条件下（同时也暗含了各国之间不存在技术水平的差异和要素禀赋不一定有差别这样两个重要假定），产品差别表现为综合优势的差别，不仅包括价格优势（比较成本优势），而且包括一切影响产品竞争力的因素，如品牌、制度环境、垄断力等竞争优势。竞争优势才是一国产业竞争力的充分必要条件。

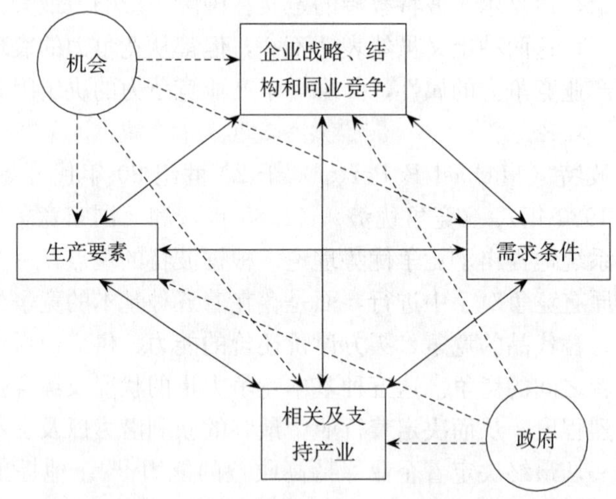

图 2-2 波特钻石理论模型

2.2.2.3 比较优势与竞争优势的关系

比较优势与竞争优势之间既有联系又有区别，但本质却是相同的，二者相互补充、相辅相成。两者的区别表现在：①比较优势是建立在完全竞争、不存在规模经济的条件下，而竞争优势充分考虑了需求条件、竞争状况和相关产业的影响，更加贴近现实。②比较优势是在生产过程中形成的低成本优势，主要与土地、劳动力、资本、自然资源等基本生产要素有关，仅是构成竞争优势的一部分，而竞争优势不仅与基本生产要素有关，而且更与产业组织与制度、品牌与营销能力、技术进步和政策支持等高级要素相关。③竞争优势理论主张天生的禀赋仅是影响一国或地区竞争优势的要素条件中的低级要素，更重要的是培养高级要素和特定化要素，因此政府要通过干预政策使产业提升竞争力；比较优势理论则反对任何形式的政府干预。④竞争优势理论主张产业政策应该注重提高其竞争力，重点扶持具有潜在竞争优势且对其他产业有显著带动作用的产业，尽管这些产业目前并不具有比较优势，但却是具有外部经济效应的产业。

2.2.3 技术效率评价

2.2.3.1 系统评价方法概述

系统评价是系统科学研究评价理论的一个重要分支，它借助科学的方法和手段对系统的目标、结构、环境、输入与输出、功能、效益等要素构建指标体系，建立评价模型，经过计算和分析，对系统的经济性、社会性、技术性、可持续性等进行综合评价，从而为决策提供科学的依据，其研究对象通常是自然、社会、经济等领域的同类系统或同一系统在不同时期的表现。具体来说，系统评价问题一般表现为以下几类：第一类问题是对所研究的系统进行分类，即把多个系统中具有相同或相近属性的系统归为一类，有利于进行科学的管理。第二类问题表现为对上述分类的序化，即在第一类问题的基础上对各小类按照优劣排出顺序。第三类问题表现为对某一系统做出整体评价。对每一个评价对象，通过综合评价和比较，可以找到自身的差距，从而有利于及时采取措施[122]。

常用的系统评价方法主要有多指标综合评价方法、功效系数法、可能-满意度法、多维标度法、经济分析法、专家咨询法、理想点法、其他系统评价方法：如交叉增援矩阵法、连环比率法、层次分析法、不确定评价法等。以上几类综合评价方法中，最常用的是多指标综合评价体系法。多指标综合评价体系方法是把多个描述被评价事物不同方面的多个指标的信息综合起来，并得到一个综合指标，由此来反映被评价事物的整体情况，并进行横向和纵向比较[123]。多指标综合评价体系方法按照所应用的理论和使用的工具又可以分为：常规多指标综合评价方法；灰色关联度法；模糊综合评价法；多元统计综合评价方法。多元统计综合评价方法是建立在多元统计分析理论基础上的多指标综合评价方法，也是较为常用的评价方法之一。多元统计评价方法主要有主成分分析法、因子分析法、判别分析法、聚类分析法等；基于小波网络的模式识别法；以数据包络分析为代表的基于运筹学的综合评价方法。除了上面提到的几种评价方法外，多指标综合评价法还包括距离综合评价法、协商评价法、动态综合评价法、立体综合评价法等。

2.2.3.2 技术效率的评价方法

传统的经济理论认为经济增长主要源于两部分：要素投入和生产率的提高。前者可能在短期内带来高增长，但基于收益递减规则，可持续增长只能通过生产率的增长来获得。早期的理论把全要素生产率的增长归功于技术进步，而现在越来越多的学者把它分解为技术效率的变动和技术进步两个部分[124]。生产效率评价与分析，主要目的是根据实际观测数据，使用有关的效率测度方法，并借助于有效的计算技术进行评估、决策。生产效率通常用一些前沿面的形式来描述，在过去50多年里，许多不同方法被应用在前沿面的估计上。其中两个主要的方法是数据包络分析（Data Envelopment Analysis，DEA）以及随机前沿面分析（Stochastic Frontier Analysis，SFA）（图2-3）。

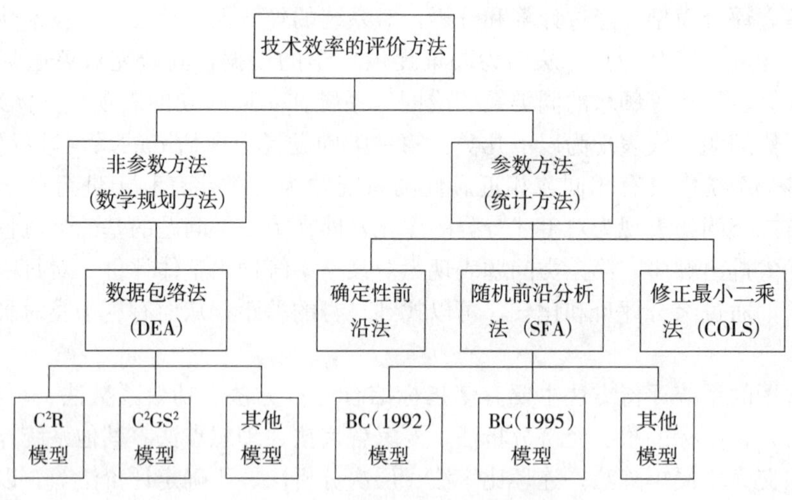

图 2-3　技术效率评价方法的分类

1. 数据包络分析（DEA）

1951 年 Koopmans 就提出了有效度量的概念[125]，1957 年经济学家 Farrell 提出了单输入单产出决策单元（Decision Making Units，DMU）的有效度量方法[126]。但在提出后的近 20 年里，认可 Farrell 的方法的人并不多。如 Boles（1966）和 Afriat（1972）提出的数学规划方法虽能完成估算，但是这种方法并没有得到广泛的关注。在实际应用中，常常遇到多输入和多输出情形，特别是对于多输出的生产过程，很难用已有的方法解决。1978 年由著名的运筹学家 A. Charnes 和 W. W. Cooper 等人提出了一个被称为数据包络分析（Data Envelopment Analysis，简称 DEA）的方法，去评价部门间的相对有效性，原理主要是通过保持 DMU 的输入或者输入不变，借助于数学规划方法确定相对有效的生产前沿面，将各个决策单元投影到 DEA 的生产前沿面上，并通过比较决策单元偏离 DEA 前沿面的程度来评价它们的相对有效性[127]。从生产函数角度看，这一模型是用来研究具有多个输入、特别是具有多个输出的“生产部门”同时为“规模有效”与“技术有效”的十分理想且卓有成效的方法。自 1978 年底，第一个 DEA 模型（不变规模报酬模型 C^2R 模型，也即 CRS 模型）发表后，新的模型及相关的重要理论结果不断出现，已成为运筹学研究的一个新领域。1984 年由 R. D. Banker 等人从公理化的模式给出了 BCC 模型，同时证明它与 C^2R 模型具有相同形式[128]。1985 年，为测算生产单元的纯技术效率水平，A. Charnes 和 W. W. Cooper 和 B. Golany 等人对 C^2R

模型进行改进，提出了另一个评价相对效率的 DEA 模型 C^2GS^2 模型[129]，即可变规模报酬（VRS）模型。尽管在这些模型的基础上又衍生出不少新的 DEA 模型，但上述两种为最常见的数据包络分析模型。C^2R 模型适用于假设投入面满足规模报酬固定（CRS，Constant Returns to Scale）的情况，对 DMU 的规模效率和技术效率同时进行评价，即 C^2R 模型测得的 DMU 有效是指规模适当且技术水平高的；C^2GS^2 模型则仅对决策单元技术有效进行评价，即以 C^2GS^2 模型测得的 DEA 有效是指该 DMU 最好地运用了已有的技术。

设有 n 个决策单元 $DMUi$（$i=1, 2, \cdots, n$），每个决策单元都是以 m 种投入生产 k 种产品，分别以 m 维向量 X_i 和 k 维向量 Y_i 表示 i 生产单元的投入量和产出量，相对效率为基础而建立的可变规模报酬模型（加入松弛变量后）为：

$$\min\left[\theta_v-\varepsilon\left(e_1^T SA+e_2^T SB\right)\right] \tag{2.23}$$

$$(D_\varepsilon^v)\quad \text{s.t.}\quad \begin{cases} \sum_{i=1}^{n}\lambda_i X_i + SA = \theta_v X_0 \\ \sum_{i=1}^{n}\lambda_i Y_i - SB = Y_0 \\ \sum_{i=1}^{n}\lambda_i = 1 \\ \lambda_i\geqslant 0,\ i=1, 2, \cdots, n.\ SA\geqslant 0,\ SB\geqslant 0 \end{cases}$$

其中，$SA=(sa_1, sa_2, \cdots, sa_m)^T$，$SB=(sb_1, sb_2, \cdots)^T$，分别表示对 DMU_0 进行结构调整的松弛变量。X_0，Y_0 表示被评价决策单元 DMU_0 的投入和产出向量。当规划（D_ε^v）的所有最优解都满足 $\theta_v^*=1$，$SA=SB=0$ 时，则称 DMU_0 是技术有效的。若 $\theta_v^*=1$ 但 $SA\neq 0$ 或 $SB\neq 0$，则称 DMU_0 是弱有效的。$\theta_v^*<1$，DMU_0 为非技术有效。可变规模报酬（VRS）模型测算的仅仅是决策单元的纯技术效率水平。在可变规模报酬的线性规划模型去掉一个约束后，即变为不变规模报酬模型。它测算的是生产单元的综合效率（TE_c）建立在 T_c 上的投入角度的综合效率评价模型（加入松弛变量 SA 和 SB 及摄动量 ε 后）为：

$$\min\left[\theta_c-\varepsilon\left(e_1^T SA+e_2^T SB\right)\right] \tag{2.24}$$

$$(D_\varepsilon)\quad \text{s.t.}\quad \begin{cases} \sum_{i=1}^{n}\lambda_i X_i + SA = \theta_c X_0 \\ \sum_{i=1}^{n}\lambda_i Y_i - SB = Y_0 \end{cases}$$

$$\lambda_i \geqslant 0,\ i=1,\ 2,\ \cdots,\ n.\quad SA \geqslant 0,\ SB \geqslant 0$$

这里 θ_c 表示生产单元的综合效率，其他符号与前文定义相同。可以看出这一规划问题是在保持生产可行和产出不小于 Y_0 的条件下，尽量让投入按同一比例缩小。当规划的所有最优解都满足 $\theta_c=1$，$SA=SB=0$ 时，说明在不减少产出的情况下，既无法等比例地减少各种投入，也不能个别地减少某种投入或增加某种产出。这时生产点（X_0，Y_0）处于技术有效状态，而当规划的最优解都满足 $\theta_c=1$，但 $SA\neq0$ 或 $SB\neq0$ 时，DMU_0 是弱有效的。说明某些投入量已处在最小状态，所有投入不能按同一比例减少，但仍有可能对投入或产出进行结构性调整。即在弱技术有效下，生产规模是适当的，仅存在结构问题。当 $\theta_c<1$ 时，生产点（X_0，Y_0）处于技术无效状态。表明在保持产出不小于 Y_0 的条件下，可以使得各种投入同时缩小 θ_c 倍，若 $SA\neq0$ 或 $SB\neq0$ 时，还存在结构问题。只要将在不变规模报酬假设下测得的结果 θ_c 和可变规模报酬假设下测得的 θ_v 进行比较，就可推算规模效率的大小。图 2-4 表示出几种不同规模报酬假设下的生产前沿。不同规模报酬假设下的效率，综合效率 θ_c、纯技术效率 θ_v 和规模效率 θ_s 分别为：

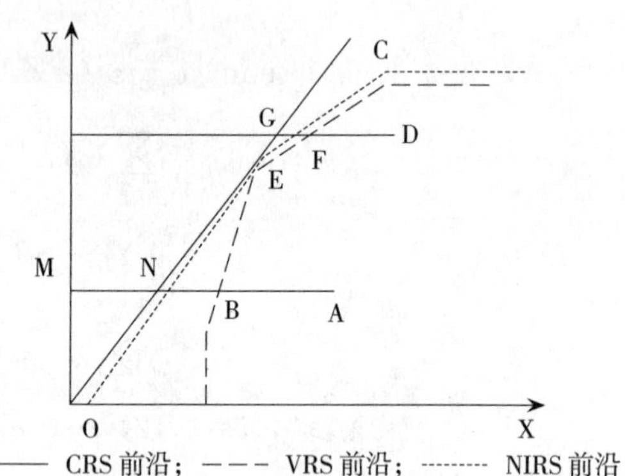

图 2-4 不同规模报酬假设下的生产前沿

$$\theta_c=\frac{MN}{AM}=\frac{NM}{BN}\times\frac{BM}{AM},\ \theta_v=\frac{BM}{AM},\ \theta_s=\frac{NM}{BN}$$

综合效率 θ_c 等于纯技术效率 θ_v 和规模效率 θ_s 的乘积。所以，$\theta_c=\theta_v\times\theta_s$，$\theta_s=\theta_c/\theta_v$。通过分别运行 CRS，VRS 的 DEA 模型得到 θ_c 和 θ_v，用他们便可以推算规模效率的水平。当 $\theta_c=\theta_v$ 时，生产单元的规模效率为 1，即生产处于最佳规模，否则生产单元的规模效率有所损失。评价生产规模报酬递减或递增用以下模型非增规模报酬 NIRS（Non-increase Returns to Scale）模型：

$$\min\ [\theta_n-\varepsilon\ (e_1^T SA+e_2^T SB)] \qquad (2.25)$$

$$\text{s.t.}\quad \sum_{i=1}^{n}\lambda_i X_i + SA = \theta_c X_0$$

$$(D_\varepsilon^v)\qquad \sum_{i=1}^{n}\lambda_i Y_i - SB = Y_0$$

$$\sum_{i=1}^{n}\lambda_i \leqslant 1$$

$$\lambda_i \geqslant 0,\ i=1,\ 2,\ \cdots,\ n.\quad SA \geqslant 0,\ SB \geqslant 0$$

当生产单元处于规模无效（$\theta_s<1$）时，通过比较 θ_n 和 θ_v 就可判别生产所处的规模报酬阶段。①$\theta_v=\theta_n$ 时，生产处于规模报酬递减阶段。②$\theta_v\neq\theta_n$ 时，生产处于规模报酬递增阶段。以上 2 种情况分别如图 2-3 中的 D 点和 B 点所示。B 点处在规模报酬递增阶段，D 点处在规模报酬递减阶段。

2. 随机前沿分析（SFA）

前沿生产函数由 Aigner 和 Chu（1968）最早提出，他们认为在确定的生产条件下，生产要素投入与可能的最大产出量之间的数量关系反映的就是前沿生产函数，并通过该函数确定的前沿面对生产单元的技术效率进行测算[130]。前沿分析法主要分为两大类：确定性前沿方法和随机前沿方法。前者在分析技术效率时假定所有的生产单元公用一个固定的前沿面，即有一个确定的上界生产函数。同时把影响产出的不可控因素（如气候、政策变动、资料统计误差、方程测定误差等）和可控因素不加区分，全部归入一个单侧的误差项中，作为非效率的反映，问题是由于把所有可能产生影响的因素都作为技术非效率来测算，使所测得的技术效率与真实的效率水平有很大偏差。正是考虑到确定性前沿方法存在的缺陷，美国的 D. Aigner，C. Lovell&C. Schmidt（1977）[131]和比利时的 W. Meeusen，J. Vanden Broeck（1977）[132]几乎同时提出了随机前沿方法（Stochastic Frontier Analysis）来测算技术效率。在他们的模型中误差项被分为两类：管理误差项用来反映技术非效率，随机误差项表示任何可能出现的不可控因素带来的影响，并假设非效率的组成呈指数半正态分布。该生产函数对包含由两个成分组成的误差进行了描述，可应用于面板数据；估计随时间变化和不变的效率；成本和产量函数等。在此后的 20 多年的研究中，出现了不少重要的随机前沿模型用于确定前沿面，主要的发展和运用集中在两个方面：一是对模型中管理误差项的分布假设，Stevenson（1980）假设其为截尾正态分布，Greene（1980）假设为密度（Gamna density）分布，Lee（1993）则假设为四参数的 Pearson 分布。二是对数据选择的变化：早期的应用主要是基于截面数据（Cross-sectional data）的技术效率估计，而 20 世纪 80 年代以后更多地利用面板数据（Panel data）进行测算。随机前沿分析法的主要优势在于：前沿面是随机的，各生产单元不需公用一个前沿面；把误差项进行区分，能更准确地反映实际的技术效率水平，可以对结果进行假设检验（如对参数的 T 检验和对函数的似然检验等）。目前最常用的随机前沿模型是 Battese

和 Coelli 在 1992 年设定的运用时间序列面板数据估计前沿面的生产函数模型，简称 BC（1992）模型[133]。该模型假设管理误差项（即非效率项）服从截尾正态分布，并认为技术效率随时间不同而变化。

实际工作中，一般多应用数据包络分析方法，以计算生产效率为目的，并考虑到了成本效率和分配效率，以及应用面板数据来计算总的要素生产率（*TFP*）的变化、技术变化、技术效率变化和规模效率变化的指数，即由 Färeet al（1994）提出的 Malmquist 指数。Malmquist 生产率指数首先由 Caves, Christensen and Diewert（1982）引入，由 Färe 等人进一步发展而来。该指数运用 Shephard（1953）提出的距离函数[134]（distance functions）来定义，它用来描述不需要说明具体行为标准（例如成本最小化和利润最大化）的多个输入变量和多个输出变量生产技术。运用面向产出（output - oriented）方法或面向投入（input - oriented）方法能够定义距离函数。给定投入变量矩阵，一个产出的距离函数定义为产出指标变量矩阵的最优比例项；同样，给定产出变量矩阵，产出变量距离函数可以看作是投入指标变量矩阵的最小比例项。

首先定义产出的距离函数，在时期 s，技术效率可以表示为：

$$d^s(x, y) = \min\{\theta: \frac{y}{\theta} \in P(x)\} \tag{2.26}$$

其中，最小化 θ，意味着使 y/θ 最大化。这个距离函数衡量了给定投入下产出的最大值，因此，θ 表示技术效率指数。同理，我们可以定义 t 时期的产出距离函数：

$$d^t(x, y) = \min\{\theta: \frac{y}{\theta} \in P(x)\} \tag{2.27}$$

利用 Malmquist 生产率指数分解可以用图 2-5 来表示。在图中，假设只有一种投入 x 和一种产出 y，并且生产是规模报酬不变的（CRS）。图中的点 D 和 E 分别表示在时期 s 和 t 时的投入—产出组合。在这两种情况下，实际产出都在生产可能前沿下面。从时期 s 到时期 t 的技术效率变化可以表示为（y^s/y^a）（y^t/y^c）。生产率变化可以由产出增长中不是由投入增长贡献的部

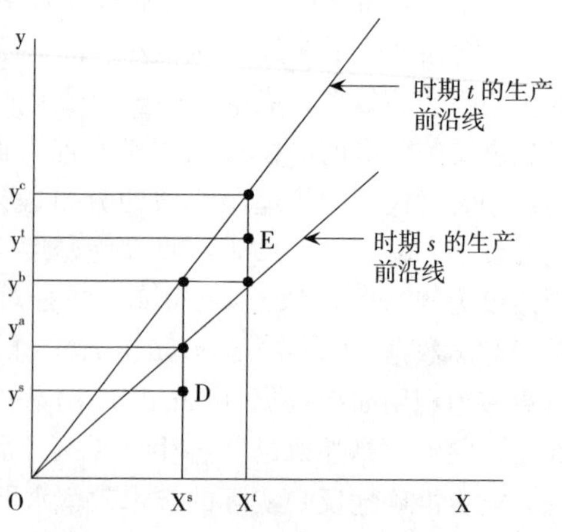

图 2-5　Malmquist 生产率指数

分，这可以表示为（y^t/y^s）/（y^b/y^a），其中（y^t/y^s）是产出增长，（y^b/y^a）表示沿生产前沿线在时期 s 的移动。这也可以写作（y^t/y^b）/（y^s/y^a），分子（y^t/y^b）表示在时期 t 时产出的距离函数，分母（y^s/y^a）是时期 s 时表示技术效率的距离函数。Malmquist 生产率指数实际上就是一般所称的“全要素生产率”（TFP），目的是从 TFP 变化中分解出技术效率变化、技术进步。

根据 Caves，Christensen 和 Diewert（1982a 和 1982b）的研究[135—136]，以时期 s 作为参考标准，从时期 s 到时期 t 的 Malmquist 生产率指数变化可以定义为：

$$m^s=\frac{d^s(x^t,y^t)}{d^s(x^s,y^s)} \tag{2.28}$$

同时，以时期 t 作为参考标准，Malmquist 生产率指数变化为：

$$m^t=\frac{d^t(x^t,y^t)}{d^t(x^s,y^s)} \tag{2.29}$$

这两个指数在一种产出、一种投入的情况下是相同的，但是在多种投入和可变规模收益的情况下两个指数是不同的，为了避免这种不一致性，Färe 等（1992，1994）根据上面两种指数的几何平均值推导出产出导向的生产率指数的变化[137—138]：

$$\begin{aligned}m(x^t,y^t,x^s,y^s)&=\left[\frac{d^s(x^t,y^t)}{d^s(x^s,y^s)}\times\frac{d^t(x^t,y^t)}{d^t(x^s,y^s)}\right]^{1/2}\\&=\frac{d^t(x^t,y^t)}{d^s(x^s,y^s)}\times\left[\frac{d^s(x^t,y^t)}{d^t(x^t,y^t)}\times\frac{d^s(x^s,y^s)}{d^t(x^s,y^s)}\right]^{1/2}\end{aligned} \tag{2.30}$$

式中，等式右边第一项$\frac{d^t(x^t,y^t)}{d^s(x^s,y^s)}$衡量了从时期 s 到时期 t 的技术效率的变化 effch，其中，技术效率又可继续分解为纯技术效率 pech 和规模效率色差；等式右边括号内的部分衡量了两个时期之间技术进步率 techch。即

$$\text{技术效率变化，effch}=\frac{d^t(x^t,y^t)}{d^s(x^s,y^s)}=\text{pech}\times\text{sech} \tag{2.31}$$

$$\text{技术进步，techch}=\left[\frac{y^t/y^b}{y^t/y^c}\times\frac{y^s/y^a}{y^s/y^b}\right]^{1/2} \tag{2.32}$$

假设第 k（$k=1, 2, \cdots, K$）个决策单元（DMU），在生产中有 N 种投入要素、生产 M 种产品。x_n^{ki} 和 y_n^{ki} 分别表示第 k 个企业在第 i（$i=s, t$）时期第 n（$n=1, 2, \cdots, N$）种投入和第 m（$m=1, 2, \cdots, M$）种产出。为了对 Malmquist 指数进行分解，我们需要计算出四个距离函数：$d^s(x^s, y^s)$，$d^t(x^s, y^s)$、$d^t(x^s, y^s)$ 和 $d^t(x^t, y^t)$。每个距离函数可以通过下面的线

性规划模型来计算：

$$[D^{i}(x^{k'i'}, y^{k'i'})]^{-1} = \max_{z,\theta} \theta^{k'} \tag{2.33}$$

$$\text{s. t.} \quad \theta^{k'i'} y_m^{k'i'} \leqslant \sum_{k=1}^{K} z^{ki} y_m^{ki}, \quad m = 1, \cdots, M$$

$$\sum_{k=1}^{K} z^{ki} x_n^{ki} \leqslant x_n^{k'i'}, \quad n = 1, \cdots, N$$

$$z^{ki} \geqslant 0, \qquad k = 1, \cdots, K$$

2.3 本章小结

经济周期波动问题的研究中，目前还没有一定的理论对于某一个产业的产出波动做出诠释。测度宏观经济变量长期趋势的方法有多种，比较常用的有速度法、趋势分解法、滤波法（BP 滤波法和 HP 滤波法），其中 BP 滤波法和 HP 滤波法较其他方法具有更多优点，不像阶段平均法那样依赖于对经济周期波峰和波谷的确定。本文采用 HP 滤波法对河南省烤烟生产的波动周期进行分析，还将以比较优势理论与竞争优势理论为基础，对河南省烤烟生产比较优势和竞争优势进行测算和分析，同时，采用非参数的数据包络分析方法(DEA)，探讨在烟草行业专卖管理体制下，不同省域、县域尺度下烤烟生产效率比较分析，运用 Malmquist 指数，对河南省烤烟生产效率评价，分析河南省烤烟的生产效率变化，探讨其效率变化的原因及改善途径，在此基础上提出了河南省烤烟生产稳定发展的若干对策建议。

3 河南省烤烟供给与需求分析

我国烤烟供给与需求不同于一般农产品，烟叶作为国家专卖管理体制下的特殊农产品，有着诸多不同于一般农产品的特殊之处，生产经营活动受政府的严格管制，而烟农作为烟叶生产的主体，随着农村经济改革的不断深化，烟农是否从事烤烟种植主要受市场的配置，烤烟生产的周期波动与市场的刚性需求产生较大的矛盾，河南省烤烟生产同样受到计划与市场的双重调控。随着我国加入《世界烟草框架条约》和我国中式卷烟的提出，尤其是烟草行业大品牌战略的实施以及减害降焦工程的推进，重点骨干品牌快速成长，对河南浓香型烟叶的需求不断增加，供给不稳定是河南省烤烟生产的突出问题。分析专卖管理体制下我国及河南省烤烟生产，对把握现有制度下烟叶发展规律和指导河南省烤烟生产发展有重要的意义。

3.1 烤烟供给分析

3.1.1 我国烤烟供给分析

3.1.1.1 生产概述

新中国成立后，我国烤烟生产得到迅速发展。但是，由于自然灾害等原因，烤烟生产走过的是“马鞍形”或“周期性”曲折发展的道路。1950 年全国产量仅 5.5 万吨，1956 年增加到 40 万吨，但由于“大跃进”和三年自然灾害的影响，1961 年又降至 9.5 万吨，造成卷烟原料极度缺乏。1963 年成立了中国烟草工业公司，试办烟草托拉斯，对 13 个重点烤烟产区的烟叶收购、复烤、分配、调拨实行集中统一管理，1966 年烤烟产量一度增至 60 万吨，但随着烟草托拉斯解散，1970 年又下滑至 40 万吨。1976 年烟叶收购调拨工作由中华全国供销合作总社负责，烤烟产量波动较大，1980 年为 73 万吨，1981 年为 129 万吨（图 3 - 1）。

1982 年中国烟草总公司成立后，1986 年烤烟收购量 119.05 万吨，而 1988 年收购量达到 206.7 万吨。进入 20 世纪 90 年代后，烟叶产量周期性大起大落的问题仍未得到解决，平均每 3～4 年就出现一次起落，烟叶生产陷入

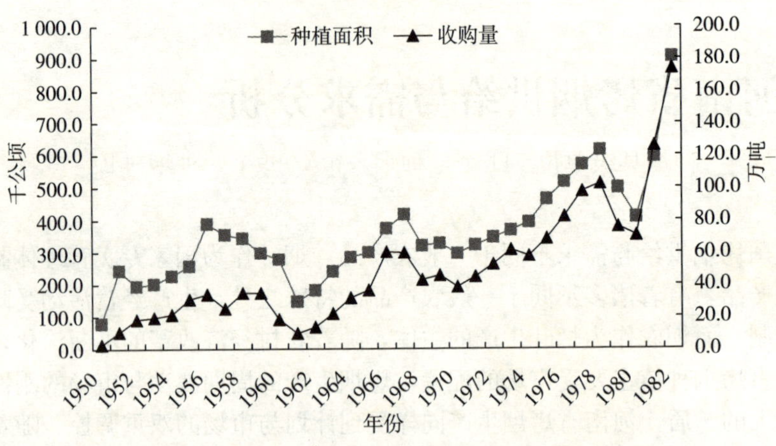

图 3-1 1950—1982 年我国烤烟种植面积及收购量

“多了砍、少了赶”的怪圈。1992 年，全国烟叶收购量为 266.4 万吨，1994 年，收购量一下跌落到 148.6 万吨，1995 年收购量恢复至 174.25 万吨，1996 年则跃升为 262.75 万吨。1997 年，全国超面积种植烟叶 366.67 千公顷，实际收购量达 343.75 万吨，烟叶严重超种超收，带来了一系列问题，不少烟叶经营企业大幅亏损。1998 年，国家局将烟叶计划调减了 50 万吨，1998 年计划收购烟叶 170 万吨，实际收购 145.3 万吨；1999 年实际收购 159.05 万吨，2000 年实际收购 157 万吨。2002 年，全国烟叶经营实现了扭亏为盈，之后我国的烟叶生产流通秩序逐步恢复正常，烟叶生产驶入了平稳发展的轨道[139]（图 3-2）。

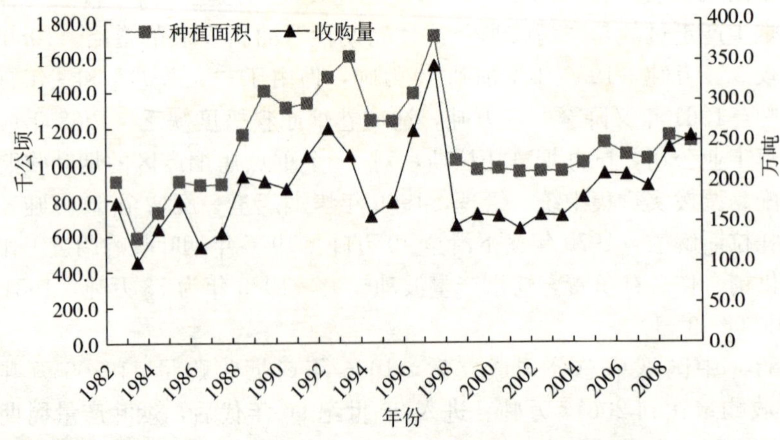

图 3-2 1982—2009 年我国烤烟种植面积及收购量

近年来，烟叶种植面积稳定在1 000千公顷左右，产区逐步向适宜区转移，生产集中度逐渐提高，1.5 万吨以上重点地市级公司烟叶收购量占全国的 80%左右，植烟面积呈现南方烟区约占 80%、黄淮烟区约占 14%、北方烟区约占 6%的种植格局[140]。2008 年全国种植烤烟的省份有 22 个，种植烤烟的地级单位共 111 个，种烟县级单位 541 个，种烟乡镇4 969个，种烟村40 546个，种烟农户为 224.3 万户，烤烟种植面积为1 153.13千公顷，种植面积仅占全国耕地面积的 0.95%[141]。

3.1.1.2 专卖制度下的烤烟生产

烟草及其制品是一种特殊的消费品，历代政府皆课以重税，以税收为杠杆限制烟草业的发展，其目的就是寓禁于征。新中国成立后，国家对烟叶实行统购统销政策，由全国供销合作系统统一经营，其中 1963—1969 年组建中国烟草工业公司——试办烟草托拉斯，对烟草实行供产合一的管理体制。1982 年 1 月中国烟草总公司成立，1983 年 9 月国务院发布《烟草专卖条例》，正式确立了国家烟草专卖制度，烟叶购销由全国供销合作总社划归中国烟草总公司管理。1984 年 1 月国家烟草专卖局成立；1986 年中国烟叶生产购销公司成立（2005 年更名为“中国烟叶公司”），是代表国家局负责全国烟叶生产销经营行政管理的具体部门。1991 年 6 月 29 日，中华人民共和国第七届全国人民代表大会常务委员会第二十次会议通过《中华人民共和国烟草专卖法》，自 1992 年 1 月 1 日起施行，1983 年国务院发布的《烟草专卖条例》同时废止；1997 年 7 月 3 日国务院发布《中华人民共和国烟草专卖法实施条例》，自发布之日起施行。我国烟草专卖制度实行的是完全专卖、国家专卖的专卖形式，国家对烟叶生产经营的专卖管理主要通过对种植收购计划、价格及补贴、税收、分级标准等政策调控实现。

1. 国家计划的影响

国家的烟叶种植和收购计划是依据产销状况制定的，是国家对烟叶进行宏观调控的重要手段。自烟草专卖制度建立以来，国家对烟叶生产经营实行严格的计划管理，都把“计划种植”作为烟叶生产指导方针的重要内容之一。《烟草专卖法》规定，烟叶收购计划由县级以上地方人民政府计划部门根据国务院计划部门下达的计划确定，其他单位和个人不得变更。烟草公司或者其委托单位应当与烟叶种植者签订烟叶收购合同。然而在 1997 年之前，由于粮棉价格持续走低，烟叶收购价格未能及时随之进行调整，烟叶特产税和财政包干办法，计划落实时各地又层层加码，造成了 1997 年严重的超种超收局面。针对 1997 年全国烟叶严重超种超收带来了一系列问题，从 1998 年起国家对烤烟生产实行“双控”政策，即政府针对烤烟供给严重超过需求，制定控制烤烟种植面积和控制收购量的政策措施。1997 年 12 月 19 日，国务院下发了《关于做好 1998 年烟叶种植和收购工作的紧急通知》，明确指出“烟叶收购计划是国家指令性计划，各地区、各部门必须严格执行，逐级落实，不得变更”，并做出“合同外的烟叶，不予收购”等规定。为对计划进行有效控制，1998 年国家局要求各产烟省份统一制定合同范本，多数省份严格落实了国家局这一要求，部分省份实行全省合同统一编号。1999 年各主要产区将合同输入计算机管理。此后，为维护合同签订的严肃性，各地签订合同普遍采取“三步走”的程序：先进行调查摸底，了解农民的种烟意向并登记造册；然后在育苗期间与烟农草签合同；最后在移栽前签订正式合同，并由烟草公司统一在公证部门进行公证[142]。

1998 年起，各烟叶产区以合同制为主线，严格按国家计划全面签订合同，保障了烟叶生产的平稳发展。1998—2009 年是我国烤烟生产平稳发展的 12 年，在这 12 年中有 11 年烤烟实际收购量与收购计划符合度控制在±15%，基本解决了 1997 年前烤烟生产大起大落的局面（图 3-3）。通过实行“双控”政策，有效地防止了烟叶种植者盲目扩大烟叶种植面积，也避免了各地烟草公司盲目收购烟叶造成积压浪费严重的问题，实现了烤烟生产的平稳发展。

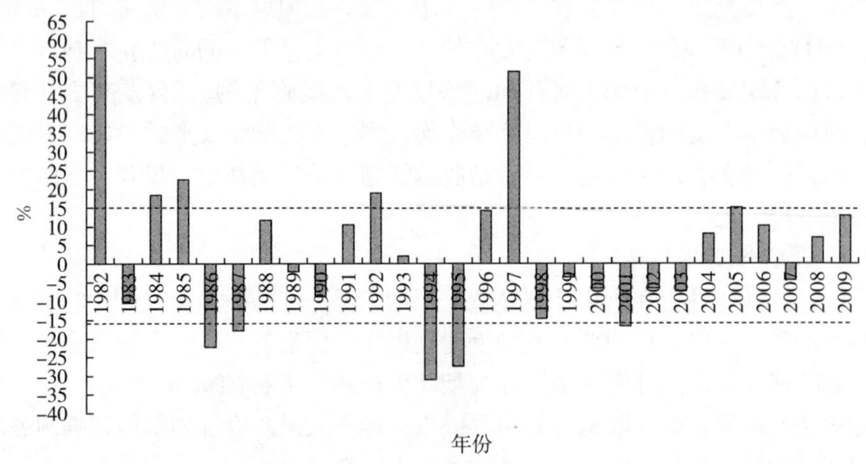

图 3-3　1982—2009 年我国烤烟收购量与收购计划符合度

2. 收购价格和生产补贴的影响

烟叶收购价格是国家烟草专卖制度的一项重要内容。每年，由发改委和国家局通过对烤烟单位面积产量、总成本和纯收益，与其他农作物的生产总成本和纯收益进行比较，以粮食作物为中心，本着既有利于调动烤烟生产的积极性，又不使生产烤烟收益过大，防止烟叶生产盲目发展的原则，确定烤烟与粮食的比价，制定烤烟收购价格。根据《烟草专卖法》相关规定，烟叶收购价格由国务院物价主管部门会同国务院烟草专卖行政主管部门按照分等定价的原则制定。烟叶由烟草公司或者其委托单位按照国家规定的收购标准、价格统一收购，其他单位和个人不得收购。烟草公司及其委托单位对烟叶种植者按照烟叶收购合同约定的种植面积生产的烟叶，应当按照国家规定的标准分等定价，全部收购，不得压级压价，并妥善处理收购烟叶发生的纠纷。因此，烟叶收购价格是政府定价，各地必须严格按照国务院价格主管部门和国家烟草行政主管部门所确定的价格水平执行，不得随意变动和擅自调整。

根据烟粮比价确定烟叶收购价格是我国烟叶生产的一项重要经济政策。当年烟叶收购的各项经济政策基本是参照上一年粮烟比价制定的，从而导致调整烟叶收购政策的相对滞后，特别是对当年烟叶市场走向的指导性不强。长期以来，国家按照烟粮（烟、小麦）比价 6∶1 制定烤烟收购价。这对提高烟农的积极性，稳定烟叶生产起到明显的作用。但从历史上看，每次粮食等农产品价格变动，而烟叶收购价格调整滞后都直接影响烟农的收益，进而波及烟叶生产的稳定[143]。尽管不能肯定每次烟叶生产波动都是由价格因素引起的，但价格变动对烟叶生产的影响绝对不容忽视，例如 1988 年和 1996 年烟粮比价价高，相应推动了 1989 年和 1997 年种植面积的增加（图 3-4、图 3-2）。除了依照烟粮比价确定收购价格外，还要考虑到工业企业的需求，发挥价格的杠杆作

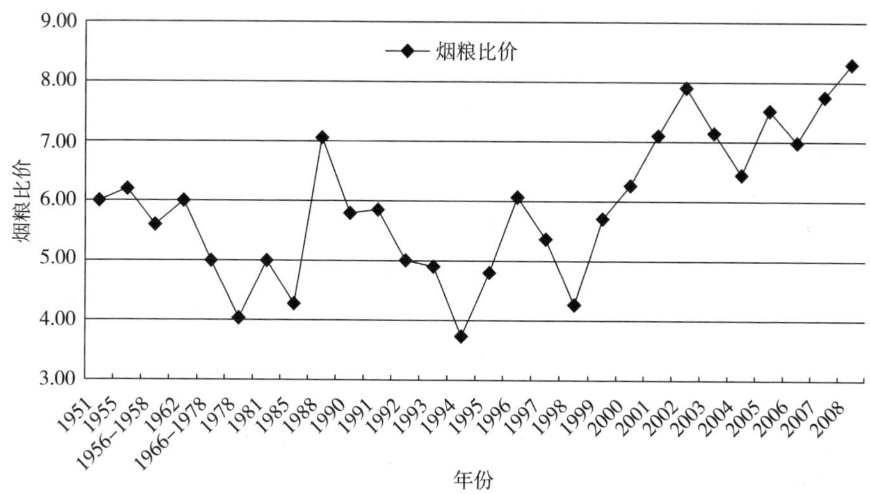

图 3-4　1951—2008 年我国烟粮比价变化

用，引导烟农生产内外在质量好、市场需要的烟叶。

政府定价对稳定收购秩序、保护烟农利益起到重要的作用，但从多年来烟草行业对烟叶生产管理的历史实践看，单纯依靠收购价格一个经济杠杆，不能稳定烟叶生产，不能处理好烟农和烟草公司两者的利益关系，还存在一些矛盾[144]，还必须用补贴这个经济杠杆作为收购价格的有效补充手段。其一，国家定价决策程序多、时间长，价格一旦确定，在一定时期内具有相对稳定性。而农民是根据市场变化和烟粮比价等因素的比较利益决定是否种烟，烟叶种植具有不稳定的因素，而烟草企业对烟叶的需求每年基本是稳定，这里就存在矛盾。其二，收购价格缺乏灵活性。我国的烟叶种植分布区域较广，各地经济发展不平衡，物价指数、烟粮比价、运输等自然条件以及信息不对称性等客观条件所决定的差异比较大，统一收购价格可以调动一部分地区烟农的积极性，对另一地区烟农的积极性可能就没有调动作用。其三，收购价格不能解决烟叶受灾损失问题。为了保护烟农利益，解决烟农后顾之忧，烟草企业为烟农购买保险，出资购建防洪、抗旱、防雹等预警预防体系，有力地保护了烟农种烟的利益。其四，烟田基础设施建设需要投入。对烟叶产区农村的烟水配套工程和烟农烤房改造等进行投入和建设，改善烟叶产区农村特别是边远落后山区的生产生活条件，使得这些设施在种烟期间为烟田服务，在倒茬不种烟期间为烟农种植其他农作物服务，为农村经济发展和保证农民收入稳定增长提供了坚实的物质基础。从以上几个方面看，补贴是价格的有益补充，对于引导烟农科学种植和管理，保证烟农利益和保证烟叶质量都有不可替代的作用。

随着改革的深化，市场经济体制的逐步建立和完善，烟叶生产的外部经济环境发生了很大变化，在烤烟收购价格偏低的情况下，为了稳定烟叶生产，提高烟农的种烟积极性，全国大部分烟区，根据本地情况，进行了名目不同的加价、补价，如对烤烟生产的化肥、农膜、农药、烤烟用煤等农用物资进销差价的补贴，对烟田水利、道路等基础设施的补贴等。由于省际之间的加价、补贴幅度高低悬殊，毗邻地区的抢购问题此起彼伏，很难维持正常收购秩序。1998年烟叶价税政策调整，在取消大量价外补贴的基础上，将少数较为普遍、规范的补贴并入全国统一的烟叶收购价格中，烟叶生产比较平稳。然而，随着种烟人工费用、生产资料费用的大幅度提高，烟叶生产比较效益下降，农民种烟积极性锐减，部分地区出现烟叶种植面积滑坡的现象。为此，地方政府为了保证充足的税源、烟草部门为了稳定烟草行业的基础，又开始采取新一轮的价外补贴，变相提高烟叶的收购价格。近年来，一些地区的补贴标准占到收购价格的30%以上，并且有逐年增加的势头。为遏制价外补贴的进一步提高，2006 年年底，财政部、国家发展改革委联合出台了《关于规范烟叶生产投入补贴若干问题的意见》[145]，对补贴的原则、范围、标准、方式及程序等内容进行了规定，对补贴实行总量控制，烟叶生产基础设施建设补贴，“十一五”期间平均补贴标准每亩不超过1 000元（含国家局统筹安排的补贴），以后根据实际情况另行制定；其他补贴，平均补贴标准每 50 千克烟叶不超过烟叶收购价格的15％。国家局配发了《实施意见》，进一步规范烟叶生产投入补贴，防止烟叶生产出现过热势头。

3. 税收政策的影响

我国烟叶税制随着经济和社会环境的变化进行了多次调整。新中国成立初期国家规定对采购单位收购的烟叶按照 50％的税率，实行从价计税。1966 年起依照实际的收购价格按 40％的税率征收工商统一税。1984 年第二步利改税后原烤烟 40％的工商税改为 38％的产品税。1989 年国务院决定对农林特产收入全面征收农林特产税，1994 年“国务院关于对农业特产收入征收农业税的规定”将烟叶农业特产税税率规定为 31％，规定由烟叶收购单位代扣代交，是一种收购环节交纳的从价税，税收归地方政府。烟叶农业特产税成为农林特产品中最高的一项纳税产品。由于生产烟叶高税率的驱动，全国烟叶生产出现了盲目发展的趋势，1997 年烟叶严重超种超收，给全行业带来灾难。为加强烟草行业的宏观管理，妥善处理国家、企业和农民三者之间的利益关系，促进烟叶供求总量平衡，国务院 1998 年 7 月印发了《关于调整烟叶和卷烟价格及税收政策的紧急通知》。规定降低烟叶收的农业特产税税率，在提高烟叶收购价格的同时，将烟叶收入的农业特产税税率由 31％降为 20％，并按调整后的烟叶收购价格计征。

2004 年 6 月，根据中共中央、国务院《关于促进农民增加收入若干政策的意见》，财政部、国家税务总局下发了《关于取消除烟叶外的农业特产农业税有关问题的通知》，规定从 2004 年起，除对烟叶暂保留征收农业特产税外，取消对其他农业特产品征收的农业特产税。2005 年 12 月 29 日废止《农业税条例》。农业特产税是依据《农业税条例》开征的，取消农业税以后，意味着农业特产税也要同时取消。因此，2006 年 2 月 17 日，国务院第 459 号令废止了国务院《关于对农业特产收入征收农业税的规定》。这样，对烟叶征收烟叶特产税也就失去了法律依据。为了保持政策的连续性，充分兼顾地方利益和有利于烟叶产区可持续发展，国务院决定制定《中华人民共和国烟叶税暂行条例》，并于 2006 年 4 月 28 日正式颁布实施，开征烟叶税取代原烟叶特产税。改征烟叶税以后，纳税人、纳税环节、计税依据等都保持了原烟叶特产农业税的规定不变，其收入全部归地方政府。此项政策的出台与实施，是落实中央取消农业税的工作部署，替代原烟叶农业特产税的一项重要具体举措，也是国家对烟草实行“寓禁于征”政策的延续。尽管新中国成立以来国家对烟叶征税的税率不断下降，但由于烟叶税收主要归地方政府，尤其是2005年国家废除农业税之后，在烟叶主产区烟叶税收已经成为地方政府稳定的税源，一些产区成为财政的支柱，因此烟叶主产区地方政府发展烟叶生产的积极性较高。

4. 分级标准的影响

1949—1980年，收购烤烟有12个不同的地方标准。1981—1991年，标准统一实行国标15级制。1992年至今，国标42级制颁布实施。现行烤烟国标自1992年颁布实施以来，对促进“两烟”生产，提升烟草行业综合竞争力，促进行业持续稳定发展发挥了积极的作用[146]。然而，烤烟国标与价格关系没有理顺，现行标准与收购价格挂钩，严重影响了标准的执行。表面上是以质论价、优质优价，但由于烤烟国标与收购价格捆绑在一起，执行起来相当于两个标准：一个是质量标准，一个是价格标准。就全国而言，标准只有一套，而价格却分成了不同的价区，2008年后分为4个价区，同一等级烟叶在不同地区价格也不尽相同（表3-1）。

表3-1　2008年我国烤烟价区表

价区	中准级收购价格（X2F级）	各价区所包括的地区
一价区	640元/50千克	云南省玉溪市、昆明市、红河州
二价区	625元/50千克	云南省除玉溪市、昆明市、红河州以外其他市（州）；贵州省；四川省；重庆市；湖南省；湖北省；福建省；浙江省；江西省；广东省；广西壮族自治区；山东省；河南省三门峡市、洛阳市、许昌市、漯河市、平顶山市、南阳市、驻马店市；安徽省皖南地区
三价区	590元/50千克	河南省除三门峡市、洛阳市、许昌市、漯河市、平顶山市、南阳市、驻马店市以外的其他地市；陕西省安康市、商洛市、汉中市；安徽省除皖南以外其他地市
四价区	535元/50千克	河北省；山西省；内蒙古自治区；辽宁省；吉林省；黑龙江省；陕西省除安康市、商洛市、汉中市以外其他地市；甘肃省；宁夏回族自治区

现行烤烟国标设置了42个等级，常用的只有20多个，有的等级生产不出来，有的虽然能够生产出来，但由于没有市场需求，产区不收购，只能混入其他等级中定级。另外，现行烤烟收购价格部位之间等级差价大，同一部位的橘

色烟和柠色烟价差过大，上等烟和中等烟比邻等级价差过大，中等烟和下低等烟价差过大，下低等烟价格过低。以 2008 年三价区为例，B2F 与 C3F 每千克相差 1.9 元，X3F 与 X3L 每千克相差 1.1 元，C2L 与 C3L 每千克相差 2 元，X3F 与 X4F 每千克相差 3 元（图 3-5）。

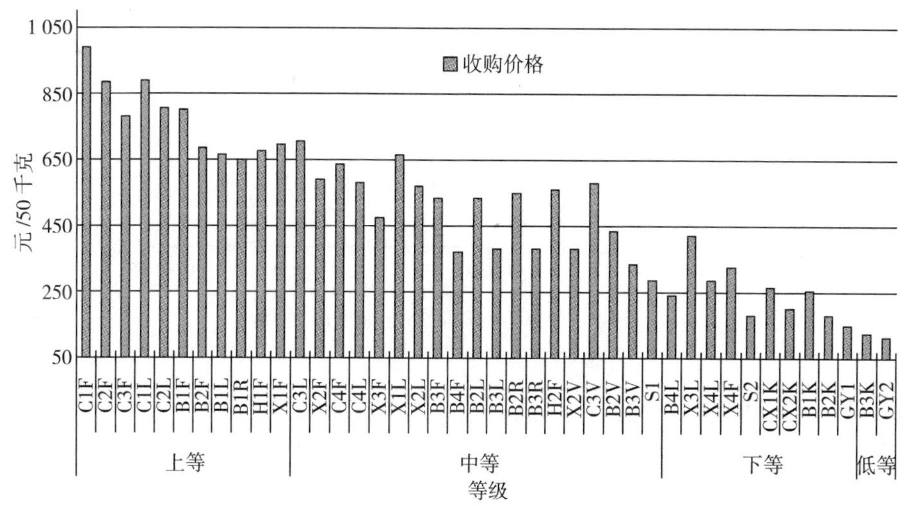

图 3-5　2008 年三价区烤烟收购价格

烟草企业关注收购等级质量，烟农关注种烟效益，地方政府关注烟叶税收，质量标准与价格标准往往很难统一，极易出现争级争价、以价格定等级等不正常现象，一定程度上影响了烤烟国标的正确执行。地方政府为稳定烟农下年度种烟情绪和保证税收，往往不适当干预收购等级，迫使收购部门提级提价收购。由于收购价格为政府定价，烤烟生产的周期性波动必然作用到等级标准上，导致等级随供求变化，图 3-6 显示这一现象，烟草公司通过与烟农签订产购合同约定种植面积和收购量，落实国家收购计划，收购计划即需求（D）往往无价格弹性，而烤烟生产即供给（S）价格富有弹性，当烟叶歉收短缺时，供给曲线由 S_0 向左平移至 S_1，在缺乏弹性的需求曲线的作用下，均衡价格由 P_0 上升到 P_1，收购价格本应停留在 P_0，但为完成收购计划，降低质量标准收购，成为变相涨价；当烟叶充足时，供给曲线由 S_0 向右平移至 S_2，在缺乏弹性的需求曲线的作用下，均衡价格由 P_0 下降到 P_2，为确保收购量控制在收购计划之内，提高质量标准收购，成为变相降价。

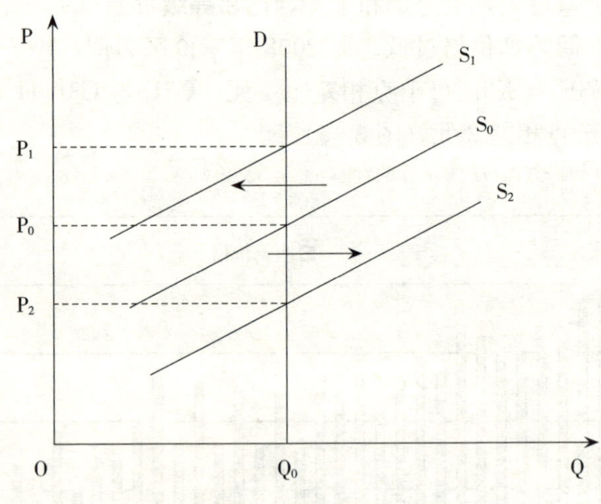

图 3-6　烤烟收购价格与标准的关系

3.1.2　河南省烤烟供给分析

3.1.2.1　生产概述

河南省地处暖温带和北亚热带，气候温和、四季分明，烤烟生产季节日照充足、温度适宜、雨水丰沛，是我国三大烤烟发源地之一，与世界著名烟草产区（弗吉尼亚）处于同一纬度地带，是世界上著名的“烤烟地带”，被誉为“东方的弗吉尼亚”。20 世纪 60 年代，河南省是辖华北、西北地区的烟叶生产指挥中心，到 20 世纪 80 年代后期，河南烤烟收购量居全国首位。20 世纪 90 年代中后期，随着烟区经济社会的快速发展，河南烟草“大而散”、“大而弱”的弊端逐步显现，全省有 70 多个县种烟，人员包袱很重，长年经营亏损。

由于农业生产资料涨价，粮烟比价不尽合理，农村基础设施落后，烟农种烟成本高、风险大，影响了烟农种烟积极性，种植面积和收购量呈下滑趋势，1998—2005 年连续 8 年未完成国家局下达的计划。针对面积下滑、总量减少、质量特色弱化，市场竞争力下降等问题，河南省局采取积极应对措施，响应国家局加强基础设施建设和发展现代烟草农业的方针。经过数年坚持不懈的努力，到 2006 年，河南烟草业首次走出 8 年低谷，完成国家计划，2009 年，全省收购烟叶 18.46 万吨，创 12 年来最高。

目前，烤烟种植主要集中分布在京广线以西、黄河以南的广大黄土丘陵地区，全省有 12 个烟区，其中以洛阳、三门峡、南阳、许昌、平顶山等为主产区。所产烟叶浓香型风格特色突出，在中式卷烟配方中发挥着定香的主体作用，具有不可替代性。历次烟草种植区划均认定为最适宜区之一，在中国烤烟生产布局中有重要的地位。全省每年约有近三分之二的烤烟原料调出，供应全国，并远销世界多个国家和地区。在"中华"、"利群"、"黄金叶"等全国重点骨干卷烟品牌的叶组配方中，河南浓香型烤烟起着重要作用。

3.1.2.2 对全国烤烟生产的贡献度

河南省是我国的老烟区，过去很长时间是我国烤烟的主产区之一。河南烟区独特的生态环境造就了河南烟叶具有独特的浓香型风格特色，在过去很长一段时间支撑着我国卷烟工业的发展，为行业发展做出了巨大贡献。河南省烟区发展经历了曲折的过程，从1950—1982年我国建立烟草专卖制度之前，河南省烤烟收购量在波动中呈上升趋势，一直居全国第一，在这32年中有24年种植面积占全国总面积的20%以上，有18年收购量占全国总量的30%以上，其中1960年达44.8%，所占比例最高（表3-2）。

表3-2 1950—1981年河南省烤烟种植面积、收购量及占全国比例

年份	河南		河南省占全国比例		年份	河南		河南省占全国比例	
	种植面积（千公顷）	收购量（万吨）	种植面积%	收购量%		种植面积（千公顷）	收购量（万吨）	种植面积%	收购量%
1950	9.13	1.13	11.62	40.21	1966	64.40	13.85	17.24	23.01
1951	94.07	3.57	38.82	33.65	1967	75.33	14.70	18.13	24.66
1952	62.67	5.81	32.34	31.58	1968	74.00	10.79	23.12	25.25
1953	68.80	7.94	34.28	41.18	1969	80.67	15.05	24.68	33.02
1954	82.33	8.03	36.46	37.52	1970	66.67	12.12	22.56	31.74
1955	91.67	9.66	35.65	31.47	1971	84.00	15.74	26.09	35.14
1956	106.20	6.88	27.31	20.28	1972	77.33	15.81	22.35	30.12
1957	99.80	5.73	28.11	22.90	1973	81.47	19.57	22.19	31.72
1958	94.67	10.84	27.47	31.19	1974	91.60	20.92	23.34	36.24
1959	90.67	13.85	30.56	39.89	1975	104.53	20.25	22.56	29.54
1960	76.67	8.15	27.60	44.80	1976	73.33	25.26	14.20	30.72
1961	24.73	1.72	16.82	17.71	1977	122.00	30.99	21.43	31.78
1962	35.87	3.13	19.67	22.81	1978	138.27	27.91	22.50	27.26
1963	58.27	5.76	24.32	26.42	1979	98.73	18.02	19.85	23.82
1964	64.07	8.04	22.59	25.47	1980	94.33	18.02	23.15	25.57
1965	59.53	6.08	19.91	16.74	1981	144.33	38.95	24.24	30.96

1988年河南烤烟收购量达到最高，为47.86万吨，1982—1988年是河南烤烟生产发展最好的时期，收购量占全国总量的20%以上。1989年后，河南烤烟收购量总体呈下降趋势，尤其是1997年以来下降更为明显，1997年全省

收购量33.17万吨，2007年仅收购10.72万吨，创1982年以来最低，2008—2009年有所回升，2008年收购16.63万吨，2009年18.46万吨，连续两年超过15.4万吨的收购计划。由于全国收购总量的增加，1997—2009年这13年期间，仅1998年河南烤烟收购量占全国的比例超过10%，其他年份均在10%以下（表3-3）。1988年以来，河南烤烟种植规模不稳且不断下滑，在全国的位次后移，1988年让位于云南居第二位，1992年让位于贵州居第三位，2008年让位于四川，全国烟区进一步向西南烟区转移。

表3-3 1982—2009年河南省烤烟种植面积、收购量及占全国比例

年份	河南		河南省占全国比例		年份	河南		河南省占全国比例	
	种植面积（千公顷）	收购量（万吨）	种植面积%	收购量%		种植面积（千公顷）	收购量（万吨）	种植面积%	收购量%
1982	244.80	47.77	27.08	27.48	1996	100.00	17.13	7.19	6.52
1983	146.00	29.55	24.74	29.33	1997	145.33	33.17	8.48	9.65
1984	174.00	39.27	23.87	27.65	1998	112.00	15.11	11.01	10.41
1985	217.12	45.59	24.04	25.64	1999	100.00	15.81	10.35	9.94
1986	202.67	32.48	22.94	27.28	2000	104.20	12.73	10.70	8.11
1987	164.67	35.48	18.50	25.85	2001	97.33	14.15	10.20	9.98
1988	224.67	47.86	19.32	23.16	2002	90.00	11.73	9.40	7.39
1989	244.53	35.40	17.38	17.65	2003	86.67	12.22	9.04	7.77
1990	206.67	32.94	15.72	17.22	2004	83.33	12.43	8.30	6.86
1991	200.00	39.69	14.94	17.10	2005	82.73	14.83	7.41	7.06
1992	213.33	38.77	14.40	14.55	2006	80.32	15.67	7.67	7.50
1993	213.33	20.23	13.36	8.70	2007	76.90	10.72	7.51	5.51
1994	134.00	15.94	10.80	10.14	2008	79.15	16.63	6.86	6.88
1995	113.33	13.96	9.17	8.01	2009	78.67	18.46	7.00	7.20

3.1.2.3 市场经济体制下的烤烟生产

1978年十届三中全会以来的实践表明，我国市场地位的确立经历了一个循序渐进的过程，计划越来越多地退出了历史舞台，市场日益成为主导手段。市场调节成功之处在于它有效利用了价格机制和竞争机制，依靠价格机制可以有效地分配资源和分配收入，竞争机制则有利于准确反映商品和劳务的稀缺程度，提高资源配置的有效性。市场机制在农业经济活动的作用显著增强，农业结构调整和产业化经营都是按照市场逻辑展开的，其结果是带来了农业商品化、专业化和区域化的不断发展，一些农产品的优势产区和产业带正在逐步形成，而且也带来了产业的延伸和整合。我国的大宗农产品，诸如粮食、棉花等都已经实现了市场、价格和经营的放开，基本实现了市场调节。在当今逐步建立起完善社会主义市场经济体制的背景下，烟叶体制市场化改革的步伐明显滞后，并因其计划配置、纵向管理、专卖专营和行政调控的行业特点，被系统外称为“市场经济中的计划孤岛”、“最后的官方作物”[147]。

烤烟生产呈现出不同于其他农产品的生产方式，一方面，政府和烟草公司控制着烤烟的收购计划、价格，烤烟收购具有鲜明的买方政府垄断特性，并且这种买方垄断还是一种极为少见的完全买方垄断市场[148]。即烟农在生产出烟叶后，烟草公司按照政府规定的烟叶收购计划、价格和国家标准对烟农交售的烟叶进行等级检验和收购，其他任何部门和个人不得私自收购，这就决定了烟叶收购价格的刚性。处于生产环节上的分散烟农，烟叶收购者的组织只有一个，在短期内对自己所生产的烟叶并不具有一般商品生产者所拥有的议价能力。图3-7说明了买方垄断价格的决定过程。MC和MR分别表示烤烟收购部门的边际成本曲线和边际收益曲线，S为烤烟供给曲线。买方垄断价格 P_1 是由MC=MR（利润最大化）所决定的收购量 Q_1 与供给曲线S的交点 E_1 所决定的，它低于市场供求均衡点 E' 所决定的价格 P'。若按市场供求均衡价格 P' 收购 Q' 数量的烤烟，则烟农的生产者剩余为三角形 $AE'P'$ 所代表的面积；若按买方垄断价格 P_1 收购 Q_1 数量的烤烟，则烟农的生产者剩余为三角形 AP_1E_1 所代表的面积，由于实际收购价格为 P_1（$<P'$），所以烟农生产者剩余的损失了四边形 $P_1P'E'E_1$ 所代表的面积，这实际上是通过低价收购对烟农的一种经济剥夺。

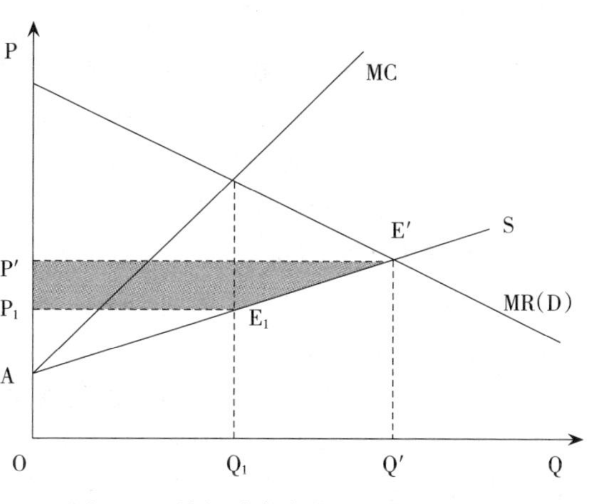

图3-7 烤烟政府定价的买方垄断性质

另一方面，政府和烟草公司不再强制要求烟农种烟，烟农有权选择是否生产烤烟。烟农作为烤烟生产的主体，具有生产决策权，他们的生产积极性主要取决于种烟成本和收益的变化，通过对烤烟和竞争作物的收益比较，做出种与不种、种多与种少的决策判断，形成基于优化自身利益的选择机制。在比较效益低和可进行替代种植或就业转移的情况下，烟农具有退出的权利，在政府与烟农的博弈中，烟农处于优势地位；而在比较效益相对高的情况下，烟农又会增加生产，面临着政府配额管理的制约，在政府与烟农的博弈中，政府处于优势地位[149]。如果农民放弃种烟，就会影响烟草工业生产的原料供应，进而影响到政府的税收收入。

2003年以来，中央根据粮食产销形势的新变化，先后出台了种粮直接补贴、良种补贴、农机具购置补贴、农资综合直补等补贴措施，2004年中央决定逐步取消农业税，并取消除烟叶外所有农业特产税，经过实践中不断完善和强化，初步形成了综合性收入补贴和生产性专项补贴相结合的粮食补贴政策体系。这些措施极大地调动了广大农民种粮积极性，有力推动了粮食生产的稳定和发展。农业政策尤其是粮食政策的调整，无疑给烤烟生产带来外部压力，地处黄淮烟区的河南省表现的尤为突出。事实上自1997年以来外部的压力一直困扰河南省烤烟生产的发展，生产规模的“稳控”已经成为烤烟发展的主要目标。1997年河南省烤烟收购计划25万吨，实际收购烤烟33.17万吨，和全国烤烟生产一样严重超种超收，从1998—2000年河南烤烟生产以控规模为主，2001—2005年连续5年没有完成国家收购计划，烤烟生产以稳为主，2004年河南省局提出大抓烟叶，加大生产投入，2006年河南省收购烤烟15.67万吨，自1998年以来首次完成国家收购计划，2007年全国烤烟生产呈现过热势头，河南省提出要严计划控总量，然而当年河南省遭受严重的自然灾害，烤烟生产后期阴雨连绵，烤烟单产大幅降低，部分烟区发生涝灾，全省仅收购烤烟10.72万吨，2008—2009年又提出要稳定规模，2009年收购烤烟18.46万吨，2010年进入严控规模阶段。如何调整政策，使烟农有相对稳定的比较效益，实现烤烟生产“控得住、稳得住”，确保烤烟生产稳定发展是包括河南烟区在内的每个烟叶产区必须面临的难题。

3.2 烤烟需求分析

3.2.1 我国烤烟需求分析

3.2.1.1 市场需求状况

烟叶用途单一，只能作为卷烟工业的原料，国家对烟叶生产经营实行严格的政府管制，烟叶的市场需求缺乏弹性。烟叶的收购计划大体代表了烟叶的市场需求。1982—1997年，烟叶市场需求从110万吨上升到227万吨，期间1995年达到最高240万吨，然而由于烤烟生产的周期性波动，使得市场需求不能得到有效的满足。为了有效遏制1997年烤烟生产出现的盲目发展态势，国务院要求“限产压存”，国家局及时调整烟叶生产指导方针，由20世纪80年代中后期的“计划种植、主改质量，提高单产，增加效益”调整为“市场引导，计划种植，主攻质量，调整布局”，使烟叶生产逐步实现了“以销定购、以购定产”，1998—2009 年，烟叶市场需求调由 170 万吨增加到 226.95 万吨，市场引导对烤烟生产作用进一步显现（图 3-8）。

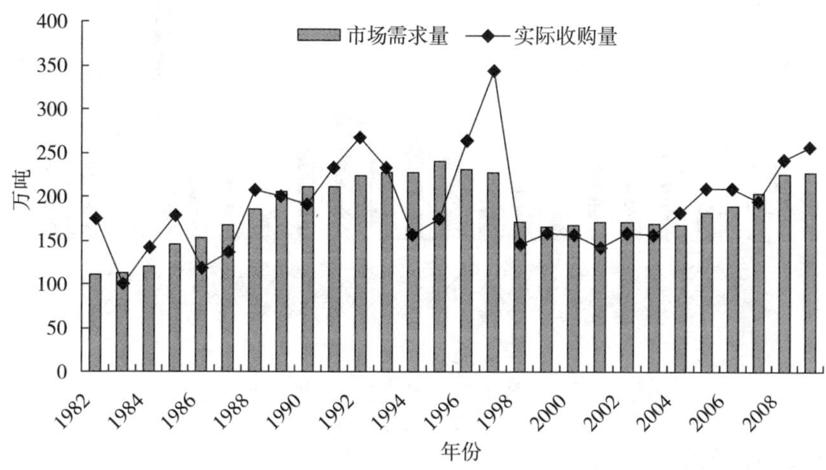

图 3-8 1982—2009 我国烤烟市场需求量与实际收购量

2003 年之前，省内烟草工商是一家，国家局只对省际烟叶调拨实行管理，省内烟叶调拨由省级局管理，而且在对省际省内调拨计划不做严格限制，实际上调拨计划大于收购计划，使得烟叶产区和优势卷烟工业企业在烟叶调拨中有一定的灵活性。2003 年烟草行业实施工商管理体制分离以后，国家局对烟叶购销实行了更加严格的计划管理，在计划分配上使得工业企业的烤烟调进计划和烟叶产区的调出计划相等，烟叶产区按照调出计划安排烟叶收购计划。由于对烟叶生产、收购、销售各环节实行严格的总量控制，烟叶的市场销售形势有所好转，但结构问题日渐突出，工业急需的等级供不应求。

从短期看，卷烟工业企业烤烟市场需求由国家局根据国内卷烟生产计划核定，烤烟市场是个定数，出口烟叶由国际市场决定，我国烤烟出口多以下低等烟叶为主，市场竞争力不强。2007—2009 年度全国卷烟工业市场需求量为 166.7 万吨、207.25 万吨、213.6 万吨，其中云南、湖南两省名列第一、二位（图 3-9）。从长远看，随着烟草行业大品牌战略的不断推进，一批卷烟重点骨干品牌得到较好发展，尤其是国家局公布“20＋10”全国性卷烟重点骨干品牌，卷烟工业企业对烟叶原料提出了新的更高的要求。随着卷烟产品结构不断提高和重点骨干品牌快速发展，提高优质烟叶保障能力已经成为关系烟草行业发展的全局性、战略性问题。

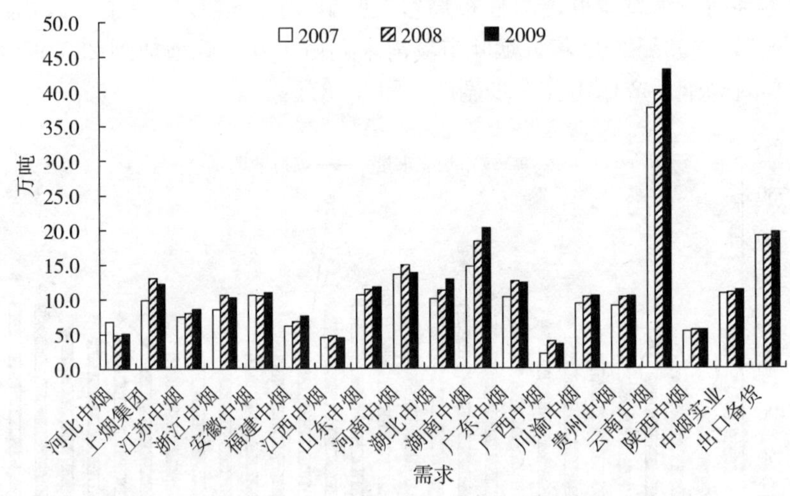

图 3-9　2007—2009 年度全国各省级卷烟工业企业烤烟市场需求量和出口备货量

3.2.1.2　市场需求的特点

烟叶作为卷烟工业原料的专用商品，其需求具有以下基本特征：一是需求对象单一。根据《烟草专卖法》规定，产区烟草公司或其委托单位从烟农手中将烟叶收购上来以后，不允许在市场自由交换，只能以国家计划的形式销售给卷烟工业企业或烟草进出口公司。二是购买者的数量较少，购买量较大。通过近几年卷烟工业企业的联合重组，目前全国只有 18 家省级工业公司，具有独立法人的工业企业只有 27 家，工业企业都属于集团客户，采购数量较大，流通环节较少，实现了网上签订合同，原烟交接、委托加工。三是由国家制定调拨价格。按照《烟叶调拨价格管理办法》，国家局代表政府制定调拨基准价格，省级局（公司）可上下浮动，幅度不得超过 15%[150]。四是对技术要求高。卷烟质量直接取决于烟叶，而调拨价格与国家标准捆绑，烟叶的等级质量容易发生纠纷，对采购人员有较高的技术要求。五是烟叶的需求弹性小，容易受供求波动的影响。烟叶只能用于卷烟生产，卷烟生产又必须以烟叶作为原料，没有替代性商品，故其需求弹性小，因此，购买行为易受供求周期波动的影响。六是采购烟叶地域相对集中。烟叶地域风格特色明显，生态条件决定特色，卷烟生产需要风格多样、优质而稳定的烟叶原料，这就要求原料来源必须保持可靠、稳定、相对集中。七是对烟叶数量、质量要求越来越高。随着社会经济的不断发展，人民生活消费水平不断提高，对卷烟消费诉求也越来越高，尤其是吸烟有害健康理念的深入，卷烟生产要求烟叶能够稳定供应，质量不断提高。

3.2.1.3　影响因素分析

从总体上看，影响烟叶市场需求的因素主要取决于以下几个方面：一是卷烟生产和正常库存。保证卷烟工业正常生产，应有一定质量烟叶的需求数量，我国国内卷烟产量 1982 年为9 246亿支，到 2009 年已经达到22 729.5亿支（图 3-10），呈上升趋势，满足了卷烟消费市场的有效供应，卷烟产量的增加势必对烟叶需求产生拉动作用。二是烟叶储备。烟叶属农副产品，其每年收成好坏包括数量和质量都不可避免地受到当年气候条件等自然因素的影响，因此为满足市场需求的持续供应需要建立烟叶储备制度。但由于受 1996、1997 年烟叶超种超收的影响，国家储备烟叶在一段时期内成为资金包袱和保存拖累，2002 年之后取消该项制度，烟叶储备由国家储备变为企业储备。三是烟叶出口。尽管我国烤烟产量占据世界烤烟总产量的半壁江山，但烤烟出口量占世界烤烟进出口量的比重很小，近年来稳定在 19 万吨左右，基本用于自产自销，但仍对烟叶需求产生一定的影响。

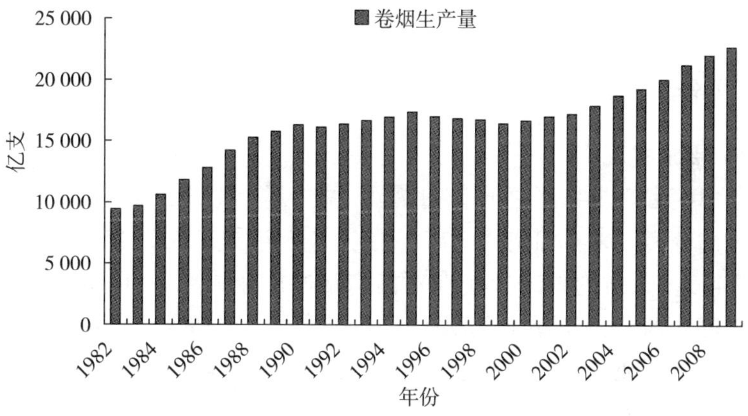

图 3-10　1982—2009 年我国国内卷烟生产量

从生产经营过程上看，影响烟叶市场需要的因素主要取决于以下几个方面：一是卷烟产品整合优化。烟草行业大品牌战略的推进培育了一批卷烟重点骨干品牌，而近年来烟叶生产“双控”政策的有效落实，总量基本平衡，结构问题日渐突出，就地域而言特色优质烟叶短缺，就等级结构而言，中部的上等烟供不应求。二是卷烟生产过程的烟叶消耗水平。1982 年以来，我国卷烟工业每 5 万支卷烟耗烟叶一直处于下降态势，1982 年为 57.1 千克，到 2008 年这项指标下降到 35.4 千克，下降幅度达 38%，2000 年以来下降幅度较为平缓

(图 3-11)，随着卷烟工艺技术如烟丝膨胀技术的发展，对烟叶需求将进一步下降。三是生产经营过程中的烟叶损耗。烟叶在贮存、运输以及复烤等各经营和生产环节都会不可避免地发生损耗，尤其是复烤过程中有较大的损耗。

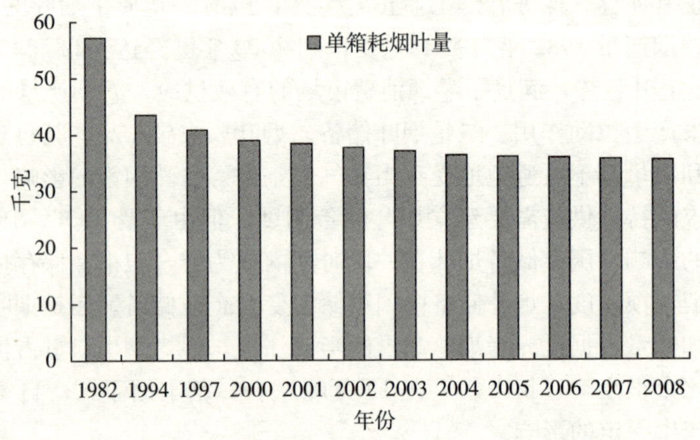

图 3-11　1982—2008 年我国卷烟生产 5 万支耗烟叶量变化

3.2.2　河南省烤烟需求分析

3.2.2.1　需求概况

目前河南省烤烟市场客户数量为 18 家，其中工业公司 16 家，2004 年工商管理体制分离以来，河南烤烟市场需求均稳定在 15 万吨以上，近三年稳定在 16 万吨以上；省内外工业企业对河南烟叶的年需求量在 13.25 万吨以上，最高的年度达到 14.78 万吨（2008 年），需求呈上升势头；河南中烟对省内烤烟需求量在 5 万吨以上，需求量略有下降。河南烤烟的市场供给呈不稳定状态，高的年份达到 18.46 万吨（2009 年），低的年份仅 10.72 万吨。近六年来，2004—2007 年度需求大于供给，2008—2009 年供给大于需求，虽然最近两年供给稍有剩余，但国家局的双控政策使得 2010 年以后的供给仍存在不确定性。烤烟出口备货也受到供给的影响，2004—2007 年连续 4 年没有完成出口计划，2008—2009 年顺利完成出口任务也得益于近两年的烟叶的稳定供应（表 3-4）。从近几年河南烤烟的市场需求看，表现为市场需求旺盛，实际需求总量大体稳定在 17.5 万吨左右，与国家局下达河南省收购计划和当前实际生产规模差距较大，省外工业企业需求量有逐年增加的趋势，烟叶数量不能有效满足市场的需求，供求严重失衡。

表 3-4　2004—2009 年河南烤烟市场需求及实际供给

单位：万吨

调入	2004 年		2005 年		2006 年		2007 年		2008 年		2009 年	
	需求	供给	需求	供给	需求	供给	需求	供给	需求	供给	需求	供给
合计	15.66	12.43	15.06	14.83	15.98	15.67	16.26	10.72	16.33	16.63	16.02	18.46
工业合计	13.84	11.63	13.27	12.89	13.84	15.01	14.78	10.31	14.79	15.53	13.75	13.75
其中省外工业企业	7.47	7.38	7.83	7.46	8.06	9.26	9.01	6.37	8.69	9.36	8.74	8.74
河南中烟	6.37	4.25	5.44	5.43	5.78	5.75	5.77	3.94	6.11	6.18	5.01	5.01
出口备货	0.40	0.09	0.40	0.31	0.55	0.50	0.55	0.36	0.55	0.55	0.55	0.55

河南烤烟供给的不足带来一系列问题，一是河南烤烟在全国的影响力降低。河南烤烟生产规模在全国的排名已有 1987 年之前的第一位下降到 2008 年至今的第四位，云南、贵州、四川三省相继超过河南，湖南、福建两省与河南省的烤烟生产规模距离在逐步的拉近，河南烤烟在全国的市场份额进一步下降，对中国烟草的影响力逐步下降。二是部分分工业企业对河南烟叶发展缺乏信心。随着行业大品牌战略的实施，工业企业看中的是产区烟叶数量充足、质量稳定和持续供应，而河南烤烟不能满足有效的供给，导致部分工业企业对河南烟叶发展信心不足。三是烟叶数量和质量矛盾较为突出。在烟叶数量与质量出现矛盾时，在保护烟农种烟积极性与提高烟叶收购质量方面摇摆不定，收购导向不稳导致烟叶质量不稳，这一矛盾一直困扰河南烟叶的稳定发展。

3.2.2.2　中式卷烟对河南省烤烟的需求

2003 年国家局提出发展中式卷烟，《中国卷烟科技发展纲要》把中式卷烟定义为："能够满足中国卷烟消费者当前和潜在消费需要、具有独特香气风格和口味特征、拥有核心技术的卷烟[151]。主要包括中式烤烟型卷烟和中式混合型卷烟，其中，中式烤烟型卷烟占主体地位。"要求中式卷烟的研发必须把握"高香气、低焦油、低危害"的原则。国家局姜成康局长指出："发展中式卷烟，最根本的是要有自己的特色风格、特有的原料基础、特色工艺和自己的核心技术。"中式卷烟的发展首先要建立在具有中国特色烟叶为主配方原料的基础上。中式卷烟的发展需要风格突出、类型多样、质量稳定的特色烟叶，具有鲜明地域特点和质量风格，能够在卷烟配方中发挥独特作用的烟叶，是打造中国烟叶生产核心技术，构建中国烟叶原料体系的重要组成部分，也是开发中式卷烟的重要原料基础[152]。

卷烟风格的差异化很人程度上是由烟叶原料风格差异化决定的。我国烤烟根据香气特征不同被划分为浓香型、清香型和中间香型三类，以豫中烟区为代表的河南烟叶是我国浓香型烟叶的典型代表，福建、云南等产区以清香型烟叶为主，贵州烟叶多数表现为中间香型。三种香型风格烟叶都是中式卷烟的重要原料，各类香型烟叶的不同使用比例赋予了各类卷烟品牌不同的风格特征。20世纪90年代前，我国卷烟以河南浓香型烟叶为主进行配方，形成了香气浓馥沉溢、口味醇厚舒适的卷烟产品风格；进入20世纪90年代后，云南清香型烟叶快速发展，逐渐取代了浓香型烟叶在卷烟配方中的主体地位，形成了香气清雅飘逸、口味清甜舒适的卷烟产品风格。90年代末以后，以河南为代表的浓香型烟叶产区不断萎缩，风格特征出现弱化趋势，正是由于浓香型优质烟叶保障能力的下降，迫使部分优势卷烟品牌改变配方，同时通过扩大进口等途径缓解浓香型烟叶供应不足对卷烟品牌的冲击[153]。河南浓香型烟叶以独特品质特色在中式卷烟配方中主要起调香、调味的作用，使用比例虽然不高，但不可或缺。保持浓香型烟叶风格特色，提升浓香型烟叶的保障能力，已经成为中国烟叶生产长远发展的重大问题，对中式卷烟品牌和烟草行业发展具有重要的战略意义。

尽管目前河南省烤烟生产规模仅占全国总量的7%左右，数量不多，但河南烟叶的浓香型风格特色在重点工业企业的重点卷烟品牌中仍具有重要的地位。上海烟草（集团）公司的“中华”、浙江中烟工业有限责任公司“利群”、江苏中烟工业有限责任公司的“苏烟”、吉林烟草工业有限责任公司的“长白山”以及河南中烟工业有限责任公司的“黄金叶”重点品牌对河南浓香型烟叶需求较为稳定，上海烟草集团、浙江中烟对河南烟叶的市场需求稳定在1.5万吨左右，河南中烟稳定在5万吨左右，中烟实业稳定在1.25万吨左右，其他工业企业采购河南烟叶虽然较少，但对河南浓香型烟叶需求呈上升态势（表3-5）。

表3-5　2004—2009年主要工业企业对河南烤烟的需求及实际供给

单位：万吨

调入	2004年		2005年		2006年		2007年		2008年		2009年	
	需求	供给	需求	供给	需求	供给	需求	供给	需求	供给	需求	供给
上烟集团	1.02	1.70	1.66	1.53	1.35	1.35	1.30	1.23	1.38	1.38	1.24	1.24
江苏中烟	0.32	0.48	0.45	0.43	0.33	0.47	0.42	0.35	0.42	0.42	0.54	0.54
浙江中烟	1.34	1.12	1.08	1.22	0.96	1.46	1.63	1.16	1.88	2.18	1.40	1.40
安徽中烟	0.33	0.27	0.54	0.36	0.54	0.58	0.59	0.38	0.68	0.68	0.57	0.57
福建中烟	0.22	0.21	0.19	0.20	0.28	0.47	0.35	0.26	0.33	0.33	0.50	0.50

（续）

调入	2004 年		2005 年		2006 年		2007 年		2008 年		2009 年	
	需求	供给	需求	供给	需求	供给	需求	供给	需求	供给	需求	供给
云南中烟	0.56	0.74	0.37	0.52	0.21	0.47	0.37	0.27	0.05	0.20	0.52	0.52
贵州中烟	0.20	0.34	0.45	0.46	0.50	0.59	0.64	0.57	0.82	0.85	0.81	0.81
川渝中烟	0.97	0.43	0.78	0.60	1.10	1.06	1.11	0.59	0.75	0.80	0.75	0.75
中烟实业	0.94	0.68	1.05	0.99	1.49	1.58	1.25	0.85	1.40	1.53	1.32	1.32
河南中烟	6.37	4.25	5.44	5.43	5.78	5.75	5.77	3.94	6.11	6.18	5.01	5.01

在 2010 年全国烟草工作会议上，国家局姜成康局长在工作报告中提出了“235”和“461”的品牌发展目标。5 年内培养出 2 个年产量在2 500亿支、3 个1 500亿支、5 个1 000亿支以上的知名品牌；争取到 2015 年，培育 12 个销售收入超过 400 亿元的品牌，其中 6 个超过 600 亿元、1 个超过1 000亿元的高价值、高影响力品牌[154]。2009 年中华品牌销量超过了 250 亿支，达到了 284.65 亿支，销售收入 565.36 亿元，位居销售收入的第一位，上海烟草（集团）公司提出百万千亿目标（500 亿支、1 000亿销售收入），中华 500 亿支生产线正在建设之中；2009 年利群品牌销量超过了 425 亿支，销售收入 327.42 亿元，位居销售收入的第六位，浙江中烟工业有限责任公司已经提出实现1 000亿支的目标。把河南烟叶作为主料烟的中华、利群等品牌符合国家局品牌发展目标，品牌的快速扩张对河南浓香型烟叶的需求更加迫切，河南烟叶发展面临着难得的机遇。

3.2.2.3　河南烤烟市场优势分析

20 世纪 50 年代，英美两国医学权威机构分别发表了关于卷烟与肺癌关系的流行病学和医学方面的研究报告，证明吸烟与肺癌的关系，引起了全世界的重视。由于烟气中有害物质多数存在于焦油中，因此世界各国一致把卷烟烟气中的焦油量作为衡量卷烟危害的指标。在减少每支烟吸入肺中的焦油量以减少危害的理论指导下，美国从 20 世纪 50 年代开始“降焦竞赛”，先后开发了接装滤嘴以截留焦油，利用膨化技术、烟草薄片、用高透气度盘纸和滤嘴打孔等技术减少烟丝燃烧量，并加快燃烧速度以减少每支烟的抽吸口数，运用以上技术可调控卷烟产生的焦油量[155]。美国卷烟焦油量自 1950 年的平均 38 毫克/支，迅速降到 1980 年的 14 毫克/支，1990 年继续降到约 12 毫克/支。

减少卷烟有害成分释放量、降低焦油量是行业的不懈追求，也是中式卷烟应对国际竞争的必然需要。我国已经加入 WTO，并且签署了由 WHO 通过的《烟草控制框架公约》，我国政府承诺逐步降低中国生产卷烟的焦油量。1982

年我国卷烟焦油量平均值为30毫克/支，到2009年，全国卷烟焦油量平均值已大幅度下降至12.2毫克/支，按照“重在减害、稳步降焦”的要求，到2011年1月1日起，国内生产卷烟盒标焦油量不超过12毫克/支，2015年1月1日起不超过10毫克/支（图3-12）。卷烟危害性指数到2012年降至9.5以下、2015年降至9.0以下；重点骨干品牌都要有3个以上规格焦油量在6毫克/支以下，同时储备一批焦油量在3毫克/支以下产品[156]。

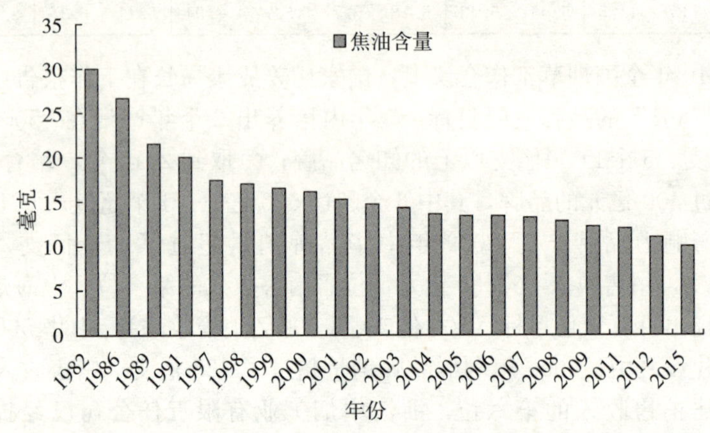

图3-12　1982—2015年我国卷烟单支焦油含量变化

目前减害降焦主要依靠物理手段，具有明显局限性。“降焦”是双刃剑，降焦不仅使卷烟烟气中有害成分相应减少，而卷烟的香味、生理强度等也相应降低。在继续推进物理方法减害降焦的同时，在烟叶生产、卷烟配方、生产工艺、加香加料等方面采取更加有效的措施，尤其是在烟叶这个源头上，需要更加重视生产和使用香气质好量足、风格特征突出的烟叶，提高烟叶本身的香气浓度。河南烤烟是浓香型烟叶，具有香气浓郁芬芳、烟气醇厚丰满，余味绵长舒适的品质特色，而且配伍性好，符合减害降焦这一要求。可以预见，随着减害降焦工程的进一步深入开展，河南浓香型烟叶将更加紧俏。因此，形势的发展需要更加重视浓香型烟叶的稳定发展，进一步提高河南浓香型烟叶的有效供应水平，是适应和满足中式卷烟减害降焦工程的需要。

3.3　本章小结

烟叶作为一种自然属性与经济属性相互交织的农产品，生产受自然、经济、社会、政府管制等多种因素影响，需求弹性与供给弹性差别很大，供给的调整总是相对滞后于需求的变化，其供给总量会围绕常年产量上下波动，这难以避免会与相对稳定的需求总量发生一定幅度的偏离。加之烟叶需求主体（卷烟工业企业）相对集中而烟叶供给主体（农户）高度分散，使得烟叶市场存在较为普遍的信息不对称现象，尤其是烤烟收购的完全买方政府垄断和烟农自由种植之间的矛盾越来越突出。由此导致烟叶生产的周期性波动和烟叶市场的供需失衡难以完全避免，这对稳定规模、提高原料保障能力客观上设置了一些困难和障碍。在此背景下，河南省烤烟生产和全国烤烟生产一样，每年烤烟生产都面临"稳与控"、"多与少"的压力，而国家局中式卷烟的提出以及我国加入《烟草控制框架公约》对减害降焦的新要求，给河南省烤烟生产发展带来了机遇，河南省烤烟生产应在实现规模稳定的同时不断彰显浓香型特色，提高特色优质烟叶的保障能力。

4 河南省烤烟生产波动的实证分析

农业生产波动是一种超越体制和发展阶段的普遍现象[157]，烤烟生产也是如此，烤烟生产是自然再生产过程与经济再生产过程的复合统一体，由于人们无法抗拒的自然灾害等不确定性因素的影响，使烤烟生产经常表现出时丰时歉交替发展的动态特性。同时，由于我国对烟草及其制品实行专卖管理体制，特殊的行业政策对烤烟生产有着重要的影响，从而使烤烟生产与其他农产品生产波动强度有一定差异。烤烟生产波动历来是困扰河南省烤烟生产发展的一个突出问题。本章分析河南省烤烟生产波动周期，明确波动产生的主要因素，对制定反周期调整政策，实现烤烟生产稳定发展具有重要的意义。

4.1 河南省烤烟生产波动的影响

4.1.1 生产波动对全国烤烟生产的影响

在新中国成立后很长一段时间，河南烤烟在我国卷烟配方中发挥着支撑作用。图 4-1 显示了 1963 年我国烟草试办托拉斯至 2009 年全国和河南省烤烟收购量变化情况。从中可以看出，1963—1988 年，河南烤烟收购量和全国收购量波动基本一致，表现为河南烤烟收购量上升全国收购量也上升，反之亦然；1989—1997 年，河南省烤烟收购量与全国收购量出现不同步现象，1992 年全国烤烟收购量出现阶段最高点，而河南省收购量却少于 1991 年，1994 年全国烤烟收购量出现阶段最低点，而河南省收购量最低点出现在 1995 年；1998—2006 年全国烤烟收购量有增有减，河南烤烟收购量基本处于低位平稳状态；2007—2009 年河南烤烟收购量与全国变化趋势基本一致。总的来看，1980 年之前河南烤烟总体呈上升趋势，与全国收购量差距较小，1981—1992 年是河南烤烟发展最好的时期，年收购量均在 35 万吨以上，平均占全国总量为 23.66%，1988 年之后河南烤烟生产总体呈下降趋势，期间有个别年份收购量有所回升，如 1997 年（33.17 万吨）、2009 年（18.46 万吨），但所占份额不断下降。

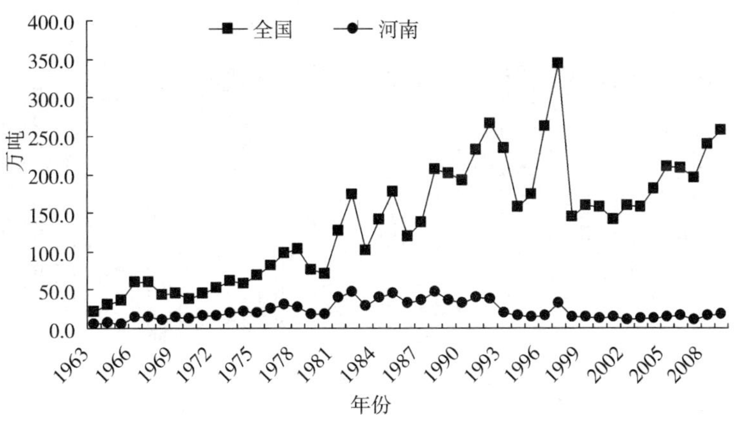

图 4-1 1963—2009 年我国与河南省烤烟收购量变化

新中国成立后我国先后有 25 个省（区、市）种植烤烟，目前有 22 个。1963—1988 年河南烤烟收购量除 1965 年外其他年份占全国总量均在 20%以上，其中 1974 年占全国的比例最高，达到 36.24%，受“北烟南移”的影响，从 1989 年后河南烤烟收购量占全国的比例总体呈下降趋势，所占比例均在 20%以下，尤其是 1999 年以来所占比例不超过 10%，其中 2007 年仅占全国总量的 5.51%。与此同时，云南、贵州、四川（含重庆）所处的西南烟区快速发展，1988 年云南烤烟收购量首次超过河南，居全国首位，特别是 1993 年以来云南烤烟收购量占全国总量均在 30%以上，最高年度 1995 年占全国总量的 40.90%；贵州烤烟也实现了快速发展，1983 年以来占全国总量的比例稳定在 10%以上，最高年份 1996 年达到 19.33%，1992 年贵州烤烟总量超过河南，位居全国第二位；四川（含重庆）烤烟生产也实现了较快发展，2002 年烤烟收购量超过河南，2007 年以来，仅四川烤烟收购量就超过河南，现已超过河南居全国第三位；湖南、福建两省收购量占全国的比例也不高，2000—2009 年平均为 6.07%、5.45%，与河南的差距在逐步拉近，其他省份烤烟收购量占全国总量的比例总体呈下降趋势，近几年趋于稳定（图 4-2）。

4.1.2 烤烟产区生产波动对河南省烤烟生产的影响

1983 年，河南省烟草专卖局（公司）成立，之后按照上级的要求在全省上下建立烟草专卖管理体制。1983 年以来，河南各烤烟产区有起有落，总的来看，各烟区生产波动基本一致，1983—1992 年是河南烤烟发展最好的时期，

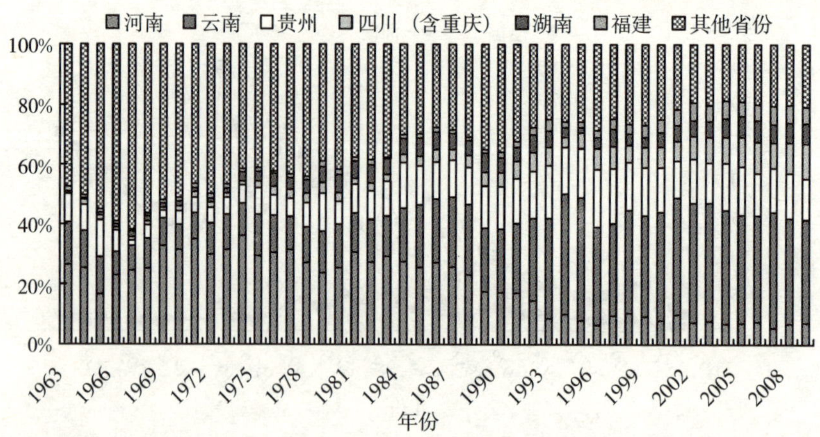

图 4-2　1963—2009 年我国主要烤烟种植省份收购量占全国总量的比例

也是豫中烟区（许昌、平顶山、漯河）发展最好的时期，这个时期河南烤烟主要靠豫中烟区，年收购量稳定在 17.5 万吨以上，比 1998 年后河南全省收购总量还多，之后一直至 1998 年豫中烟区总量稳居河南省首位。可以说在 1998 年之前河南烤烟主要靠豫中烟区作支撑，豫西烟区（洛阳、三门峡、济源、郑州）次之，豫西南烟区（南阳）和豫东烟区（商丘、周口）对全省收购总量也发挥着重要的作用，豫南烟区（驻马店、信阳）发挥作用较小。1998 年之后，尽管全省收购总量有所下降，但豫西烟区在全省的份额逐渐加大，除 1998、2001 年豫中烟区超过豫西烟区外，其他年份豫西烟区稳居全省第一，但其作用已不能和 1992 年以前的豫中烟区相比，豫西南烟区处于第三的位置，这三个产区生产波动较为相似，豫南、豫东烟区在这期间变化幅度较小，与豫西、豫中烟区差距拉大（图 4-3）。

就烟叶产区对河南省烤烟生产的影响来看，1983—2009 年，豫中烟区对全省的影响整体呈下降趋势，1983—1999 年占全省的总量一直保持在 30%以上，由 1983 年占全省总量的 58.90%（最高）下降到 2009 年的 34.96%，其中 2003 年最低，仅为 21.70%，2003 年之后所占比例有所回升；豫西烟区对全省的影响呈上升趋势，1999—2009 年除 2001 年占全省的比例 27.02%，其他年份均超过 30%，由 1983 年的 14.97%（最低）上升到 2009 年的 37.71%，其中 2000 年所占比例最高，为 46.89%，尤其是 2003—2008 年所占比例均超过 40%；豫西南烟区占全省总量的比例稳定在 10%以上，最高年份 2001 年，达到 21.16%；豫南烟区占全省的比例稍有下降，由 1983 年的 7.32%下降到

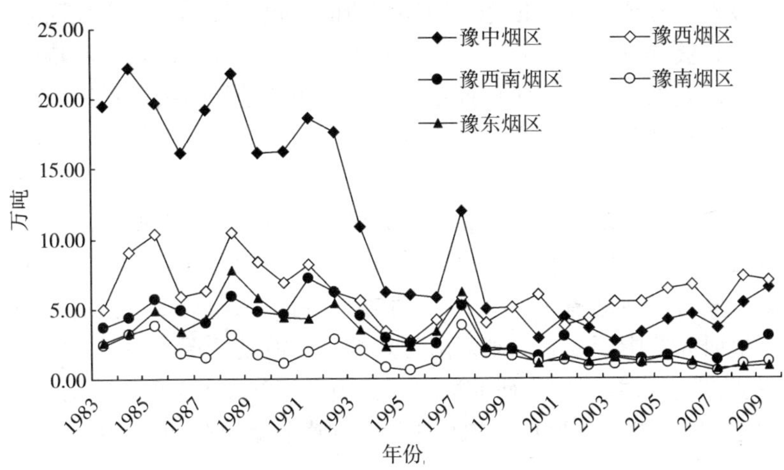

图 4-3　1983—2009 年河南省主要烤烟产区收购量变化

2009 年的 6.25%，最高年份 1998 年比例达到 11.84%；豫东烟区占全省的比例有所下降，由 1983 年的 7.62%下降到 2009 年的 4.32%，其中最高年份 1997 年达到 18.80%，之后持续下降（图 4-4）。

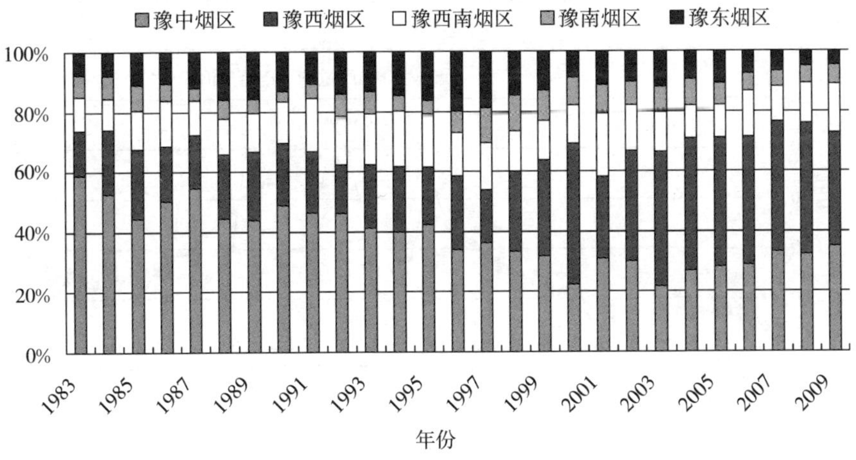

图 4-4　1983—2009 年河南省主要烤烟产区收购量占全省总量的比例

4.2　河南省烤烟生产波动分析

波动本身是一个物理学名词，将其引入经济学之中主要指经济变量在时间序列上的变动过程或状态。依据时间序列值的长短，波动可分为长期波动和短期波动。长期波动是在一个较长时期内所表现出的总体波动水平和特征，这种波动所反映的是增长的不稳定性或变异性，多用波动指数表示；短期波动是实际观测值对其长期趋势的偏离，常用变异率表示，偏离幅度越远，波动的幅度也就越大。

HP 滤波法是趋势的拟合效果与平滑程度的折中，是对剩余法中提到的一些方法的改进，而且 HP 滤波法的拟合效果要优于线性回归法[158]，因此采用 HP 滤波法来测定河南省烤烟生产波动情况，利用 Eviews5.0 进行统计分析。为了全面地研究新中国成立以来河南省烤烟生产波动情况，本章以 1950—2009 年 60 年的烤烟生产数据作为研究数据。其中，1950—2000 年的数据来源于《中国烟草通志》[159]，2001—2009 年数据来源于河南省烟草公司内部统计数据。

4.2.1 烤烟生产波动测定分析

4.2.1.1 长期波动分析

为了描述和分析河南省烤烟产量的长期波动变化特征，运用 1950—2009 年河南省烤烟生产数据，用剔除长期趋势后的数据计算出产量、面积和单产的 HP 滤波值（表 4-1），并得出表示长期波动的长期平滑趋势线（图 4-5）。

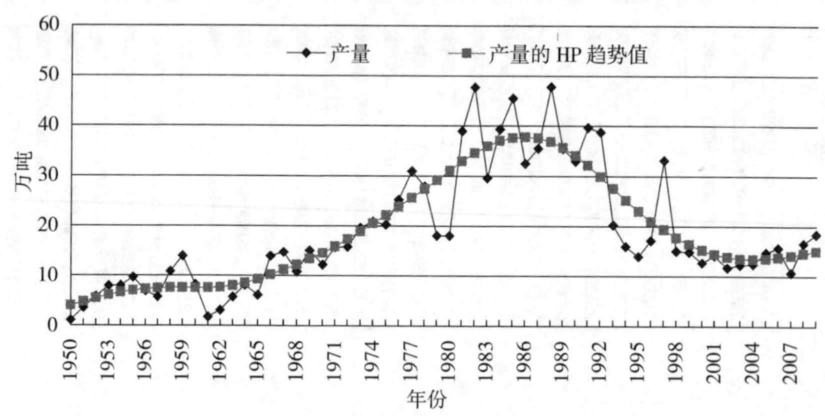

图 4-5 1950—2009 年河南省烤烟产量变化

注：其中光滑连续曲线是 HP 滤波估计的长期趋势

根据 1950—2009 年河南省烤烟产量变化图（图 4-5），并结合同时期河南省烤烟产量的 HP 滤波值分析，发现河南省烤烟产量以 1986 年为分界点明显分为上升和下降 2 个大阶段。从表 4-1 可以看出，河南省烤烟产量趋势值从

1950年的4.01万吨开始逐年增加，1986年达到历史最高值37.79万吨，然后开始下降，2004年达到较低值13.46万吨，2005年开始又恢复上升趋势，2009年上升到15.11万吨。从产量年际增长率也可以看出，1986年为0.46%，1986年以前基本上都为正增长，1987年开始为负增长，直到2005年又转为正增长。

表4-1 1950—2009年河南省烤烟产量、种植面积和单产的HP趋势值和年增长率

年份	总产（万吨）		面积（千公顷）		单产（千克/公顷）		年份	总产（万吨）		面积（千公顷）		单产（千克/公顷）	
	HP趋势值	年际增长率（%）	HP趋势值	年际增长率（%）	HP趋势值	年际增长率（%）		HP趋势值	年际增长率（%）	HP趋势值	年际增长率（%）	HP趋势值	年际增长率（%）
1950	4.01	—	57.71	—	890.55	—	1980	31.03	6.39	142.40	8.09	2 243.02	-1.40
1951	4.74	18.25	63.50	10.02	888.79	-0.20	1981	32.91	6.05	153.61	7.87	2 207.01	-1.61
1952	5.44	14.84	68.80	8.34	890.48	0.19	1982	34.60	5.13	164.62	7.17	2 164.38	-1.93
1953	6.07	11.66	73.43	6.73	894.02	0.40	1983	35.96	3.94	174.62	6.07	2 117.51	-2.17
1954	6.60	8.69	77.15	5.07	898.14	0.46	1984	36.99	2.86	183.55	5.12	2 066.64	-2.40
1955	7.01	6.14	79.68	3.28	904.18	0.67	1985	37.61	1.69	191.11	4.12	2 011.06	-2.69
1956	7.28	3.94	80.78	1.38	914.26	1.11	1986	37.79	0.46	196.88	3.02	1 952.00	-2.94
1957	7.45	2.36	80.33	-0.55	931.98	1.94	1987	37.54	-0.66	200.71	1.94	1 891.54	-3.10
1958	7.54	1.14	78.48	-2.31	958.29	2.82	1988	36.85	-1.84	202.50	0.89	1 828.30	-3.34
1959	7.54	0.01	75.55	-3.74	990.55	3.37	1989	35.67	-3.20	201.79	-0.35	1 763.49	-3.54
1960	7.49	-0.65	72.03	-4.65	1 028.01	3.78	1990	34.07	-4.47	198.35	-1.70	1 701.37	-3.52
1961	7.49	-0.01	68.58	-4.79	1 075.25	4.60	1991	32.12	-5.71	192.38	-3.01	1 643.05	-3.43
1962	7.64	2.00	65.89	-3.93	1 137.25	5.77	1992	29.88	-6.99	184.14	-4.28	1 588.53	-3.32
1963	7.99	4.57	64.21	-2.55	1 215.15	6.85	1993	27.46	-8.08	173.99	-5.51	1 541.25	-2.98
1964	8.54	6.87	63.49	-1.12	1 307.47	7.60	1994	25.10	-8.62	162.58	-6.56	1 506.93	-2.23
1965	9.27	8.53	63.63	0.22	1 410.44	7.88	1995	22.93	-8.64	150.95	-7.16	1 485.37	-1.43
1966	10.15	9.50	64.53	1.41	1 519.80	7.75	1996	21.01	-8.37	139.83	-7.36	1 473.18	-0.82
1967	11.12	9.62	66.04	2.35	1 627.37	7.08	1997	19.31	-8.11	129.62	-7.31	1 464.44	-0.59
1968	12.17	9.45	68.04	3.02	1 731.28	6.39	1998	17.74	-8.09	120.28	-7.20	1 455.64	-0.60
1969	13.31	9.36	70.45	3.55	1 832.92	5.87	1999	16.39	-7.64	111.95	-6.92	1 451.44	-0.29
1970	14.55	9.25	73.31	4.05	1 930.91	5.35	2000	15.28	-6.78	104.69	-6.49	1 455.43	0.27
1971	15.89	9.22	76.71	4.64	2 024.25	4.83	2001	14.44	-5.52	98.42	-5.99	1 471.53	1.11
1972	17.33	9.10	80.70	5.21	2 110.76	4.27	2002	13.86	-4.00	93.08	-5.43	1 501.35	2.03
1973	18.87	8.90	85.41	5.83	2 186.79	3.60	2003	13.54	-2.29	88.57	-4.84	1 546.29	2.99
1974	20.49	8.57	90.92	6.45	2 248.02	2.80	2004	13.46	-0.61	84.79	-4.27	1 605.78	3.85
1975	22.17	8.18	97.27	6.99	2 292.26	1.97	2005	13.57	0.82	81.60	-3.76	1 677.88	4.49
1976	23.89	7.78	104.52	7.45	2 317.71	1.11	2006	13.82	1.86	78.85	-3.37	1 759.54	4.87
1977	25.64	7.30	112.79	7.91	2 319.01	0.06	2007	14.18	2.60	76.41	-3.10	1 848.80	5.07
1978	27.38	6.81	121.89	8.07	2 302.06	-0.73	2008	14.63	3.15	74.15	-2.96	1 945.65	5.24
1979	29.17	6.52	131.74	8.08	2 274.97	-1.18	2009	15.11	3.29	71.96	-2.95	2 045.52	5.13

1950—2009 年河南省烤烟产量波动又可进一步细化分为七个小波段，如图 4-6 所示，从中可以看出，在上升阶段，1950—1964 年呈现缓慢平滑向上，1964—1982 年呈现稳定快速平滑向上，1982—1986 年呈现缓慢平滑向上；在下降阶段，1986—1991 年呈现缓慢平滑向下，1991—1998 年呈现稳定快速平滑向下，1998—2004 年呈现缓慢平滑向下，2005 年以后又开始缓慢平滑向上。

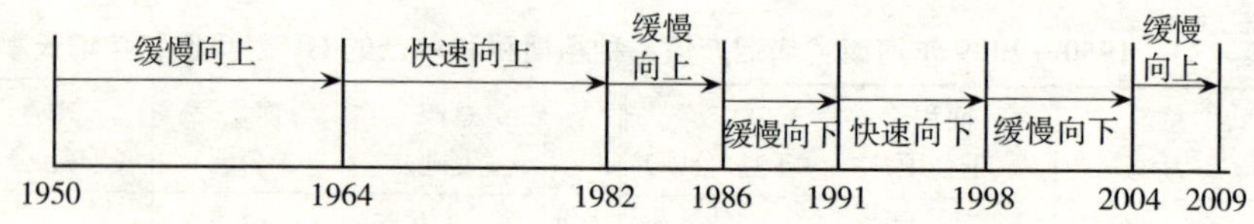

图 4-6 河南省烤烟产量变动趋势的七个小波段

4.2.1.2 短期波动分析

本章用变异率（RV，ratio of variation）来测算河南省烤烟产量的短期波动性。RV 是测量经济变量周期性的一个常用指标，通常用来表示经济变量的短期波动强度，是实际观察值对其长期趋势的偏离。计算公式为：

$$RV=\frac{Y_t-\hat{Y}_t}{\hat{Y}_t}\times100\% \tag{4.1}$$

式中，Y_t 为 t 时期变量的实际产量，$\hat{Y}_t$ 为 t 时期变量的趋势值，$Y_t-\hat{Y}_t$ 为消除长期趋势后经济变量的绝对波动量，表示第 t 年实际观察值对其长期趋势的绝对偏差。RV 的绝对值表示变量的稳定程度，该绝对值越大，稳定性越差，说明变量越远离长期趋势；该绝对值越小，稳定性越好，说明变量越靠近长期趋势。

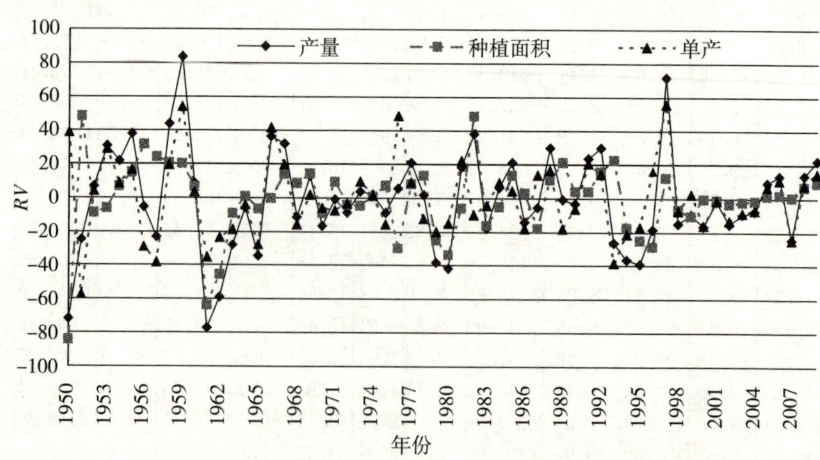

图 4-7 1950—2009 年河南省烤烟产量、种植面积和单产的短期波动图

运用1950—2009年的河南省烤烟产量、种植面积和单产数据，用剔除长期趋势后的数据计算出相应的变异率RV，如表4-2所示，并绘制短期波动曲线（图4-7），从图中可以看出，1950—2009年，河南省烤烟产量波动频繁而剧烈。大多数年份RV的绝对值都在10%以上，有些年份如1950、1953、1955、1958、1959、1961、1962、1965、1966、1967、1979、1980、1982、1994、1995、1997年等的RV均超过了30%，还有些年份如1950、1959、1961、1962、1997年等的RV甚至超过了50%。

表4-2 1950—2009年河南省烤烟产量、种植面积和单产的变异率*RV*（%）

年份	总产	面积	单产	年份	总产	面积	单产
1950	−71.78	−84.17	38.93	1980	−41.93	−33.75	−14.84
1951	−24.63	48.14	−57.3	1981	18.36	−6.04	22.27
1952	6.81	−8.91	4.12	1982	38.08	48.7	−9.84
1953	30.73	−6.3	29.09	1983	−17.82	−16.39	−4.42
1954	21.64	6.71	8.59	1984	6.17	−5.2	9.21
1955	37.89	15.04	16.55	1985	21.2	13.61	4.41
1956	−5.52	31.46	−29.14	1986	−14.04	2.94	−17.9
1957	−23.13	24.23	−38.39	1987	−5.48	−17.96	13.91
1958	43.78	20.63	19.49	1988	29.9	10.95	16.52
1959	83.68	20.02	54.21	1989	−0.75	21.18	−17.91
1960	8.79	6.44	3.41	1990	−3.32	4.19	−6.32
1961	−77.04	−63.94	−35.33	1991	23.55	3.96	20.78
1962	−59.03	−45.56	−23.26	1992	29.76	15.85	14.4
1963	−27.9	−9.25	−18.65	1993	−26.34	22.61	−38.47
1964	−5.83	0.91	−4.02	1994	−36.49	−17.58	−21.06
1965	−34.38	−6.44	−27.59	1995	−39.11	−24.92	−17.07
1966	36.5	−0.2	41.51	1996	−18.46	−28.48	16.28
1967	32.17	14.06	19.91	1997	71.81	12.13	55.85
1968	−11.36	8.77	−15.78	1998	−14.84	−6.88	−7.32
1969	13.05	14.5	1.79	1999	−9.39	−10.68	2.31
1970	−16.67	−9.06	−5.85	2000	−16.68	−0.47	−16.06
1971	−0.92	9.51	−7.43	2001	−2.01	−1.11	−1.24
1972	−8.78	−4.17	−3.14	2002	−15.35	−3.31	−13.18
1973	3.69	−4.62	9.85	2003	−9.76	−2.15	−8.82
1974	2.09	0.75	1.59	2004	−7.63	−1.72	−7.11
1975	−8.65	7.47	−15.49	2005	9.28	1.39	6.8
1976	5.72	−29.83	48.62	2006	13.37	1.86	10.86
1977	20.88	8.17	9.54	2007	−24.41	0.64	−24.61
1978	1.93	13.43	−12.31	2008	13.72	6.75	8.01
1979	−38.21	−25.05	−19.77	2009	22.21	9.32	14.74

根据周期波动理论，按照“谷—峰—谷”的形态特征，通过考察 RV 和短期波动曲线图，按照波动幅度超过5%，且相隔时间超过3年以上的标准，可以将河南省1950—2009年烤烟生产波动划分为12个阶段（表4-3），从中可以看出，1950—2009年河南省烤烟产量波动周期短，频率快，产量波动的平均年距为4.75年，最长为7年，最短为2年，属于古典型的短期波动类型；河南烤烟产量 RV 高，波幅大，平均波动幅度达到57.23%，最大幅度为1957—1961年阶段的160.72%，最小幅度为1970—1975年阶段的12.34%。

1983年河南省建立烟草专卖管理体制，比较体制改变前后两个时段的波动周期变化，可以看出，1950—1983年产量波动的平均年距为4.71年，1983—2007年为4.80年，产量波动的平均年距稍有增加，相差仅0.09年；1950—1983年产量波动的平均波动幅度达到60.46%，1983—2007年为52.72%，平均波动幅度有所下降，相差仅7.74%。以上分析表明，不论烟草管理体制是否变化，河南省烤烟生产的稳定性均较差，易出现大起大落的状况。

表4-3　河南省烤烟生产波动阶段划分及周期长度

序列	起止年份	年距	波峰	波谷	波幅
1	1950—1957，其中波峰1957年	7	30.73	23.13	53.86
2	1957—1961，其中波峰1959年	4	83.68	77.04	160.72
3	1961—1968，其中波峰1966年	7	36.50	11.36	47.86
4	1968—1970，其中波峰1969年	2	13.05	16.67	29.72
5	1970—1975，其中波峰1973年	5	3.69	8.65	12.34
6	1975—1980，其中波峰1977年	5	20.88	41.93	62.81
7	1980—1983，其中波峰1982年	3	38.08	17.82	55.90
8	1983—1986，其中波峰1985年	3	21.20	14.04	35.24
9	1986—1990，其中波峰1988年	4	29.90	3.32	33.22
10	1990—1995，其中波峰1992年	5	29.76	39.11	68.87
11	1995—2000，其中波峰1997年	5	71.81	16.68	88.49
12	2000—2007，其中波峰2006年	7	13.37	24.41	37.78
	2007—2009，不构成一个完整周期				
	1950—1983年平均	4.71	32.37	28.09	60.46
	1983—2007年平均	4.80	33.21	19.51	52.72
	1950—2007年平均	4.75	32.72	24.51	57.23

4.2.2　河南省烤烟种植面积和单产波动分析

根据1950—2009年河南省烤烟种植面积变化图（图4-8），并结合

1950—2009 年河南省烤烟种植面积的 HP 滤波值分析，发现河南省烤烟种植面积以 1988 年为分界点明显分为上升和下降 2 个大阶段。从表 4－1 可以看出，种植面积趋势值从 1950 年的 57.71 千公顷开始起增加，1988 年达到历史最高值 202.50 千公顷，然后开始一直下降，2009 年达到最低值 71.96 千公顷，不同于产量趋势值在 2004 年达到较低值，然后又开始缓慢上升。从图 4－8 可以看出，在上升阶段，1950—1956 年呈现缓慢平滑向上，1956—1964 年呈现缓慢平滑向下，1964—1969 年呈现缓慢平滑向上，1969—1988 年呈现稳定快速平滑向上；在下降阶段，1988—1991 年呈现缓慢平滑向下，1991—2003 年呈现稳定快速平滑向下，2003—2009 年呈现缓慢平滑向下。

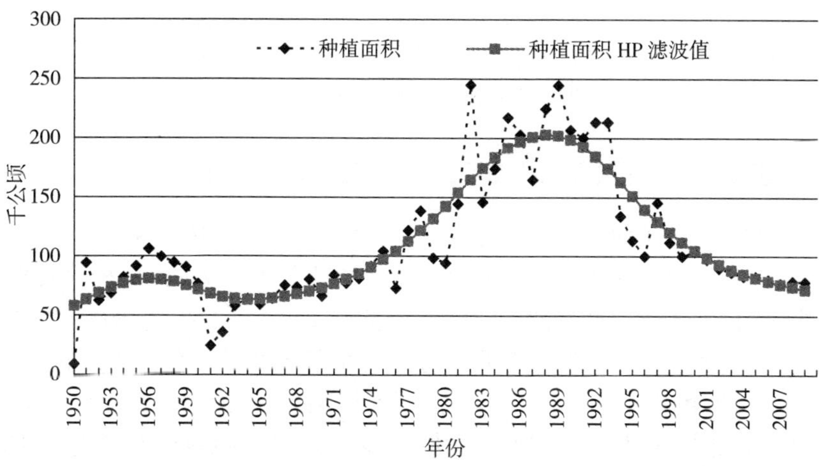

图 4－8 1950—2009 年河南省烤烟种植面积变化

注：其中光滑连续曲线是 HP 滤波估计的长期趋势。

根据 1950—2009 年河南省烤烟单产变化图（图 4－9），并结合 1950—2009 年河南省烤烟单产的 HP 滤波值分析，发现河南省烤烟单产呈现先上升后下降再上升趋势，从表 4－1 可以看出，单产趋势值从 1950 年的 890.55 千克/公顷起开始增加，1977 年达到最高2 319.01千克/公顷，而后下降，1999 年达到阶段最低值1 451.44千克/公顷，然后又上升，2009 年达到2 045.52千克/公顷。从图 4－8 可以看出，1950—1958 缓慢平滑上升，1958—1977 年较快平滑上升，1977—1994 年较快平滑下降，1994—1999 年缓慢平滑下降，1999—2009 年较快平滑上升。

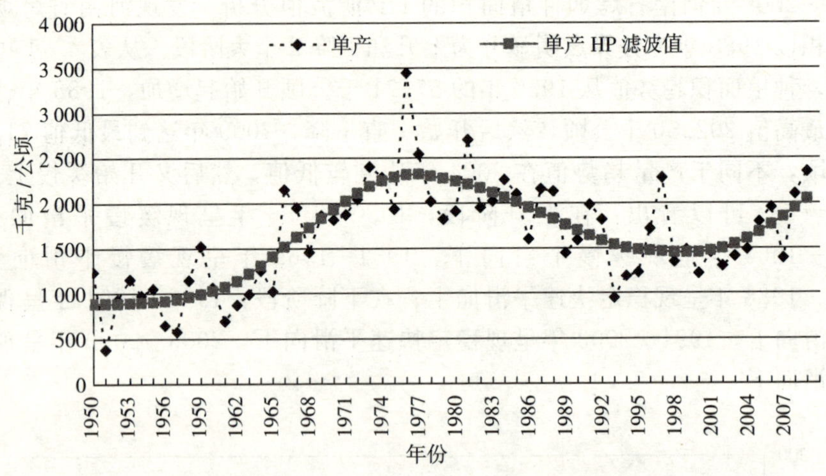

图 4-9　1950—2009 年河南省烤烟单产变化

注：其中光滑连续曲线是 HP 滤波估计的长期趋势。

4.2.3　河南省烤烟种植面积和单产波动对产量波动的影响

产量波动是种植面积和单产波动共同作用的结果。种植面积和单产的波动并不完全一致，主要是影响单产和面积变化的因素不一致，但当种植面积和单产向同一方向波动时，产量波动幅度大（表 4-2）。从图 4-5、图 4-8、图 4-9 可以看出，种植面积波动对产量波动相关性高于单产对产量波动的相关性，由计算可知种植面积、单产波动与产量波动的相关系数分别为 0.869 4 和 0.649 3。从图 4-5 可以看出河南烤烟产量从 2004 年开始处于一个新的波动阶段，从图 4-9 可以看出单产从 1999 年开始也处于一个新的波动阶段，但图 4-8 表明种植面积自 1988 年后一直处于下降趋势，2009 年种植面积变异率为 9.32%，达到 2000 年以来的最高点，表明烤烟种植面积进一步恢复的难度较大，波峰的形成将主要得益于单产变异率的提高。可见，种植面积波动与产量波动的关系更为密切，因此要实现河南省烤烟生产稳定发展首先要稳定种植面积，其次要不断提高单产。

4.3　河南省烤烟生产波动影响因素分析

现代西方经济波动理论认为，经济波动的形成是由经济系统内部传导机制和外部冲击机制共同作用的结果。引起农业波动的因素可分为内部和外部影响因素，内部影响因素是由导致经济运动的系统内部结构特性，包括农业生产的要素投入（土地、劳动力和资金投入等）；外部影响因素是指通过系统内部传导而发生的经济波动的系统外部随机的或非随机的冲击，包括气候资源和经济政策等[160]。在分析经济波动形成机理时，两者并不是互相排斥或者对立的，而是相互联系共同作用。

另外，价格波动也是产量波动的一个影响因素，由于烤烟供给弹性大而需求弹性小，使得烤烟产量和价格波动应符合动态蛛网理论的“蛛网不稳定条件”，按照蛛网理论：烤烟这种生产周期较长的商品，本期产量决定于前一期的价格，生产者总是根据上一期的价格来决定下一期的产量，上一期的价格同时也就是生产者对下一期的预期价格；技术进步也是烤烟产量的影响因素之一，技术进步往往通过改善了生产过程中的投入与产出关系提高单位面积产量影响总产量；经济政策是指决策者（政府）为了达到一定目的而选择运用的各种手段，由于我国对烟草实行专卖管理体制，政府对烤烟种植计划、收购价格实行政府管制，对烤烟产量也有着重要影响。

4.3.1 计量模型的设计

烤烟生产波动不是孤立存在的，它既受自然因素的影响，也受经济规律的制约，既受国家专卖管理体制的影响，也受农业经济内部结构调整的带动。各种经济关系错综复杂，相互影响，从而构成烤烟生产波动发展的特性。实践中测定生产要素对产量的影响最常用的办法是构建 Cobb - Douglas 生产函数 $Y=A(t)K^{\alpha}L^{\beta}\mu$（即 CD 函数）的计量模型。

本章选择河南省年度烤烟总产量（Y）作为被解释变量。在影响烤烟产量的内部因素中，最直接的影响因素是烤烟生产过程中的资本投入即物质费用（K），劳动力（L）和种植面积（M）。在影响烤烟产量的外部因素中，最主要的是气候条件（W）和技术进步（δ）。气候变化反映了自然灾害对烤烟生产的影响；长期来看技术进步是影响烤烟生产的重要因素，技术进步包括由于采用新的机械、化学、物理和生物学等硬科技因素的提高，还包括采用管理、决策、经营、组织等方面先进方法的软科技因素在烤烟生产中的应用，不断提高烤烟生产水平，实现增产增效的过程[161]。

价格因素（P）在研究农业波动时通常作为内部因素处理，但由于烤烟交售价格实行政府定价，并且价格与标准挂钩，交售烟叶按标准执行价格，因此价格因素在很大程度上代表国家政策的导向，对烟农种烟的积极性产生较大的影响，在此不再严格区分内部影响因素或外部影响因素，由于蛛网效应的普遍存在，使得本期价格只能影响下期产量，因此采用 $t-1$ 期价格作为本期产量的影响因素。

根据以上分析扩展的 Cobb - Douglas 生产函数可写为：

$$Y=cK^{\alpha}L^{\beta}M^{\gamma}WP_{t-1}e^{\delta t} \tag{4.2}$$

式中，c 为常数项，t 为时间变量，α、β、γ 分别是物质费用、劳动力及种植面积的投入产出弹性系数，δ 是科技进步率。

将以上 CD 函数两边取对数后可转化为如下形式：

$$\log(Y)=\log(c)+\alpha\log(K)+\beta\log(L)+\gamma\log(M)+\eta\log(W)+\lambda\log(P_{t-1})+\delta t \tag{4.3}$$

式中，η、λ 分别为气候条件和价格因素的回归系数。

4.3.2 数据来源

利用历史数据估计扩展的 Cobb - Douglas 生产函数时，采用时间序列数据，由于 1980 年之前的数据无法获得，而且河南省于 1983 年建立烟草专卖体制，为排除制度变化对烤烟生产的影响，选择 1983—2008 年河南省烤烟生产共 26 年的数据进行分析，总体上讲数据量足够大。为了保证统计的一致性，本章数据全部来自于《河南农村统计年鉴》(1984—2009)。

烤烟总产量（Y），单位为万吨。物质费用（K）＝每千公顷物质费用（万元）×种植面积（千公顷），单位为万元，包括种子费、肥料费、农药费、农膜费、租赁作业费、燃料动力费、技术服务费等及与生产有关的间接费用，为了消除物价因素对测算结果的影响，以 1978 年为基期，用当年的物质费用除以当年河南省农业生产资料价格指数消除通货膨胀的影响。劳动力（L）＝种植面积（千公顷）×用工数量（天/千公顷），单位为万天。烤烟的种植面积 (M)，单位为千公顷。气候条件（W）用河南省农作物成灾面积与播种面积的比值近似代替。烤烟价格（P），用单位面积烤烟主产品产值（元）除以单位面积产量（kg）求得，单位为元/千克，为消除通胀因素对测算结果的影响，以 1978 年为基期，用当年的烤烟价格除以当年河南省烤烟价格指数消除通货膨胀的影响。时间变量（t），总共 26 年的数据，令 1983＝1，1984＝2，…，2008＝26。

4.3.3 计量结果及分析

根据以上数据，采用经济计量模型软件 Eviews5.0 对方程（2）进行估算，首先将所有变量引入回归方程得到模型一，然后再剔除 t 值不显著的变量，再进行回归直至所有变量都显著为止得模型二，回归结果见表 4 - 4。

表 4 - 4 1983—2008 年河南省烤烟生产波动影响因素回归结果

模型一					模型二				
Variable	Coefficient	Std. Error	t - Statistic	Prob.	Variable	Coefficient	Std. Error	t - Statistic	Prob.
C	−1.337 954	1.231 7	−1.086 3	0.291 0	C	−1.248 8	0.630 3	−1.981 2	0.060 8
log(*K*)	0.247 379	0.161 8	1.529 0	0.142 7	log(*K*)	0.253 8	0.147 8	1.917 4	0.081 6
log(*L*)	−0.000 857	0.265 1	−0.003 2	0.997 5		0.438 9	0.225 0	2.150 1	0.046 4
log(*M*)	0.471 074	0.342 8	1.374 4	0.185 3	log(*M*)				
log(*W*)	−0.090 122	0.065 9	−1.366 8	0.187 7	log(*W*)	−0.093 4	0.061 9	−1.708 4	0.096 4
log(P_{t-1})	−0.054 66	0.194 5	−0.281 1	0.781 7					
t	−0.012 715	0.011 8	−1.073 4	0.296 5	*t*	−0.014 5	0.005 6	−2.580 9	0.017 4

R - squared=0.876 2；Durbin - Watson stat=1.783 5.　　R - squared=0.875 6；Durbin - Watson stat=1.778 8.

从表 4 - 4 模型二可以看出，从 1983—2008 年河南省烤烟生产弹性为 0.692 6，表明河南省烤烟生产处于规模报酬递减阶段，整个投入每增加 1%，产量只会增加0.692 6%。河南省烤烟生产物质费用（*K*）的回归系数为 0.253 8，且通过了 10%的显著性水平检验，即烤烟生产过程中物质投入每增加 1%，烤烟产量将增加0.253 8%。烤烟种植面积（*M*）的回归系数为正，且通过了 5%的显著性水平检验，即烤烟种植面积每增加 1%，烤烟产量将增加 0.438 9%。气候因素（*W*）对烤烟生产产生负面影响，回归系数通过了 10%的显著性水平检验。时间变量（*t*）的回归系数为−0.014 5，且通过了 5%的显著性水平检验，表明技术进步也对河南省烤烟产量呈负效应，烤烟产量并没有因为技术进步而提高，技术进步可能主要表现在质量的改善。劳动力（*L*）的回归系数 t 值较小，在模型中被舍去，主要是由于农业机械在烤烟生产中的普及和应用，一些生产环节用机械化代替人工，生产机械化程度越来越高，所以劳动力投入对于河南省烤烟生产的影响不明显。烤烟价格（*P*）的回归系数 t 值较小，在模型中也被舍去，表明交售价格对烤烟产量也没有显著的相关关系。从表 4 - 5 可以看出，1983—2008 年，烤烟生产每公顷产量提高不明显，每公顷用工天数有较明显下降，而交售价格按 1978 年可比价格并没有明显上涨。由以上分析可知，在影响河南省烤烟生产波动的因素中，最主要的因素是烤烟种植面积、物质投入（正效应），其次是自然灾害（负效应），其他因素对河南省烤烟产量影响较小。

表 4-5 1983—2008 年河南省烤烟生产每公顷用工和交售价格变化

年份	每公顷产量（千克）	每公顷用工（天）	交售价格（元/千克）	年份	每公顷产量（千克）	每公顷用工（天）	交售价格（元/千克）
1983	2 692.63	864.00	0.89	1996	1 677.06	775.50	1.78
1984	2 263.82	794.25	1.21	1997	1 940.37	805.50	1.62
1985	2 152.97	866.70	1.24	1998	1 934.47	686.25	1.64
1986	1 465.16	759.00	1.25	1999	2 038.40	657.45	2.08
1987	2 053.53	1 025.25	2.07	2000	1 665.65	660.00	1.96
1988	1 890.62	1 006.35	1.86	2001	1 835.29	628.50	1.72
1989	1 604.76	872.25	1.20	2002	1 847.83	604.50	1.45
1990	1 939.36	814.50	1.58	2003	1 620.61	514.50	1.64
1991	1 862.75	897.30	1.41	2004	1 969.11	542.25	1.66
1992	1 645.52	875.70	1.42	2005	2 210.86	623.25	1.75
1993	1 703.20	933.90	1.35	2006	2 312.50	591.15	1.60
1994	1 664.32	828.15	1.56	2007	2 350.00	549.00	1.58
1995	1 768.05	840.00	1.89	2008	2 392.47	572.70	1.71

4.4 本章小结

对河南省烤烟生产波动进行了实证分析，结果表明，在 1988 年之前河南省和全国烤烟生产波动基本一致，大部分年份占全国总量在 20%以上，1981—1992 年是河南烤烟生产发展最好的时期，年收购量均在 35 万吨以上，1988 年之后河南烤烟生产总体呈下降趋势，收购量占全国的比例下降，在全国的位次后移。建立烟草专卖体制后的 1983—1992 年是豫中烟区发展最好的时期，占全省的总量一直保持在 30%以上，之后逐渐被豫西烟区代替，但豫西烟区的地位已无法和昔日的豫中烟区相比。HP 滤波法测定烤烟生产波动表明，河南省烤烟产量以 1986 年为分界点明显分为上升和下降 2 个大阶段，进一步细化显示 2005 年以后又开始缓慢平滑向上；根据周期波动理论，可以将河南省 1950—2009 年烤烟生产波动划分为 12 个阶段，产量波动周期短、频率快，波动的平均年距为 4.75 年，烟草管理体制的建立并没有抑制烤烟生产稳定性差，易出现大起大落的状况。进一步分析显示，种植面积 2003—2009 年呈现缓慢平滑向下，而单产 1999—2009 年较快平滑上升，种植面积进一步恢复的难度较大，要实现河南省烤烟生产稳定发展首先要稳定种植面积，其次要不断提高单产。烤烟产量波动影响因素计量分析表明，影响河南省烤烟生产波动最主要的因素是种植面积、物质投入（正效应），其次是自然灾害（负效应），其他因素影响较小。

5　河南省烤烟生产布局调整及区位移动

当前，烟草行业已经进入了大市场、大企业、大品牌发展阶段，市场的竞争也从过去的产品竞争发展到品牌竞争。为应对加入 WTO 带来的挑战和签署《烟草控制框架公约》对烟草制品形成的限制，国家局提出大力发展中式卷烟的战略，而中式卷烟的发展首先要建立在具有中国特色烟叶为主配方原料的基础上[162]。河南浓香型烟叶在中式卷烟配方中具有降焦减害的独特作用，备受工业企业的重视，但因其产量出现较大波动，不能有效满足市场需求。因此河南省烤烟生产发展如何既适应市场需要，又能充分发挥其区域比较优势，是今后河南省烤烟生产稳定发展的关键。本章以比较优势、竞争优势理论为基础，对全国各省（区、市）烤烟生产以及河南烤烟与其他竞争作物的比较优势进行了测算，运用迈克尔·波特（Michael E. Porter）钻石模型（Diamond Framework）对烤烟生产的竞争优势进行分析，为实现河南烤烟生产稳定发展提供理论依据。本章数据来源于 1998—2008 年《中国农村统计年鉴》。

5.1　基于省域尺度上的河南省烤烟生产比较优势分析

5.1.1　全国各省份烤烟生产比较优势分析

从表 5-1 可以看出，1998—2007 年，全国烤烟生产十年平均具有效率比较优势（EAI>1）的省份从高到低排序，依次为云南>陕西>安徽>黑龙江>贵州>河南，河南居第六位，具有较强的效率比较优势；具有规模比较优势（SAI>1）的省份从高到低排序，依次为云南>贵州>福建>重庆>河南>湖南>陕西，河南居第五位，具有较强的规模比较优势；具有综合比较优势（AAI>1）的省份从高到低排序，依次为云南>贵州>福建>陕西>重庆>河南>湖南，河南居第六位，具有较强的综合比较优势。

2007年，烤烟生产具有效率比较优势的省份从高到低排序，依次为黑龙江>云南>安徽>辽宁>陕西>四川>贵州，河南烤烟已经不具有效率比较优势（EAI=0.987）；具有较强规模比较优势的省份从高到低排序，依次为云南>贵州>福建>重庆>湖南>陕西>河南，尽管河南烤烟仍具有规模比较优势（SAI=

1.022)，但与云南、贵州、福建相比，差距较大；具有较强综合比较优势的省份从高到低排序，依次为云南>贵州>福建>陕西>湖南>重庆>河南，尽管河南烤烟仍具有综合比较优势(AAI=1.004)，但与云南、贵州相比差距较大(AAI>2)。

表 5-1　1998—2007 年各省份烤烟生产的 EAI、SAI 和 AAI 值

地区	1998—2007 年平均			2007 年		
	EAI	SAI	AAI	EAI	SAI	AAI
辽　宁	0.956	0.444	0.641	1.271	0.282	0.599
吉　林	0.807	0.327	0.509	0.730	0.162	0.344
黑龙江	1.255	0.522	0.794	1.419	0.341	0.696
安　徽	1.258	0.213	0.508	1.310	0.156	0.453
福　建	0.876	2.997	1.610	0.873	4.098	1.891
江　西	0.789	0.286	0.472	0.958	0.404	0.622
山　东	0.943	0.521	0.698	0.979	0.457	0.669
河　南	1.008	1.368	1.171	0.987	1.022	1.004
湖　北	0.780	0.735	0.756	0.706	0.479	0.582
湖　南	0.894	1.367	1.104	0.848	1.428	1.100
广　东	0.893	0.665	0.770	0.917	0.548	0.709
广　西	0.883	0.245	0.462	0.875	0.314	0.524
重　庆	0.885	1.621	1.193	0.683	1.535	1.024
四　川	0.942	0.705	0.813	1.049	0.888	0.965
贵　州	1.075	5.328	2.391	1.048	5.720	2.449
云　南	1.340	7.786	3.228	1.325	9.122	3.477
陕　西	1.315	1.133	1.218	1.203	1.110	1.155

5.1.2　河南省烤烟与主要竞争作物比较优势分析

从表 5-2 可以看出，1998—2007 年，河南十年平均有效率比较优势(EAI>1)的主要作物从高到低排序，依次为薯类>谷子>小麦>花生>烤烟，烤烟居第五位，具有较强的效率比较优势；具有规模比较优势(SAI>1)的主要作物从高到低排序，依次为芝麻>花生>小麦>棉花>烤烟>玉米，烤烟居第五位，具有较强的规模比较优势；具有综合比较优势(AAI>1)的作物从高到低排序，依次为芝麻>小麦>花生>棉花>烤烟，烤烟居第五位，具有较强的综合比较优势，但与芝麻、小麦和花生(AAI>1.5)相比，差距较大。

2007 年，河南具有效率比较优势的主要作物从高到低排序，依次为谷子>薯类>大豆>小麦>花生，烤烟的 EAI 仅为 0.987，已不具有效率比较优势；具有规模比较优势的主要作物从高到低排序，依次为芝麻>花生>小麦>棉花>玉米>烤烟，烤烟仍具有规模比较优势；具有综合比较优势的主要作物从高到低排序，依次为芝麻>花生>小麦>烤烟，尽管烤烟仍具有综合比较优势，但

AAI 仅为 1.004，与芝麻、花生和小麦相比，差距较大（AAI>1.5）。

表 5-2 1998—2007 年河南省烤烟与主要竞争作物生产的 EAI、SAI 和 AAI 值

作物	1998—2007 年平均			2007 年		
	EAI	SAI	AAI	EAI	SAI	AAI
小麦	1.149	2.319	1.631	1.063	2.394	1.596
玉米	0.931	1.072	0.997	0.945	1.027	0.985
大豆	0.940	0.692	0.802	1.069	0.583	0.790
薯类	1.227	0.587	0.845	1.145	0.377	0.657
花生	1.051	2.347	1.569	1.023	2.617	1.636
芝麻	0.863	3.932	1.841	0.900	4.156	1.934
棉花	0.736	1.979	1.201	0.687	1.287	0.940
谷子	1.173	0.591	0.810	1.476	0.433	0.799
烤烟	1.008	1.368	1.171	0.987	1.022	1.004

从图 5-1 可以看到，河南烤烟的 EAI 在 10 年中有 6 年小于 1，其中 1998 年 EAI 值最大，为 1.137，2000 年最小，仅为 0.886，说明河南烤烟的生产效率不稳定，效率比较优势不明显；河南烤烟 SAI 值尽管均大于 1，但呈下降趋势；由于河南烤烟的效率比较优势不明显、规模比较优势逐年下降，因此其综合比较优势也呈下降趋势，但 AAI 仍大于 1，说明河南烤烟仍具有较强综合比较优势。同时也可以看出，10 年间河南烤烟 SAI>EAI，说明河南烤烟生产维持较高的综合比较优势主要靠种植面积，烤烟生产的效率比较优势不明显，也即土地生产率还不高。

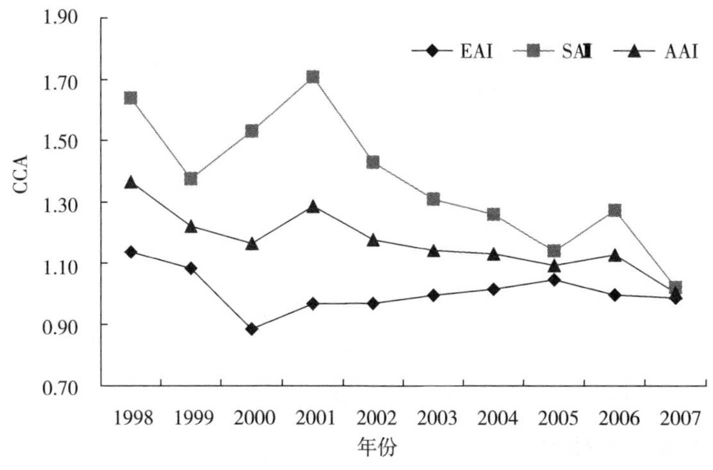

图 5-1 1998—2007 年河南烤烟 EAI、SAI 和 AAI 变化趋势

5.2 河南省各烟叶产区生产比较优势分析

5.2.1 生产比较优势分析

5.2.1.1 效率比较优势指数（EAI）

从表5-3可以看出，十年平均河南省烤烟生产具有效率比较优势（EAI>1）的地市依次为商丘>三门峡>郑州>南阳>洛阳>周口，豫东烟区的商丘、周口，豫西烟区的洛阳、三门峡、郑州，豫西南烟区南阳具有较强的效率比较优势，EAI相差不大，而豫中、豫南烟区，豫西烟区的济源不具效率比较优势。从这十年EAI的变化趋势看，洛阳、三门峡、南阳、平顶山、许昌烤烟生产的EAI呈上升态势，分别由1998年的0.765、1.194、1.091、0.843上升到2007年的1.287、1.246、1.183、1.106、1.001；郑州、周口烤烟生产的EAI呈下降趋势，分别由1998年的1.190、1.245下降到2007的1.120、1.050；驻马店和漯河也呈下降态势，分别由1998年的1.068、1.138下降到2007的0.861、0.588，已不再具有效率比较优势；信阳和济源两市尽管EAI有所变化，但始终没有效率比较优势。2007年烤烟具有效率比较优势的地市排名依次为商丘>洛阳>三门峡>南阳>郑州>平顶山>周口>许昌，与近十年平均排序稍有差别，而且产区之间差距不大（表5-3）。

表5-3 1998—2007年河南省各产烟市烤烟生产的EAI

地区	1998	1999	2000	2001	2002	2003	2004	2005	2006	2007	平均
郑　州	1.190	1.239	1.685	1.356	1.598	1.579	1.457	1.153	1.384	1.120	1.376
洛　阳	0.765	1.096	1.154	1.092	1.026	0.988	1.143	1.196	1.222	1.287	1.097
平顶山	0.843	1.046	0.883	1.023	0.826	0.860	0.983	1.094	1.121	1.106	0.978
许　昌	0.814	0.795	0.781	0.908	0.966	0.806	0.885	0.965	0.991	1.001	0.891
漯　河	1.138	0.887	0.647	0.903	0.966	0.754	0.721	0.729	0.860	0.588	0.819
三门峡	1.194	1.625	1.623	1.281	1.968	1.267	1.208	1.235	1.142	1.246	1.379
南　阳	1.091	1.270	1.181	1.245	1.181	1.148	1.089	1.135	1.208	1.183	1.173
商　丘	1.467	1.330	1.573	1.482	1.686	1.043	1.257	1.595	1.363	1.346	1.414
信　阳	0.709	0.656	0.585	0.670	0.757	0.922	0.730	0.719	0.768	0.658	0.717
周　口	1.245	1.111	1.003	1.065	1.291	0.920	0.971	1.073	1.035	1.050	1.076
驻马店	1.068	1.223	1.104	1.093	0.873	0.742	0.697	0.942	0.743	0.861	0.935
济　源	0.714	0.792	0.816	1.082	0.548	0.539	0.512	0.583	0.483	0.480	0.655

5.2.1.2 规模比较优势指数（SAI）

从表5-4可以看出，十年平均河南省烤烟生产具有规模比较优势（SAI>

1）的地市依次为三门峡>洛阳>许昌>平顶山>济源>漯河>南阳，豫西烟区除郑州外，豫中和豫西南烟区具有较强的规模比较优势，而豫南、豫东烟区以及豫西烟区的郑州不具规模比较优势。从这十年 SAI 的变化趋势看，三门峡、洛阳、济源烤烟生产的 SAI 呈上升态势，分别由 1998 年的 4.880、1.764、1.168 上升到 2007 年的 10.314、4.261、2.427，三门峡烤烟生产的 SAI 远远大于其他地市；许昌、平顶山烤烟生产的 SAI 呈下降趋势，分别由 1998 年的 3.370、3.186 下降到 2007 年的 2.528、2.848，但这两个地市 SAI>2.5，仍具有较强的规模比较优势；南阳和漯河两市烤烟生产的 SAI 有起有落，分别在 1.615 和 1.421 上下变化，漯河烤烟生产的 SAI 波动幅度较大；郑州、驻马店、信阳、商丘、周口五市烤烟生产 SAI<1，已不具规模比较优势。2007 年烤烟具有规模比较优势的地市排名依次为三门峡>洛阳>济源>平顶山>许昌>漯河>南阳，与近十年平均排序稍有差别（表 5-4）。

表 5-4　1998—2007 年河南省各产烟市烤烟生产的 SAI

地区	1998	1999	2000	2001	2002	2003	2004	2005	2006	2007	平均
郑　州	0.762	0.716	0.990	0.902	0.715	0.497	0.589	0.532	0.304	0.202	0.621
洛　阳	1.764	2.189	2.511	3.059	3.143	3.513	3.709	4.064	4.318	4.261	3.253
平顶山	3.186	3.380	3.065	3.232	3.080	2.738	2.740	2.678	2.639	2.848	2.959
许　昌	3.370	3.341	2.986	2.849	3.060	3.406	3.518	3.280	3.020	2.528	3.136
漯　河	1.974	1.197	2.244	1.115	1.873	1.802	1.830	0.981	1.552	1.586	1.615
三门峡	4.880	6.789	6.822	6.883	7.156	8.817	9.109	8.588	7.811	10.314	7.717
南　阳	1.233	1.454	1.314	1.441	1.586	1.425	1.398	1.399	1.402	1.556	1.421
商　丘	0.665	0.512	0.485	0.488	0.416	0.423	0.404	0.353	0.262	0.412	0.442
信　阳	0.776	0.519	0.409	0.415	0.215	0.233	0.175	0.169	0.151	0.162	0.323
周　口	0.775	0.563	0.646	0.496	0.466	0.456	0.414	0.414	0.393	0.411	0.503
驻马店	0.637	0.637	0.629	0.645	0.571	0.542	0.444	0.533	0.642	0.596	0.588
济　源	1.168	1.409	1.789	1.690	2.019	2.995	3.207	3.023	3.230	3.737	2.427

5.2.1.3　综合比较优势指数（AAI）

从表 5-5 可以看出，10 年平均河南省烤烟生产具有综合比较优势（AAI>1）的地市依次为三门峡>洛阳>平顶山>许昌>南阳>济源>漯河，烤烟生产的综合优势区域主要其中在豫西烟区的三门峡、洛阳、济源，豫中、豫西南烟区，而豫西烟区的郑州，豫南、豫东烟区已不再具有综合比较优势。从这 10 年 AAI 的变化趋势看，三门峡、洛阳、平顶山、南阳、济源五市烤烟生产的 AAI 呈上升趋势，分别由 1998 年的 2.414、1.162、1.639、1.160、0.913 上升到 2007 年的 3.585、2.342、1.775、1.135 6、1.340，而且三门峡、洛阳上升的幅度较大，济源实现了由不具综合比较优势向具有综合比较优势的转变；许昌综合比较优势有所下降，但变化不大，漯河由具有综合比较优势变为不具综合比较优势，郑州 1998 年不具综合比较优势，之后 AAI 一度上升，但至 2003 年后 AAI<1，驻马店、信阳、商丘、周口烤烟生产 AAI 始终小于 1，不具综合比较优势。2007 年烤烟具有较强综合比较优势的地市依次是三门峡>洛阳>平顶山>许昌>南阳>济源>漯河，和十年平均值一致，其中三门峡、洛阳较其他产区更具有综合比较优势（表 5-5）。

表 5-5　1998—2007 年河南省各产烟市烤烟生产的 AAI

地区	1998	1999	2000	2001	2002	2003	2004	2005	2006	2007	平均
郑　州	0.952	0.942	1.291	1.106	1.069	0.886	0.927	0.783	0.649	0.476	0.908
洛　阳	1.162	1.549	1.703	1.827	1.796	1.863	2.059	2.205	2.297	2.342	1.880
平顶山	1.639	1.880	1.646	1.818	1.595	1.534	1.641	1.712	1.720	1.775	1.696
许　昌	1.657	1.630	1.527	1.608	1.720	1.657	1.764	1.779	1.730	1.591	1.666
漯　河	1.499	1.030	1.205	1.004	1.345	1.166	1.149	0.846	1.155	0.966	1.136
三门峡	2.414	3.322	3.327	2.970	3.753	3.342	3.318	3.257	2.986	3.585	3.227
南　阳	1.160	1.359	1.246	1.339	1.369	1.279	1.234	1.260	1.301	1.356	1.290
商　丘	0.988	0.826	0.873	0.851	0.837	0.664	0.712	0.751	0.598	0.745	0.784
信　阳	0.741	0.584	0.489	0.527	0.404	0.464	0.358	0.349	0.341	0.326	0.458
周　口	0.982	0.791	0.805	0.727	0.776	0.647	0.634	0.667	0.637	0.657	0.732
驻马店	0.825	0.883	0.833	0.840	0.706	0.634	0.556	0.708	0.691	0.717	0.739
济　源	0.913	1.056	1.208	1.353	1.052	1.270	1.281	1.327	1.249	1.340	1.205

5.2.2　河南省烤烟生产布局的变化

1997—2009 年，尽管每年国家下达河南烤烟生产计划不同、实际收购量也有减有增，但河南烤烟生产布局呈现豫西烟区发展，豫中、豫西南烟区稳定，豫东、豫南烟区下滑的态势。豫西烟区烤烟产量占全省烤烟产量的比重由 17.65%上升到 37.71%，其中 2000 年达到 46.89%；豫中、豫西南烟区的烤烟产量占全省烤烟产量比重分别在 30%左右、14%左右；豫东烟区烤烟产量占全省烤烟产量比重由 18.80%下降到 4.72%（最低）、豫南烟区由 11.60%下降到 6.25%，其中 2007 年最低，仅占 5.10%（表 5-6）。烤烟生产重点区域逐渐由平原向丘陵山区、东部向中西部、经济发达地区向经济欠发达地区转移。以地处豫东平原的商丘和周口两市为例，两市在 1998 年烤烟收购量占全省总量的比重分别为 7.03%、11.77%，到 2009 年，这一比重已下降到 2.44%、2.28%；而地处豫西丘陵山区的洛阳、三门峡两市烤烟收购量在全省烤烟总量中的比重分别由 5.81%、6.93 上升到 17.06%、18.48%，其中洛阳 2008 年达到 22.90%，三门峡 2003 年占 21.68%；经济快速发展的省会郑州市烤烟产量在全省烤烟总产量中的比重由 4.35%下降到 0.87%，仅剩登封一个县级市种植烤烟。

表 5-6 1997—2009 年河南省各产烟市烤烟收购量占全省总量的比重（%）

年份	豫西烟区				豫中烟区			豫西南烟区	豫南烟区		豫东烟区	
	洛阳	三门峡	济源	郑州	许昌	平顶山	漯河	南阳	驻马店	信阳	商丘	周口
1997	5.81	6.93	0.56	4.35	16.30	13.65	6.35	15.65	7.72	3.88	7.03	11.77
1998	8.64	13.37	0.40	4.28	12.96	14.63	5.78	13.51	7.11	4.73	4.91	9.69
1999	11.07	15.83	0.89	4.11	14.85	12.19	4.86	13.17	6.89	3.17	5.08	7.89
2000	17.65	21.68	1.41	6.16	9.33	8.99	4.10	12.79	6.51	2.66	4.67	4.05
2001	10.71	10.65	1.10	4.56	14.53	10.32	6.28	21.16	7.11	2.31	4.26	7.01
2002	13.82	17.10	1.08	4.64	13.92	8.71	7.51	15.22	5.81	2.07	6.39	3.73
2003	18.01	20.46	1.23	5.02	8.25	6.14	7.31	13.28	6.99	1.45	6.14	5.73
2004	20.71	19.66	1.00	2.71	10.68	8.07	8.02	11.13	7.42	1.25	6.03	3.31
2005	21.23	18.37	1.17	2.08	10.97	10.74	6.52	10.93	6.58	0.69	5.84	4.86
2006	20.99	19.08	1.32	1.02	11.42	11.50	6.05	15.35	5.20	0.55	3.95	3.57
2007	22.54	17.96	1.70	1.06	12.15	15.84	5.16	11.79	4.54	0.56	3.61	3.09
2008	22.90	18.23	1.49	0.90	13.60	13.20	5.60	13.31	5.08	0.62	2.71	2.35
2009	17.06	18.48	1.29	0.87	14.74	14.31	5.91	16.37	5.34	0.91	2.44	2.28

5.3 河南省烤烟生产区位移动的主要原因

5.3.1 市场需求

卷烟生产以消费者需求为导向，卷烟消费市场的变化引导着烟叶需求的变化，因此市场需求变化是影响烤烟生产区位移动的关键因素，市场需求量最终决定了烤烟生产的布局和规模。20 世纪 90 年代以前，我国卷烟风格以浓香为主，浓香型烟叶是这一时期卷烟工业的主体原料；进入 90 年代后，云南烟叶快速发展，逐渐取代了浓香型烟叶在卷烟配方中的主体地位，卷烟也呈现出清香特点。近年来，以上海烟草（集团）公司、浙江中烟工业有限责任公司等为代表的华东地区卷烟采用多地区、多香型、多等级、小比例的配方模式，形成了香气丰富和谐、口味醇和舒适的卷烟产品风格，引导着卷烟消费，其中河南浓香型烟叶发挥着重要的调香、调味作用。1999—2003 年，由于河南烤烟生产持续下滑，烟叶市场供应不足表现突出，工业企业与产区签订的合同落空，部分产区市场需求下滑，豫中烟区表现尤为突出。2003 年中式卷烟的提出，对卷烟减害、降焦、增香提出了新的要求，河南浓香型烟叶需求数量不断增加，在豫中、豫西烟区需求渐趋旺盛。尽管 2004 年以来国家局对烟叶调拨实行严格的计划管理，要求调拨计划控制在收购计划以内，同时对烟叶产区生产收购计划的安排要充分考虑市场需求，但豫西、豫中烟区市场需求持续增加，豫西南烟区保持稳定，豫东烟区市场不断萎缩，也有产区呈现出市场需求旺盛而受制于收购计划有限的状况，豫南烟区受此影响市场需求也呈下滑趋势（图 5-2）。

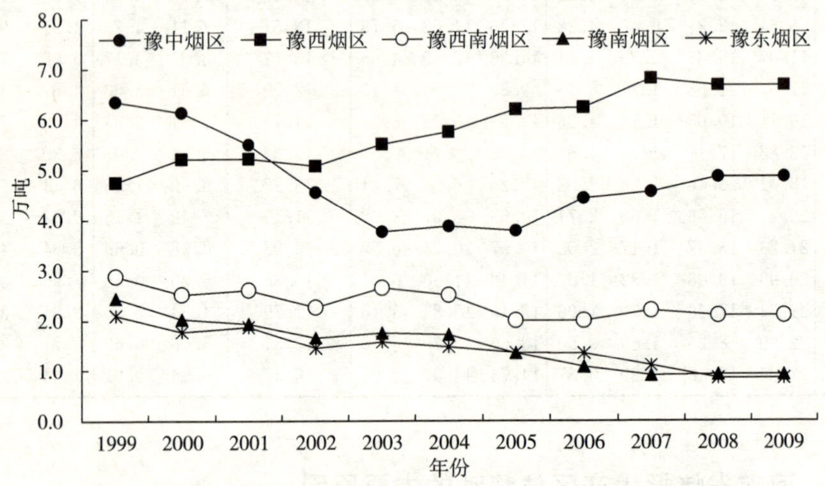

图 5-2　1999—2009 年河南省各烟区烤烟市场需求变化趋势

5.3.2　种烟收益

种烟收益是影响烤烟生产区位移动的直接原因，影响因素主要包括以下方面：一是种植制度的影响。河南烟区地处黄淮海地区，属暖温带—亚热带、湿润—半湿润季风气候，一般特点是冬季寒冷雨雪少，春季干旱风沙多，夏季炎热雨水丰沛，秋季晴和日照足，是我国粮食生产的核心区域，作物种植以一年两熟为主，主要复种模式是小麦—玉米，而种植烤烟只能实现一年一熟或二年三熟。在丘陵地区作物种植是一年一熟，种植粮食作物产量较低，农民收入少，同种植烤烟相比不具有比较优势。在平原地区由于地势平坦，土壤肥沃，采用一年两熟种植模式，种植粮食作物产量高，且机械化程度高，用工投入少，比较效益高，种烟收入对农民吸引力不大，在有种烟习惯的平原烟区，为提高种烟收益，出现烤烟‖红薯或小麦/烤烟复种模式。二是户均种植规模的影响。目前家庭联产承包责任制下的耕地分配制度导致户均耕地规模偏小和破碎化[163]，也是影响种烟收益提高的重要因素，表 5-7 列举了河南主要烟区 4 市 12 个主要产烟县人均耕地面积，其中有 8 个种烟县人均耕地面积超过全市平均，占 66.7%，同时也可以看出主要种烟县人均耕地面积在不断减少。由于人均耕地少、土地流转不顺畅，户均种植规模较小，没有发挥规模经济的优势，同时烟田轮作难度大，病虫害时有发生，烤烟种植风险加大，烤烟种植逐步向人均耕地面积较多的市县集中。三是收购价格和补贴政策的影响。河南省三门峡、洛阳、南阳、许昌、平顶山、漯河和驻马店七市为二价区，其他产区为三价区，2006 年以来，烟草部门根据市场需求的不同对各产区烤烟种植实行了不同的补贴政策，对市场需求大的豫西、豫中、豫西南烟区生产扶持补贴要高于豫东、豫南烟区，这也使得烤烟生产向二价区、补贴高的产区移动。

表 5-7　1990—2007 年河南省主要烟区人均耕地面积

单位：公顷

市县		1990	1995	2000	2005	2007
豫中烟区	许昌市	0.077	0.073	0.069	0.072	0.072
	许昌县	0.089	0.086	0.085	0.093	0.094
	襄城县	0.073	0.071	0.069	0.072	0.072
	禹州市	0.072	0.069	0.065	0.067	0.067
豫西烟区	三门峡市	0.091	0.081	0.072	0.073	0.073
	渑池县	0.126	0.122	0.121	0.120	0.123
	陕县	0.117	0.112	0.090	0.080	0.079
	卢氏县	0.078	0.075	0.071	0.099	0.097
	灵宝市	0.098	0.088	0.073	0.069	0.069
豫西南烟区	南阳市	0.091	0.085	0.083	0.087	0.087
	方城县	0.110	0.104	0.104	0.104	0.103
	内乡县	0.081	0.076	0.076	0.087	0.086
	社旗县	0.125	0.111	0.115	0.123	0.123
	邓州市	0.113	0.105	0.103	0.105	0.104
豫南烟区	驻马店市	0.101	0.097	0.101	0.099	0.098
	泌阳县	0.109	0.102	0.104	0.097	0.096

5.3.3　社会经济状况

社会经济状况是一个地区生产力水平的重要基础，也是农业发展的必要条件。社会经济主要包括GDP、产业结构、人均GDP、农民人均纯收入等。烤烟生产处于社会经济状况之下，尽管社会经济状况不直接影响烤烟生产，但通过农业基础设施的改善、农业投入水平的提高、农业劳动力就业等间接影响烤烟生产。改革开放以来，河南经济社会快速发展，1978年GDP仅为162.92亿元，到2005年GDP超过1万亿元，达到10 587.42亿元，2009年达到19 367.28亿元，继续保持中西部第一、全国第五的位次，2000年以来GDP增长速度保持在9%以上，产业结构也发生显著变化，第一产业比重由1978年的39.81%下降到2009的14.23%（图5-3）。

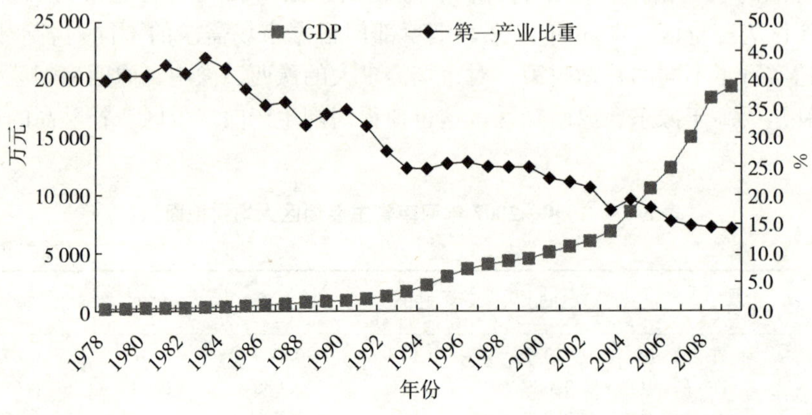

图5-3　1978—2009年河南省GDP总量和第一产业比重变化

从各产烟地市经济发展情况看，1990—2007年，人均GDP和农民人均收入都呈上升趋势，但地区之间发展不平衡。经济发展较快的郑州市2007年人均GDP 34 069元、农民人均收入6 594元，居各烟区首位，郑州是河南省省会，经济、交通比较发达，农民致富渠道多，城郊农业和都市农业发展迅速，如中牟的大蒜、西瓜，登封的旅游等，烤烟种植面积下滑速度快，目前仅剩登封种植烤烟。同时县域经济的差异也促使烤烟生产进一步向经济落后地区转移，豫西烟区洛阳、三门峡在人均GDP分别居第三、四位，但农民人均收入处于第五、六位，主要是受部分贫困县的影响，如植烟大县洛阳洛宁县、三门峡卢氏县等，经济落后，农民致富渠道少，烤烟种植是当地农民的主要经济收入来源，有较高的种植积极性。在豫中烟区（如平顶山郏县）、豫西南（南阳方城县、社旗县）和豫南烟区（驻马店泌阳县）也有类似的状况，烤烟种植逐步向经济落后、交通不便的丘陵山区转移（表5-8）。

表 5-8 1990—2007 年河南省各烟区人均 GDP 和农民人均收入

单位：元

地区		人均 GDP					农民人均收入				
		1990	1995	2000	2005	2007	1990	1995	2000	2005	2007
豫中烟区	许　昌	1 271	3 426	6 577	13 468	19 968	530	1 447	2 520	3 643	5 046
	平顶山	1 448	3 674	5 572	11 407	16 976	492	1 121	1 967	2 688	3 733
	漯　河	1 089	3 614	6 270	12 759	17 601	531	1 530	2 303	3 319	4 567
豫西烟区	洛　阳	1 316	4 107	6 825	17 383	25 120	439	1 040	1 976	2 903	4 038
	三门峡	1 599	4 333	7 416	15 124	23 201	537	1 183	2 161	2 935	4 033
	郑　州	2 118	6 499	11 227	25 474	34 069	692	1 555	2 912	4 774	6 594
	济　源	1 801	5 600	9 036	21 863	33 199		1 532	2 425	3 889	5 346
豫西南烟区	南　阳	929	2 999	4 963	9 826	13 814	487	1 124	1 889	2 894	4 014
豫南烟区	驻马店	744	2 046	3 373	6 010	8 665	449	1 086	1 905	2 486	3 410
	信　阳	725	1 962	3 383	6 476	10 539	450	1 056	1 916	2 707	3 737
豫东烟区	商　丘	710	2 157	3 600	6 879	10 014	438	980	1 815	2 346	3 248
	周　口	716	1 999	3 321	5 579	8 051	514	1 245	1 915	2 276	3 122

5.3.4 经济发展结构

尽管国家对烤烟种植实行严格的专卖管理，但农民种植烤烟与否却按照市场导向进行资源配置，经济发展的不平衡性是市场规律发挥作用的主要动因，其结果是烤烟种植从成本高的地区向低的地区转移，若烤烟种植得不到社会平均利润，生产要素就会向其他产业转移，反之亦然。区域经济发展的不平衡性主要取决于原有经济基础的发展水平，改革开放起步的时间及力度，自然条件和所处区位特点等。总体上说，河南省东部地区、中心城市经济圈、沿主要交通干线经济带经济发展较快。经济的不平衡发展，伴随着产业结构的不断调整，使地区间形成了明显的经济差距，土地、劳动力等生产要素成本拉开了距离，从而直接影响着烤烟生产区域布局的调整。

一是植烟土地让位于工业生产。在经济发达地区，土地需求量增加，土地费用提高。工业效益高于农业效益，土地资源在工业与农业间重新分配。植烟土地让位于工业生产，导致种烟面积减少规模收缩。二是种烟劳动力向二、三产业转移。在经济发达地区二、三产业快速发展，劳动力需求增加。二、三产业从业者收入高于种植烤烟，劳动力不断流向二、三产业，劳动力资源重新分配，使烤烟生产逐渐萎缩。三是种养业内部结构调整。农业种植饲养业结构多元化，受比较利益驱动，使土地、劳动力和资金在不同种养业之间重新分配。以种粮为主的地区，种烟收益高于种植粮食，烤烟生产发展比较稳固。但随着城乡消费需求增加和消费需求多元化，种养业多元化发展较快，一些种养业能够获得比种烟更好的经济效益，排挤了烤烟生产的发展。豫中地区许昌、漯河种植花木、蔬菜等其他经济作物收益高，农民寻求经济收益最大化，逐渐减少烤烟种植，烤烟生产规模出现收缩。豫西、豫西南烟区近年来中药材、小辣椒等烤烟种植竞争作物随市场需求上下波动，烤烟种植面积出现相反的趋势。

5.3.5 种烟机会成本

农业劳动力机会成本的差异也是导致烤烟生产区域分异的原因之一。近年来，我国东部沿海地区经济快速发展，2005 年东部地区乡镇企业职工的年平均工资达到 26 392 元，远高出中部的18 291元[164]。河南省是我国人口大省，近 1 亿人，其中农业人口约占 70%，劳动力资源十分丰富。近年来河南省大力开展劳务输出、发展劳务经济，2008 年农村劳动力转移就业总量达到2 155万人，约占农村劳动力的 1/3，实现劳务收入1 611亿元，农村劳动力转移总量稳居全国首位。外出务工成为农村家庭的主要收入来源和农民增收的重要途径，2008 年河南省农民人均纯收入4 454.24元，当年农村劳动力外出务工收入人均2 478元，占农村居民家庭人均纯收入的 55%以上，平均外出务工时间稳定在 10 个月，人均年劳务收入7 476元[165]。烤烟生产地区外出务工人员逐年增多，河南人口大市南阳、驻马店、信阳、商丘、周口等市农村劳动力转移就业总量均超过 200 万人。遂平家政、周口海燕技工、唐河保安、禹州电子、少林保安、汝阳保健、嵩县涉外劳务、鲁山绢花、鄢陵花工、郾城建筑等，已经成为市场认可、在全省乃至全国有着较高知名度的劳务品牌[166]。烟区劳动用工价格已由过去的 10～15 元/人·天上涨至 30 元/人·天以上，种烟机会成本明显增加，导致农户兼业化严重，农户逐渐轻视烤烟生产，对劳动力节约型的生产方式需求强烈，而烤烟生产环节多、技术复杂、用工量大，由此导致烤烟生产区域格局发生转变。

5.4 基于“钻石”模型的河南省烤烟集群发展分析

河南烟叶生产经过几十年的发展，尽管在全国的位次有所后移，但仍然是河南省的支柱产业之一，无论是在种植面积、产量、烟草加工，还是在农民增收、出口创汇等方面都取得了骄人的成绩。以下从钻石体系六个要素出发，分析河南烤烟产业集群的优势与不足。

5.4.1 生产要素分析

生产要素指一个国家在特定产业竞争中有关生产方面的表现，分为基本要素和高级要素。基本要素指人力资源和自然资源禀赋，高级要素指被创造出来的生产要素，包括知识资源、资本资源和基础设施。基本要素优势明显，资源禀赋丰富。首先表现为烟叶产区生态优越，适宜烤烟生长，河南省烟叶生产主要分布在黄河以南、京广线以西的山区和丘陵地带，纬度与美国北卡州相近，光、热、水资源适中，绝大部分土壤适宜种植烟叶，发展烟叶生产有着良好的自然生态条件。正是这种特殊的自然条件，造就了具有不可替代性的浓香型烟叶。其次，河南烤烟种植历史悠久，烟农具有较高的种植技术。基本要素方面的劣势主要表现为由于河南人多地少，人均耕地面积少，烤烟种植轮作倒茬难度较大，种植风险较大，另外烟农的整体文化与技术素质偏低。

在高级要素方面的优势是，河南省具有雄厚的科教力量：国家级烟草研究单位——中国烟草总公司郑州烟草研究院、河南农业大学国家烟草生理生化研究基地（烟草行业烟草栽培重点实验室），烟草工艺研究单位——郑州轻工业学院，烟草农业研究专门机构——河南省农业科学院烟草研究中心、国家级的培训机构——中国烟草总公司职工进修学院，省级培训机构——河南省烟草职工培训中心均地处河南。高级要素的劣势，首先是烤烟生产的基础设施落后，尽管经过 2005 年以来的烟叶生产基础设施建设，但总体上看烟区道路、机械、水利、烤房、基层烟站、仓库等设施陈旧，抵御自然灾害能力不够强等；其次虽有强大的科研机构支撑，但却存在农科教脱节的现象，重点科技成果少，而且大部分成果存在着“转化难”的问题，烟叶生产缺乏关键技术支撑，尤其是河南烟区一直缺乏一些优质、适产、抗逆性好的当家品种，这已经成为制约烟区发展的技术瓶颈；再次基层技术人员结构不合理，年龄偏大，知识老化。

5.4.2 需求条件分析

需求条件指本国市场对该项产业所提供产品或服务的需求如何。从国内烤烟市场发展状况看，河南浓香型烟叶需求潜力巨大，尤其是中式卷烟的提出，对卷烟减害降焦提出了新的要求，浓香型烟叶需求增长加速。河南省是全国烤烟的主产区之一，市场需求旺盛，为烤烟生产提供了巨大的市场。生活水平的提高，消费观念的变化，消费者对卷烟的质量、口感、香味、品种、特色等方面提出了更高的要求，烟叶需求以数量、优质为主转向以数量、特色为主。市场需求不仅仅满足于低层次的数量需求，而是追求多样化、高层次的需求。这就促使河南省在烤烟的种植、调制等方面进行科技创新，稳定规模、提高质量、突出特色。

5.4.3 相关与支持性产业分析

相关和支持性产业指某产业的相关产业和上游产业是否具有国际竞争力。烟叶产业从烤烟的种植到卷烟的生产，河南省烤烟生产在这两个环节上存在明显不足，主要问题是：①在选种和育种上存在差距，科技含量不高，彰显河南烟叶浓香型风格特色的品种少。目前种植的品种多是从国外、省外引进，自育的适合河南当地生态条件的品种少，严重制约了河南烟叶产量和质量的提高。②河南省已形成了较为完备的烟叶生产加工体系，原烟加工体系基本形成，但还缺乏有影响力的龙头企业带动，尤其是河南中烟采购河南烟叶数量大，近5万吨，但缺乏重点骨干品牌的拉动。

5.4.4 企业战略、企业结构和竞争分析

企业战略、结构和竞争指企业在一个国家的基础、组织和管理形态，以及国内市场竞争对手的表现。①河南省烤烟生产组织结构特点。首先，农户小规模家庭式经营是河南省当前烤烟生产的主要模式。烤烟生产基本上是分散在千家万户，年从事烤烟生产的烟农近 20 万人，10 多万户，平均每户经营 0.667 公顷，而且烟区分散。这种生产模式导致烟叶生产水平不高并且烟叶质量难以保证。其次，河南烤烟缺少龙头企业带动，河南中烟需求省内烟叶最多，但其大而不强，尽管浙江中烟、上海烟草集团等需求数量较多，但目前受产品结构的影响，需求数量有限。纵观国际上的烤烟生产大国，如美国、巴西，主要靠种植农场从事烤烟生产，其产品质量易于控制，日本虽然以农户经营为主，但组织化程度较高，由农户统一购置农业机械，统一防治病虫害，统一加工，协作性强。相比之下，河南省烤烟生产组织化和集约化程度较低，千家万户小生产与千变万化大市场形成矛盾，不利于整体竞争力的提升。②经营战略和竞争方式。河南烟叶产区还缺乏明确的战略目标与战略规划。首先，由于生产的组织化程度低，分散经营的烟农市场信息不灵，烤烟种植收购主要靠烟草企业；其次，烟叶收购有效管理不足，在保护烟农种烟积极性与提高烟叶收购质量方面摇摆不定，影响质量信誉，难以有效地实现区域品牌差异化战略。过度分散

和狭小的烤烟生产不仅不利于竞争力的提高，也阻碍了烤烟产业的发展。

5.4.5　机会与政府分析

机会是一个很重要的要素，作为竞争条件之一的机会，一般与产业所处的国家环境无关，也并非企业内部的能力，甚至不是政府所能影响。可能形成机会的情形主要有科技发明、市场变化、战争等。政府在创造和保持国家优势上扮演重要角色，但它的效果却是片面的。一个产业如果缺少基本的、具有竞争优势的环境，政策再好也是枉然。政府并不能控制国家竞争优势，它所能做的就是通过微妙的、观念性的政策影响竞争优势。

随着我国加入 WTO 和 WHO，尤其是中式卷烟的提出，河南烟叶市场仍有较大空间。豫西、豫中、豫西南烟区拥有丰富的烟叶资源、良好的生态环境、低廉的劳动力成本及较大规模的生产基地，从而造就了巨大的生产潜力和较强的竞争力。但从长远来看，随着国内卷烟市场逐渐饱和，上述初级生产要素的优势将逐渐弱化。烟草行业特殊的专卖管理体制，从上到下都设置了相关机构，配备了专业技术力量，为河南烤烟发展奠定了良好的基础，但随着河南省区域经济的快速发展，烟草税收在地方政府收入所占比重下降，政府对烤烟种植的重视程度将减弱。

5.5　本章小结

对河南烤烟区位移动及生产布局调整进行了分析，结果表明，不管是与其他烤烟生产省份相比，还是在省内与其他竞争作物相比，河南烤烟生产都具有较强的综合比较优势，但从近十年的发展趋势看比较优势正在不断丧失。从整体来看，河南省作为全国烤烟主产区之一，烤烟生产的比较优势有待加强。河南烤烟生产的效率比较优势不明显，也即土地生产率还不高，较高的综合比较优势主要靠规模来维持，由于烤烟生产受国家计划的制约，种植面积在近期内不会有大的增加，因此发挥河南烤烟生产综合比较优势必须依靠省内烤烟生产布局的调整和提高效率比较优势。河南省烤烟生产优势具有显著的地域差异，河南省烤烟生产的优势区主要分布在豫西烟区的三门峡、洛阳和济源，豫中烟区的平顶山、许昌和漯河以及豫西南烟区的南阳。豫中、豫东烟区效率比较优势高于规模比较优势，而豫西、豫西南烟区则相反，规模比较优势高的地区要以提高土地生产率为主，而效率比较优势高的地区要以提高烟叶质量为主。从烤烟产区移动的状况看，生产重点区域呈现由平原向丘陵山区、东部向中西部、经济发达地区向经济欠发达地区转移的态势。同时利用“钻石”模型，在生产要素、需求条件、相关与支持性产业、企业战略、企业结构和竞争、机会与政府等方面对河南省烤烟集群发展进行了分析，明确了河南烤烟生产发展的优势与劣势。

6　河南省烤烟生产比较效益与效率分析

烤烟生产面临着计划经济和市场经济的双重影响。当把国家制定的收购价格作为系统外因素时，烟农作为一个理性决策人，是否种植烤烟，从经济收益最大化的角度看，主要取决于种烟的机会成本，即烟农要将种植烤烟和种植其他农作物及从事非农就业的效益比较。农民种烟积极性过高或者过低都会对烤烟生产产生负面影响，将农民的种烟积极性控制在合理的水平是保持烟叶生产平稳发展的关键。农民种烟与否取决于种烟的比较效益，从深层次的原因还取决于烤烟种植的生产效率，取决于烤烟种植的生产投入和产出。本章通过对省际、县际间以及烤烟与主要竞争作物的成本收益分析，同时对其生产效率进行测算，分析技术效率组成、变化趋势及改进途径。本章数据来源于1984—2009年《全国农产品成本收益资料汇编》和2005—2007年《河南省农产品生产成本与收益调查资料汇编》。

6.1　河南省烤烟生产成本收益分析

6.1.1　不同产区（省、市）烤烟生产成本收益分析

烤烟生产的成本收益变动会受到烤烟产量、总成本（包括生产成本和土地成本）、出售价格、补贴收入等因素的共同影响。为了消除年际间烤烟种植成本收益变动的影响，比较中采用2005—2007年3年的平均数（表6-1），从全国17个1.5万吨以上的产烟省市看，每亩*烤烟的产量最高为山东、176.43千克，最低为贵州、114.87千克，河南居第14位、128.77千克（从高到低）；总成本最高为湖南、1 723.29元，最低为黑龙江、754.59元，河南仍居第14位、1 133.76元（包括生产成本和土地成本均居第15位）；平均出售价格最高为湖南、585.69元/50千克，最低为黑龙江，393.73元/50千克，河南居第11位、499.45元/50千克；补贴收入最高为山东、487.55元，最低为吉林、36.91元，河南居第15位、132.46元；产值合计最高为湖南、1 800.36元，

* 亩为非法定计量单位，1亩=1/15公顷。

最低为重庆、1 098.63元，河南居第12位、1 290.40元；成本利润率最高为安徽、29.48%，最低为广东、－11.33%，河南居第4位、14.32%。河南烤烟种植和其他产烟省市相比，产量较低，出售价格较低（2005—2007年河南烟区除三门峡、洛阳两市为二价区外均为三价区），生产补贴收入也处于较低的水平，从烤烟种植的总成本看，生产成本占主导，河南烤烟种植生产成本低于全国多数烟叶产区，因此河南烤烟生产净利润较高，居第7位，现金收益较高，成本利润率也较高。

表6-1　2005—2007年3年平均我国烤烟产区烤烟生产每亩成本收益情况

单位：元、元/50千克

地区	主产品产量	产值合计	总成本	生产成本	土地成本	净利润	现金成本	现金收益	成本利润率	平均出售价格	补贴收入
平均	135.27	1 421.93	1 343.52	1 244.63	98.89	78.41	635.88	786.05	6.03	523.51	168.11
辽宁	159.83	1 387.74	1 276.07	1 140.45	135.62	111.67	745.12	642.62	8.14	428.96	156.88
吉林	154.40	1 283.40	1 080.51	906.41	174.09	202.89	694.19	589.20	17.05	409.45	36.91
黑龙江	151.33	1 201.55	914.67	754.59	160.08	286.88	548.03	653.52	31.39	393.73	95.46
安徽	156.93	1 732.43	1 375.70	1 273.77	101.93	356.73	759.35	973.08	29.48	544.86	234.74
福建	132.03	1 511.86	1 477.38	1 359.18	118.20	34.48	855.31	656.55	2.15	571.03	218.96
江西	136.57	1 545.97	1 365.74	1 278.93	86.82	180.23	673.80	872.18	12.62	559.26	217.13
山东	176.43	1 774.29	1 600.41	1 480.56	119.85	173.89	877.64	896.65	11.50	500.33	487.55
河南	128.77	1 290.40	1 133.75	1 059.55	74.20	156.66	403.85	886.55	14.32	499.45	132.46
湖北	124.30	1 229.35	1 327.38	1 241.80	85.57	－98.02	628.62	600.74	－6.73	495.77	222.57
湖南	153.77	1 800.86	1 723.29	1 609.97	113.32	77.57	931.88	868.99	4.43	585.69	263.02
广东	134.13	1 486.78	1 670.21	1 448.26	221.95	－183.43	811.11	675.67	－11.33	550.78	287.67
广西	131.67	1 486.76	1 338.56	1 172.67	165.89	148.20	690.65	796.11	11.64	563.29	223.83
重庆	119.57	1 098.63	1 140.30	1 109.18	31.12	－41.68	565.81	532.82	－2.87	457.69	201.05
四川	130.37	1 276.63	993.80	942.75	51.05	282.83	446.02	830.61	28.38	491.19	239.16
贵州	114.87	1 149.26	1 150.09	1 106.23	43.86	－0.83	517.03	632.23	0.03	499.47	124.20
云南	139.57	1 580.66	1 507.45	1 380.52	126.93	73.22	677.72	902.94	4.98	562.73	123.82
陕西	123.17	1 111.13	1 082.09	1 026.17	55.92	29.04	522.57	588.56	4.70	448.02	134.58

生产成本＝物质与服务费用＋人工成本，其中物质与服务费用是指在直接生产过程中消耗的各种农业生产资料的费用、购买各项服务的支出以及与生产相关的其他实物或现金支出，包括直接费用和间接费用两部分；人工成本是指生产过程中直接使用的劳动力成本，包括家庭用工折价和雇工费用两部分。与全国其他产区相比，河南烤烟生产物质与服务费用最低，居第17位、396.36元，最高为湖南、834.95元，由于间接费用占比例较小，直接费用也居全国第16位、377.96元；从用工数量上看，河南烤烟种植用工数量较多，居第5

位、39.19 日，云南、湖南、广东和山东超过河南，从雇工天数看，河南仅为 0.3 日，居全国第 17 位，雇工费用低，河南烤烟生产主要以家庭劳动力为主进行生产。目前我国家庭用工折价按全国统一折价，而且和雇工工价相差较多，全国平均相差近 10 元/日，河南省经济社会发展在全国相对落后，也相差 3.55 元/日，家庭劳动日工价被明显低估，如果家庭劳动日用工和雇工工价统一或者增加家庭劳动日工价，则像河南省这样烤烟种植用工数量较多的地区人工成本将大幅增加，相应净利润和成本利润率将显著下降（表 6-2）。

表 6-2 2005—2007 年 3 年平均我国烤烟产区烤烟生产每亩费用和用工情况

单位：元、日

地区	物质与服务费用	直接费用	间接费用	人工成本	用工数量	家庭用工折价	家庭用工天数	劳动日工价	雇工费用	雇工天数	雇工工价
平均	571.19	531.84	39.35	673.44	38.68	620.10	36.69	16.97	53.34	1.9	26.06
辽宁	522.22	486.35	35.87	618.23	31.95	413.12	24.40	16.97	205.11	7.54	27.13
吉林	519.02	493.52	25.50	387.39	19.59	254.05	15.11	16.97	133.34	4.48	28.16
黑龙江	402.58	371.36	31.21	352.02	17.64	228.06	13.44	16.97	123.95	4.20	29.88
安徽	674.66	634.11	40.55	599.11	33.97	520.09	30.74	16.97	103.94	3.23	33.61
福建	690.30	653.97	36.32	668.88	35.97	531.72	31.52	16.97	137.17	4.45	29.73
江西	652.47	619.28	33.19	626.46	36.73	616.14	36.35	16.97	10.32	0.38	27.61
山东	761.46	712.73	48.73	719.10	41.62	673.70	39.65	16.97	45.40	1.97	23.52
河南	396.36	377.97	18.39	663.18	39.19	656.45	38.89	16.97	6.73	0.30	20.52
湖北	549.41	506.72	42.69	692.40	38.80	618.68	36.56	16.97	73.72	2.24	31.76
湖南	834.95	767.90	67.06	775.02	43.68	698.11	41.43	16.97	76.90	2.25	32.55
广东	701.23	664.83	36.40	747.02	42.67	685.68	40.53	16.97	61.34	2.14	26.28
广西	555.07	518.66	36.41	617.60	33.99	496.78	29.09	16.97	120.82	4.90	24.51
重庆	499.73	461.41	38.32	609.45	34.10	546.85	32.10	16.97	62.60	2.00	31.66
四川	423.93	394.15	29.78	518.82	30.03	501.99	29.47	16.97	16.83	0.56	26.80
贵州	471.59	437.55	34.05	634.64	36.75	590.60	34.89	16.97	44.04	1.85	23.72
云南	634.98	588.59	46.39	745.54	43.71	710.97	42.16	16.97	34.57	1.55	21.82
陕西	422.04	392.23	29.81	604.12	33.91	505.94	29.76	16.97	98.19	4.15	22.74

6.1.2 河南省代表产烟县烤烟生产成本收益分析

从 2005—2007 年 3 年平均河南省代表产烟县烤烟生产每亩成本收益情况看（表 6-3），全省主产品产量为 128.80 千克，单产由大到小的顺序是襄城>郸城>许昌>宜阳>柘城>邓州>渑池>卢氏，豫中烟区的襄城、许昌和豫东烟区郸城、柘城单产较高，豫西南烟区邓州其次，豫西烟区宜阳高于渑池、卢氏；平均出售价格全省平均 500.70 元/50 千克，宜阳最高 603.75 元/50 千克，许昌最低仅 348.78 元/50 千克，其他各县介于二者之间；补贴收入各县差距较大，全省平均132.68元，最高为渑池281.53元，最低为宜阳82.63元；总成本柘城＞渑池＞宜阳＞邓州＞襄城＞卢氏＞郸城＞许昌；成本利润率襄城＞宜阳＞郸城＞许昌＞柘城＞邓州＞卢氏＞渑池，豫中烟区的襄城、许昌，豫西烟区的宜阳和豫东烟区的郸城成本利润率高于全省平均水平，尤其是卢氏、渑池成本利润率为负，主要原因是两县烤烟单产过低，不足100千克，尽管三门峡烟区为二价区，但出售价格低于部分三价区，而总成本尤其是生产成本并不低，如渑池在8个县中居第2位。成本收益的分析表明，平原烟区因为单产较高、生产成本较低，净利润较高，而部分丘陵烟区因为具有价格优势，加上适度的补贴和较高的单产，净利润也较高，如果丘陵山区单产过低，即便有价格优势和较高的补贴，净利润仍较低。

表6-3　2005—2007年平均河南省代表产烟县烤烟生产每亩成本收益情况

单位：千克、元、元/50千克

地区	主产品产量	产值合计	总成本	生产成本	土地成本	净利润	现金成本	现金收益	成本利润率	平均出售价格	补贴收入
河南	128.80	1 293.58	994.24	952.92	74.65	299.35	405.01	888.58	30.96	500.70	132.58
宜阳	136.63	1 659.89	1 054.88	1 001.55	53.33	605.00	394.53	1 265.36	58.95	603.75	82.63
渑池	98.27	823.32	1 079.43	1 007.76	71.67	−256.11	382.51	440.81	−22.68	411.23	281.53
卢氏	92.43	873.26	922.84	849.51	73.33	−49.58	373.18	500.08	−6.29	464.00	149.15
许昌	145.17	1 005.80	740.29	675.29	65.00	265.52	312.48	693.33	40.70	348.78	79.60
襄城	153.83	1 659.78	984.53	900.58	83.96	675.25	442.62	1 217.16	71.52	547.93	132.19
邓州	114.37	1 278.89	1 040.95	947.62	93.33	237.94	395.57	883.33	23.40	558.00	127.03
柘城	134.63	1 419.66	1 174.09	1 090.76	83.33	245.57	566.65	853.02	27.73	527.14	178.33
郸城	145.43	1 343.41	894.09	821.59	72.50	449.32	410.53	932.88	53.97	479.15	127.83

表6-4　2005—2007年3年平均河南省代表产烟县烤烟生产每亩费用和用工情况

单位：元、日

地区	物质与服务费用	直接费用	间接费用	人工成本	用工数量	家庭用工折价	家庭用工天数	劳动日工价	雇工费用	雇工天数	雇工工价
河南	397.42	378.97	18.45	522.17	39.34	515.34	38.89	13.33	6.83	0.31	20.46
宜阳	394.53	374.25	20.28	607.02	48.33	607.02	48.37	13.33	0.00	0.00	23.33
渑池	376.22	351.06	25.15	631.55	46.17	625.25	45.83	13.33	6.30	0.31	18.75
卢氏	373.18	355.39	17.78	476.33	39.22	476.33	39.08	13.33	0.00	0.00	24.81
许昌	312.48	301.65	10.82	362.81	25.09	362.81	24.96	13.33	0.00	0.00	18.33
襄城	440.51	422.41	18.10	460.07	35.42	460.07	35.47	13.33	0.00	0.00	22.67
邓州	382.88	362.47	20.41	564.74	40.26	554.55	39.83	13.33	10.19	0.41	21.02
柘城	566.65	550.91	15.74	524.11	46.40	524.11	46.27	13.33	0.00	0.00	18.33
郸城	410.53	395.77	14.76	411.05	33.70	311.05	34.04	13.33	0.00	0.00	12.07

从表 6-4 可以看出，每亩烤烟生产物质与服务费用，柘城、襄城、郸城高于全省平均水平，宜阳、渑池、卢氏、许昌低于全省平均水平，直接费用由于占比例较低，与总物质与服务费用排序一致，而间接费用呈现渑池、邓州、宜阳高于全省平均水平，间接费用主要是销售费用，丘陵山区销售费用较高，这也与烟叶收购站点的设置有关；从用工数量上看，宜阳、柘城、渑池、邓州高于全省平均水平，卢氏、襄城、郸城、许昌低于平均水平，从总体上看，丘陵山区因不便于机械化操作用工数量较多，而平原烟区机械化程度相对较高用工数量较少；从雇工天数看，河南烤烟生产主要以家庭为单位进行生产。

比较表 6-4 和表 6-2 可以发现，全国与河南省烤烟生产成本与收益调查家庭劳动日工价不尽相同，全国 3 年平均为 16.97 元/日，而河南省为 13.33 元。如果按全国的家庭劳动日工价 16.97 元/日测算，则各代表种烟县的成本收益排序将发生一些变化，由于人工成本的增加导致生产成本的增加进而导致总成本的增加，净利润和成本利润率也相应下降，河南省平均成本利润率 30.96%→13.59%。各县情况如下：襄城 71.52%→47.35%、宜阳 58.95%→30.83%、郸城 53.97%→26.65%、许昌 40.70%→25.56%、邓州 27.73%→10.03%、柘城 23.4%→−1.08%、卢氏 −6.29%→−21.31%、渑池−22.68%→−33.17%。如果家庭用工折价和雇工作价一致，则人工成本将大幅增加，相应净利润和成本利润率还将进一步下降。由此可见，随着农村经济社会的快速发展，烟农种烟的机会成本不断增加，在目前烤烟种植的技术和政策状况下，机会成本的大幅攀升是影响烟农种烟与否和比较效益提高的最主要因素之一。

6.1.3 河南省代表产烟县烤烟与主要竞争作物成本收益分析

河南省是我国粮食主产区，主要轮作方式是冬小麦—夏玉米→冬小麦—夏玉米；冬小麦—大豆→冬小麦—大豆；冬小麦/棉花→冬小麦/棉花（—表示年内复种，→表示隔年，/表示套种，‖表示间作）。与烤烟生产相关的复种方式主要是烤烟单作或冬小麦/烤烟或烤烟‖红薯-小麦。烤烟种植的比较效益不能只和单作的小麦、玉米、棉花、大豆比，而应当在与单季作物相比的同时，考虑烟区主要农作物的复种方式。凡是与烤烟生长期重叠或接近，并且会对烤烟生长产生一定的耕地竞争压力的作用，可以称之为烤烟的竞争作物，由此可见冬小麦、夏玉米、大豆、棉花等作物均是烤烟的竞争作物（图 6-1）。

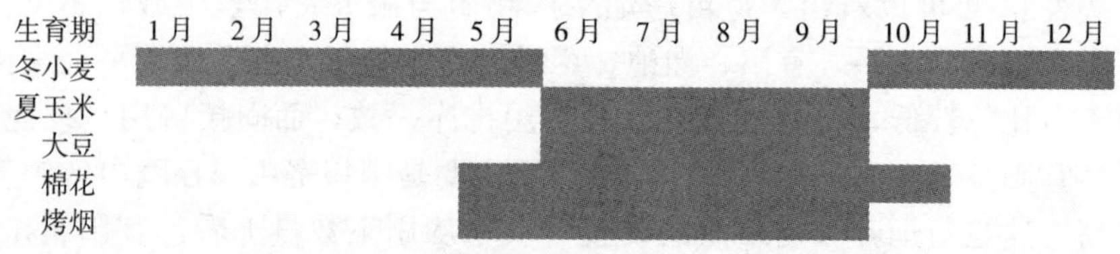

图 6-1　河南烟区内烤烟及其竞争作物生长期比较

正是因为作物种植的比较效益离不开复种方式，因此在比较烤烟种植比较效益时选取河南省种烟县中典型县进行比较效益分析，对于无法得到代表种烟县红薯等其他作物的成本收益数据，只对烤烟种植的主要农作物按照复种方式进行分析。对小麦/棉花（常用三一、六二式）和小麦/烤烟（常用三一式）按照所占耕地面积对成本收益数据进行折算。从表 6-5 可以看出，从全省平均水平看，就每亩单季作物而言，烤烟生产的总成本最高，达 994.24 元，净利润不及棉花，成本利润率最低，但烤烟生产的现金收益最高，达到 888.58 元。烤烟种植现金收益高的原因与烤烟种植补贴较高有关，种烟补贴约是种植其他作物的 10 倍；若将烤烟单作、小麦/烤烟与小麦—玉米、小麦—大豆、小麦/棉花相比，则小麦/烤烟总成本最高，烤烟单作次之，净利润以小麦—玉米最高，达 470.31 元，成本利润率也以小麦—玉米最高，达 71.11%，现金收益仍以小麦/烤烟最高，达1 005.36元。

表 6-5　2005—2007 年 3 年平均河南省代表产烟县

烤烟及竞争作物生产每亩成本收益情况

单位：千克、元、元/50 千克

地区	复种方式	主产品产量	产值合计	总成本	生产成本	土地成本	净利润	现金成本	现金收益	成本利润率	平均出售价格	补贴收入
河南	小麦	385.50	569.24	362.58	293.29	69.29	206.66	218.90	350.34	57.00	71.25	13.78
	玉米	399.40	562.48	298.82	231.16	67.66	263.65	137.38	425.10	88.23	67.76	13.88
	大豆	117.00	378.85	205.88	141.31	64.57	172.98	76.05	302.80	84.02	156.74	13.57
	棉花	65.97	1 049.66	679.89	613.28	66.61	369.78	226.31	823.35	54.39	658.18	15.93
	烤烟	128.80	1 293.58	994.24	952.92	74.65	299.35	405.01	888.58	30.11	500.70	132.58
	小麦—玉米	784.90	1 131.72	661.41	524.46	136.95	470.31	356.28	775.44	71.11		27.65
	小麦—大豆	502.50	948.09	568.46	434.60	133.86	379.63	294.96	653.14	66.78		27.35
	小麦—棉花		1 277.36	824.92	730.59	94.33	452.44	313.87	963.49	54.85		29.71
	小麦—烤烟		1 483.33	1 115.10	1 050.69	97.74	368.23	477.97	1 005.36	33.02		146.36

（续）

地区	复种方式	主产品产量	产值合计	总成本	生产成本	土地成本	净利润	现金成本	现金收益	成本利润率	平均出售价格	补贴收入
宜阳	小麦	260.73	393.49	320.47	260.47	60.00	73.02	181.27	212.22	22.79	74.19	13.20
	玉米	253.20	369.21	226.36	208.95	50.74	109.52	113.79	255.42	48.38	69.32	13.20
	烤烟	136.63	1 659.89	1054.88	1 001.55	53.33	605.00	394.53	1 265.36	57.35	603.75	82.63
	小麦—玉米	513.93	762.70	546.82	469.42	110.74	182.54	295.06	467.64	33.38		26.40
襄城	小麦	379.70	559.33	405.41	322.36	83.05	153.93	248.42	310.91	37.97	70.66	14.69
	玉米	423.93	601.42	278.39	192.05	86.33	323.03	100.26	501.16	116.04	68.27	14.69
	大豆	131.13	418.63	187.07	100.73	86.33	231.56	42.23	376.40	123.78	155.87	14.69
	烤烟	153.83	1 659.78	984.53	900.58	83.96	675.25	442.62	1 217.16	68.59	547.93	132.19
	小麦—玉米	803.63	1 160.75	683.79	514.41	169.38	476.96	348.68	812.07	69.75		29.37
	小麦—大豆	510.83	977.96	592.47	423.09	169.38	385.49	290.65	687.31	65.06		29.37
	小麦—烤烟		1 846.23	1 119.67	1 008.03	111.64	726.56	525.43	1 320.80	64.89		146.87
邓州	小麦	327.10	472.65	373.99	308.25	65.74	75.22	190.61	241.21	20.11	70.27	12.87
	玉米	351.90	498.29	305.64	235.64	70.00	192.65	150.33	347.96	63.03	69.16	12.87
	大豆	128.20	458.28	247.75	181.08	66.67	210.53	117.43	340.85	84.98	175.16	12.87
	棉花	85.73	1 335.19	769.00	710.29	58.71	566.19	243.86	1 091.33	73.63	659.48	15.30
	烤烟	114.37	1 278.89	1 040.95	947.62	93.33	237.94	395.57	883.33	22.86	558.00	127.03
	小麦—玉米	679.00	970.94	679.63	543.89	135.74	267.88	340.94	589.17	39.41		25.73
	小麦—大豆	455.30	930.93	621.74	489.33	132.41	285.75	308.04	582.06	45.96		25.73
	小麦—棉花		1 524.25	918.60	833.59	85.00	596.28	320.10	1 187.81	64.91		28.17
	小麦—烤烟		1 436.44	1 165.62	1 050.37	115.25	263.01	459.10	963.73	22.56		139.90
郸城	小麦	381.27	535.09	381.95	310.71	71.23	153.14	230.08	305.01	40.09	69.34	13.71
	玉米	402.80	531.58	310.72	241.38	69.34	220.86	168.55	363.03	71.08	65.47	13.71
	大豆	109.87	347.77	233.97	165.55	68.43	104.79	90.64	248.13	44.79	152.68	13.71
	棉花	60.10	963.47	766.61	695.45	71.17	196.86	260.42	703.05	25.68	647.97	16.04
	烤烟	145.43	1 343.41	894.09	821.59	72.50	449.32	410.53	932.88	50.26	479.15	127.83
	小麦—玉米	784.07	1 066.67	692.67	552.09	140.58	374.00	398.62	668.04	53.99		27.41
	小麦—大豆	491.13	882.85	615.92	476.26	139.66	257.93	320.71	553.14	41.88		27.41
	小麦—棉花		1 177.51	919.39	819.73	99.66	258.12	352.45	825.06	28.07		29.75

宜阳、襄城、邓州和郸城分别代表着河南省豫西、豫中、豫西南和豫东烟区，豫南烟区因为除烤烟外其他作物成本收益数据无法获得，在此不予比较。

地处豫西的宜阳是洛阳烟区的主产县之一，粮食作物主要复种方式是小麦—玉米，烤烟种植为一年一熟，两者相比，烤烟种植总成本、生产成本高，烤烟单产、平均出售价格较高，净利润烤烟单作达到605元，由于小麦、玉米产量较低、出售价格也较低，小麦—玉米复种净利润仅为182.54元，成本利润率烤烟单作也较高。地处豫中烟区的襄城是我国烤烟三大发源地之一，粮食作物主要复种方式是小麦—玉米或小麦—大豆，烤烟种植以单作或小麦/烤烟方式为主，与其他复种方式相比，小麦/烤烟总成本、产值均最高，分别达1 119.67元和1 846.23元，烤烟单作次之，分别为984.53元、1 659.78元，净利润、现金收益以小麦/烤烟和烤烟单作较高，但成本利润率仍低于小麦—玉米。地处豫西南烟区的邓州在20世纪80年代一度曾是南阳的主产烟叶县级市，多数年份在2万吨以上，目前总产量不断下滑，不足0.5万吨，该市农作物主要复种方式是小麦—玉米、小麦—大豆、小麦/棉花、小麦/烤烟等，与其他复种方式相比，小麦/烤烟总成本最高，达1 165.62元，但产值为小麦/棉花最高，达1 524.25元，烤烟单作的总成本、产值处于二者之间，净利润、现金收益、成本利润率以小麦/棉花最高。郸城地处豫东烟区，该市农作物主要复种方式是小麦—玉米、小麦—大豆、小麦/棉花等，与其他复种方式相比，烤烟单作总成本894.09元，不及小麦/棉花，但产值为烤烟单作最高，达1 343.41元，净利润和现金收益也以烤烟单作最高，分别为449.32元、932.88元，但成本利润率以小麦/玉米最高，达57.79%。

从以上数据可以看出，小麦/烤烟尽管总成本较高，但产值、净利润也高，相应成本利润率也较高，该种复种方式可以减轻病毒的传播机会，解决烟粮争地的矛盾，增加综合效益。但小麦/烤烟模式麦烟共生期约一个月，存在麦烟争光、争水、争肥等矛盾，对烟叶产量、内在质量和上中等烟比例都有不利影响，此类烟叶不受工业企业的欢迎。另外从每亩的补贴收入看，由于烤烟种植烟草部门补贴较政府粮食补贴高，而烟草部门补贴以烟用物资为主，减少了烟农种植烤烟的物质投入费用，这也是烟农愿意从事烤烟种植的原因之一。

从表6-6可以看出，就全省平均水平而言，每亩以烤烟生产的物质与服务费用最高，达397.42元，以直接费用为主，烤烟种植用工数量多于种植其他竞争作物，烤烟为39.34日，而小麦—玉米、小麦—大豆仅为13.03日、10.85日，即便是小麦/棉花用工较多，为30.45日也低于烤烟，小麦/烤烟则物质与服务费用、用工数量而稍有增加。从四个代表产烟县情况看，烤烟单作或小麦/烤烟的物质与服务费用均高于其他复种方式，用工数量也最多。河南省农产品生产成本与收益调查家庭劳动工价按3年平均13.33元/日计算，低于全国3年平均为16.97元/日，如果按全国的家庭劳动日工价测算，由于烤烟生产用工数量多于种植其他作物，人工成本则显著增加，则净利润和成本利润率也相应下降，而且以烤烟种植下降幅度最大。全省平均烤烟30.11%→13.59%，小麦—玉米71.11%→59.29%，小麦—大豆66.78%→50.12%，小麦/棉花54.85%→36.82%，小麦/烤烟33.02%→－12.73%；宜阳烤烟57.35%→30.83%，小麦—玉米33.38%→21.21%；襄城烤烟68.59%→47.35%，小麦—玉米69.75%→58.54%，小麦—大豆65.06%→54.68%，小麦/烤烟64.89%→36.40%；邓州烤烟22.86%→10.02%，小麦—玉米39.41%→33.38%，小麦—大豆45.96%→40.45%，小麦/棉花64.91%→60.68%，小麦/烤烟22.56%→10.93%；郸城烤烟50.26%→26.66%，小麦—玉米59.79%→44.81%，小麦—大豆30.15%→33.72%，小麦/棉花28.07%→17.28%。与省际、县际间比较一样，如果家庭用工折价和雇工作价一致，则人工成本将大幅增加，相应净利润和成本利润率还将进一步下降。

表6-6 2005—2007年3年平均河南省代表产烟县烤烟及竞争作物生产每亩费用和用工情况

单位：元、日

地区	复种方式	物质与服务费用	直接费用	间接费用	人工成本	用工数量	家庭用工折价	家庭用工天数	劳动日工价	雇工费用	雇工天数	雇工工价
河南	小麦	216.00	214.76	1.21	77.29	5.84	75.59	5.76	13.33	1.70	0.08	20.26
	玉米	136.04	134.43	1.60	95.13	7.19	95.05	7.19	13.33	0.08	0.00	22.19
	大豆	74.43	73.22	1.20	66.88	5.01	65.69	4.95	13.33	1.19	0.06	18.67
	棉花	201.84	197.66	4.18	367.40	28.11	366.93	27.42	13.33	0.47	0.02	18.85
	烤烟	397.42	378.97	18.45	522.17	39.34	515.34	38.89	13.33	6.83	0.31	20.46
	小麦—玉米	352.04	349.19	2.81	172.42	13.03	170.64	12.95	13.33	1.78	0.08	21.22
	小麦—大豆	290.43	287.98	2.41	144.17	10.85	141.28	10.71	13.33	2.89	0.14	19.46
	小麦—棉花	288.24	283.56	4.66	398.31	30.45	397.17	29.73	13.33	1.15	0.06	19.56
	小麦—烤烟	469.42	450.56	18.85	547.93	41.29	540.54	40.81	13.33	7.40	0.33	20.36
宜阳	小麦	176.97	176.28	0.69	83.49	6.15	79.20	5.96	13.33	4.30	0.18	18.56
	玉米	113.79	110.22	3.57	95.16	7.20	95.16	7.20	13.33	0.00	0.00	23.33
	烤烟	394.53	374.25	20.28	607.02	48.33	607.02	48.37	13.33	0.00	0.00	23.33
	小麦—玉米	290.76	286.50	4.26	178.66	13.35	174.36	13.17	13.33	4.30	0.18	20.95

（续）

地区	复种方式	物质与服务费用	直接费用	间接费用	人工成本	用工数量	家庭用工折价	家庭用工天数	劳动日工价	雇工费用	雇工天数	雇工工价
襄城	小麦	246.08	245.05	0.70	76.28	5.83	76.28	5.83	13.33	0.00	0.00	22.67
	玉米	100.26	100.26	0.00	91.79	6.92	91.79	6.92	13.33	0.00	0.00	22.56
	大豆	40.98	40.98	0.00	59.75	4.53	59.75	4.53	13.33	0.00	0.00	22.67
	烤烟	440.51	422.41	18.10	460.07	35.42	460.07	35.47	13.33	0.00	0.00	22.67
	小麦—玉米	346.34	345.31	0.70	168.07	12.75	168.07	12.75	13.33	0.00	0.00	22.61
	小麦—大豆	287.06	286.03	0.70	136.03	10.36	136.03	10.36	13.33	0.00	0.00	22.67
	小麦—烤烟	522.53	504.09	18.33	485.50	37.37	485.50	37.41	13.33	0.00	0.00	22.67
邓州	小麦	220.70	216.99	6.04	87.55	6.46	78.99	6.03	13.33	8.89	0.43	21.06
	玉米	146.94	138.12	6.41	88.70	6.68	88.70	6.68	13.33	0.00	0.00	20.93
	大豆	114.18	109.01	5.18	66.91	4.97	66.91	4.97	13.33	0.00	0.00	21.00
	棉花	212.19	199.34	12.85	413.14	34.06	411.43	30.46	13.33	1.70	0.09	19.88
	烤烟	382.88	362.47	20.41	564.74	40.26	554.55	39.83	13.33	10.19	0.41	21.02
	小麦—玉米	367.64	355.12	12.45	176.25	13.14	167.69	12.71	13.33	8.89	0.43	21.00
	小麦—大豆	334.88	326.00	11.22	154.45	11.42	145.89	11.00	13.33	8.89	0.43	21.03
	小麦—棉花	300.47	286.14	15.26	448.16	36.65	443.03	32.88	13.33	5.26	0.26	20.47
	小麦—烤烟	456.45	434.80	22.43	593.92	42.41	580.88	41.84	13.33	13.15	0.55	21.04
郸城	小麦	230.08	226.69	3.39	80.64	6.07	80.64	6.07	13.33	0.00	0.00	17.67
	玉米	168.55	165.62	2.93	72.83	5.56	72.83	5.56	13.33	0.00	0.00	16.67
	大豆	90.64	86.91	3.72	74.91	5.71	74.91	5.71	13.33	0.00	0.00	15.07
	棉花	237.42	233.02	4.40	420.81	31.45	420.81	31.45	13.33	0.00	0.00	16.33
	烤烟	410.53	395.77	14.76	411.05	33.70	311.05	34.04	13.33	0.00	0.00	12.07
	小麦—玉米	398.62	392.31	6.31	153.47	11.63	153.47	11.63	13.33	0.00	0.00	15.87
	小麦—大豆	320.71	313.60	7.11	155.55	11.78	155.55	11.78	13.33	0.00	0.00	15.70
	小麦—棉花	329.45	323.70	5.75	453.06	33.87	453.06	33.88	13.33	0.00	0.00	16.50

6.2 河南省烤烟生产效率分析

6.2.1 指标选择与数据来源

根据烤烟生产每亩成本收益数据，为减少指标间的相关性，将化肥费用与农家肥费用合并为“肥料费”，为排除不同年份价格变化的影响（不考虑不同地区价格变化），尽量采用实物量指标。如烤烟的主产品产量（千克）、劳动力投入（标准工日）选用数量指标。而种子费、肥料费、农药费、农膜费、租赁作业费与燃料动力费是已剔除价格指数变化的价值量（元），其中租赁作业费包含三项费用，即机械作业费、畜力费与排灌费。分析所选择的投入指标为7个：劳动力量、肥料费、租赁作业费、燃料动力费、种子费、农药费、农膜费，产出指标为一个：烤烟主产品产量。

为消除气候变化等不确定因素所带来的数据不稳定影响，选取2005—2007年3年投入与产出数据的平均值，运用DEAP2.1软件进行分析。首先将河南省与全国主产烟省份的烤烟生产效率进行比较分析，然后再针对河南省内有代表性的产烟县进行生产效率比较分析。

6.2.2 河南省烤烟与主产烟省份生产效率比较分析

为考察河南省烤烟种植的生产效率状况，将河南省与全国烤烟种植省份的投入产出效率进行对比，选择基于投入的可变规模报酬模型，可以得到各地区的综合技术效率 TE_{CRS}、技术效率 TE_{VRS}、规模效率SE的量值。分析结果见表6-7，从中可以看出，吉林、黑龙江、重庆、四川、贵州、陕西6个产烟省是烤烟生产是有效率的省份，其综合技术效率、技术效率及规模效率均为1，其余11个省生产效率较低，其中江西、云南、福建3省的生产效率在全国平均水平以下。辽宁、山东、安徽3省技术效率为有效率，但由于规模效率较低，导致综合技术效率无效率。广东省为规模效率有效率，已经处于规模经济阶段，但由于技术效率较低，导致综合技术效率处于无效率状态。

表6-7 全国各地区烤烟生产综合技术效率及其构成变化

地区	综合技术效率 TEcrs	技术效率 TEvrs	规模效率 SE	规模报酬阶段
吉　林	1	1	1	不变
黑龙江	1	1	1	不变
重　庆	1	1	1	不变
四　川	1	1	1	不变
贵　州	1	1	1	不变
陕　西	1	1	1	不变
辽　宁	0.971	1	0.971	递减
广　西	0.897	0.961	0.933	递增
河　南	0.885	0.912	0.971	递增
湖　南	0.885	0.977	0.906	递减
山　东	0.879	1	0.879	递减

（续）

地区	综合技术效率 TEcrs	技术效率 TEvrs	规模效率 SE	规模报酬阶段
安徽	0.871	1	0.871	递减
湖北	0.851	0.952	0.894	递增
广东	0.796	0.796	1	不变
江西	0.768	0.841	0.913	递增
云南	0.719	0.764	0.941	递增
福建	0.713	0.759	0.94	递增
全国平均	0.782	0.803	0.974	递增
效率平均	0.896	0.935	0.958	

河南省烤烟生产的综合技术效率、技术效率与规模效率均处于无效率状态，综合技术效率值为0.885，在全国排名第10位；技术效率值为0.912，在全国排名第14位；规模效率为0.971，在全国排名第11位，目前的生产还处于规模报酬递增阶段，应该进一步扩大生产规模，有利于效率的进一步提高。

河南省烤烟生产技术效率的提高要考虑两个方面，一是将该决策单元(DAU）移至其在生产前沿面上的投影点，称为投影调整。例如，河南省纯技术效率为0.912，表明效率损失为8.8%，由于本章分析是基于投入最小化的DEA分析，则应将各项投入同时缩减为原投入值的91.2%，这时，河南省烤烟生产处于其在生产前沿面的投影点上。二是松弛量的调整。在多投入多产出模型中，容易产生投入或产出松弛，如果某投入要素存在松弛，说明存在投入冗余，需要减去相应的松弛量；如果产出存在松弛，说明存在产出不足，需要将产出加上松弛量。河南省烤烟生产既存在投入松弛又存在产出松弛。其产出松弛为3.89，即主产品产量应再增加3.89kg，而劳动力、种子费、肥料费、农药费及租赁作业费5项投入均存在投入松弛，说明这些投入量过剩，应在烤烟生产中适当减少，各投入量的减少值及整体投入产出的调整方案见表6-8。

表6-8 河南省烤烟生产效率改进方案

项目类别	项目名称	单位	调整前值	射影调整后结果	松弛调整量	目标值
产出	烤烟产量	千克	128.77	128.77	3.89	132.66
投入	劳动力	日	39.19	35.74	−7.051	28.69
	肥料费	元	49.61	45.24	−12.214	33.03
	租赁作业费	元	48.23	43.99	−5.359	38.63
	燃料动力费	元	162.73	148.41	0	148.41
	种子费	元	10.43	9.51	−5.181	4.33
	农药费	元	23.87	21.77	−6.134	15.64
	农膜费	元	21.78	19.86	0	19.86

6.2.3 河南省代表产烟县烤烟生产效率分析

考虑到数据的可获得性，在河南省选择 8 个代表产烟县，分别为宜阳、许昌、襄城、柘城、郸城、邓州、渑池与卢氏。8 个县的生产资源状况各不相同，其生产效率也有所差别，为有效提高河南省烤烟种植的生产效率，需要对这 8 个代表县的烤烟种植生产效率进行详细分析与对比。由于河南省代表产烟县仅有 8 个，数量较少，投入指标不宜选择过多，否则会影响分析结果，因此，对投入指标进行一定的调整。由于种子费、农药费及农膜费三项费用较低，将其合并为一项，称其为“种药膜费”，其他投入指标不变，这样投入指标由 7 项合并为 5 项，选择基于投入的可变规模报酬模型，可以得到河南省代表产烟县的综合技术效率 TE_{CRS}、技术效率 TE_{VRS}、规模效率 SE 的量值。分析结果见表 6-9，从中可以看出，宜阳、许昌、郸城 3 个产烟代表县是烤烟生产是有效率的地区，其综合技术效率、技术效率及规模效率均为 1，生产处于规模报酬不变阶段，其余 6 个县生产效率较低。邓州、襄城、渑池 3 县技术效率为有效率，但由于规模效率较低，导致综合技术效率无效率，其中邓州、渑池 2 县的烤烟生产处于规模报酬递增阶段，应进一步扩大规模，进入规模经济阶段，从而提高其综合技术效率，但襄城烤烟生产处于规模报酬递减阶段，应适当缩减规模，从而提高规模效率及综合技术效率。卢氏、柘城 2 县的产烟综合技术效率在全省平均水平以下，技术效率与规模效率都较低，导致综合技术效率较低，且生产均处于规模报酬递增阶段，也适宜进一步扩大种植规模。

表 6-9 河南省代表产烟县烤烟生产综合技术效率及其构成变化

地区	综合技术效率 TEcrs	技术效率 TEvrs	规模效率 SE	规模报酬阶段
宜阳	1	1	1	不变
许昌	1	1	1	不变
郸城	1	1	1	不变
邓州	0.942	1	0.942	递增
襄城	0.833	1	0.833	递减
渑池	0.757	1	0.757	递增
卢氏	0.588	0.908	0.647	递增
柘城	0.546	0.585	0.932	递增
河南平均	0.751	0.844	0.89	递增
平均值	0.809	0.934	0.867	

从产出松弛来看，卢氏、柘城存在产出松弛，其松弛量分别为 41.111 及 9.777，即在维持现有投入量不变的条件下，卢氏的产量应增加 41.111 千克，

而柘城的产量应增加 9.777 千克。从投入松弛来看，也仅有卢氏、柘城存在投入松弛，具体数值见表 6 - 10、表 6 - 11，卢氏、柘城在租赁作业费、种药膜费方面都存在投入过度的现象，造成了一定程度的浪费。此外，卢氏在劳动力投入方面，柘城在燃料动力费投入方面也存在过度现象。

表 6 - 10　卢氏烤烟生产效率改进方案

项目类别	项目名称	单位	调整前值	径向调整后结果	松弛调整量	目标值
产出	烤烟产量	千克	92.43	92.43	41.111	133.54
投入	劳动力	日	39.22	35.61	−7.052	28.56
	肥料费	元	100.72	91.45	0	91.45
	租赁作业费	元	43.71	39.69	−1.704	37.98
	燃料动力费	元	145.71	132.30	0	132.30
	种药膜费	元	53.68	48.74	−10.424	38.32

由于卢氏、柘城既存在技术效率较低的情况又存在投入与产出松弛的现象，因此，烤烟生产技术效率的提高同样要从投影调整和松弛量调整两个方面来进行。卢氏的技术效率为 0.908，应先将卢氏的 5 项投入指标量值缩减为原值的 90.8%，得到表 6 - 10 中径向调整后结果（第 5 列数据），再与松弛调整量（第 6 列数据）相加进行松弛量的调整，即得到目标值（第 7 列数据），即为投入产出的目标值，按此目标值进行烤烟生产，可以有效提高生产效率。同样方法可以得到柘城烤烟生产效率改进方案如表 6 - 11 所示。

表 6 - 11　柘城烤烟生产效率改进方案

项目类别	项目名称	单位	调整前值	径向调整后结果	松弛调整量	目标值
产出	烤烟产量	千克	134.63	134.63	9.777	144.41
投入	劳动力	日	46.4	27.14	0	27.14
	肥料费	元	150.85	88.25	0	88.25
	租赁作业费	元	80.57	47.13	−9.134	38.00
	燃料动力费	元	239.49	140.10	−0.839	139.26
	种药膜费	元	72.33	42.31	−2.131	40.18

从 2005—2007 年河南省烤烟生产情况分析看，要提高生产总体效率，应合理调整各要素的投入量。通过分析可以发现，目前河南省烤烟生产效率不高的主要原因是普遍存在着要素投入过量现象，其中劳动力的调整潜力最大，总体可缩减 24.32%（图 6 - 2），其次为种药膜费，总体可缩减 22.75%，接下来依次为租赁作业费、肥料费及燃料动力费，分别可缩减 20.44%、18.36%及

14.12%。造成这种现象的主要原因是河南省烤烟生产机械化程度还不高，烤烟生产需要投入大量的劳动力，种子、农药与农膜还存在一定程度的浪费，同时烤烟生产的肥料利用率和烤烟用煤（燃料动力费的主要部分）的转化效率还不高，还需要进一步提高。

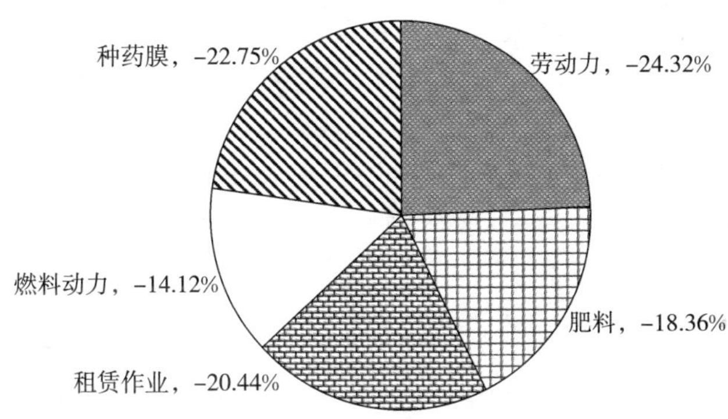

图 6-2 改善河南省烤烟生产效率各投入要素综合潜力比较

6.3 基于 Malmquist 指数的河南省烤烟生产效率分析

6.3.1 指标选择与数据来源

我国于 1983 年建立烟草专卖体制，为排除制度变化对计算结果的影响，选择 1983—2008 年辽宁、吉林、黑龙江、安徽、福建、江西、山东、河南、湖北、湖南、广东、广西、四川、贵州、云南、陕西等 16 个主产烤烟省（市、自治区）每亩烤烟生产成本收益数据进行 DEA 分析，结合纵向与横向比较，探讨河南省烤烟生产效率的变化特点与提高途径。为排除不同年份价格变化的影响，尽量选用实物量指标，投入变量为劳动力(标准工日)和物质费用(元)，产出变量即为烤烟主产品产量(千克)，其中劳动力与烤烟产量均为实物量指标，物质费用为以当年价格核算的价格量指标，为去除价格变化的影响，以当年农业生产资料价格指数进行折算，以 1983 年为基期，运用 DEAP2.1 软件进行分析。

6.3.2 河南省烤烟生产全要素生产率 TFP 变化趋势及其构成

通过对 1983—2008 年全国 16 个省烤烟生产成本收益的面板数据 Malmquist 生产率指数分析，可以得到河南烤烟生产全要素生产率 TFP、技术进步与综合技术效率的环比指数，再通过计算 TFP 及其构成的定基指数（以 1983 年为基期），来观察 TFP 的总体变化趋势（图 6-3）。

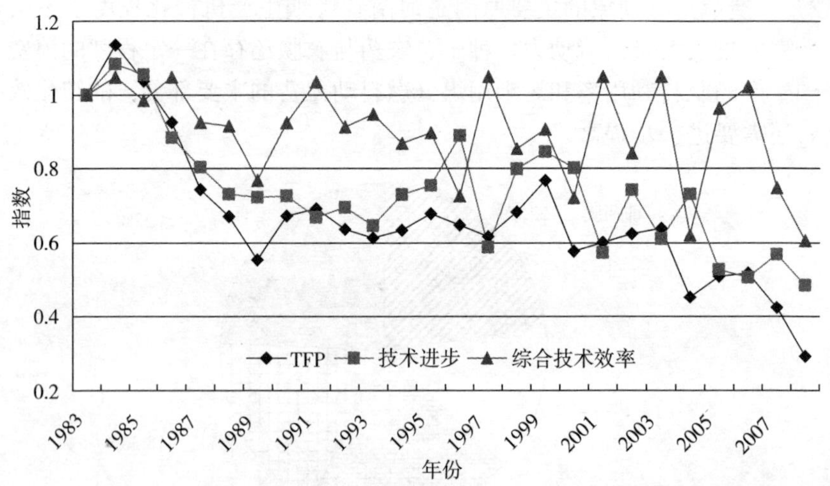

图 6-3 1983—2008 年河南省烤烟生产 TFP、技术进步及综合技术效率变化趋势

河南省烤烟生产效率呈现波动下降的变化趋势（图 6-3）。1983—2008 年的 26 年期间，河南省烤烟生产的全要素生产率 TFP 呈波动下降的变化趋势，且下降幅度较大，2008 年的全要素生产率 TFP 仅相当于 1983 年的 29.3%。26 年间，TFP 上升的年份仅有 11 年，其余 14 年 TFP 均为下降。TFP 的变化大致可以分为三个阶段，第一个阶段是 1983—1989 年，TFP 呈现直线下降的变化趋势；第二个阶段是 1990—2003 年，TFP 呈现比较平缓的波动变化趋势，最高年份达到 0.768（1999 年），最低年份为 0.577（2000 年），其余年份均在 0.6～0.7 之间波动；第三个阶段是 2004—2008 年，也呈现比较明显的波动下降趋势。从烤烟生产全要素生产率 TFP 河南省与全国烤烟生产平均值相比（图 6-4），1983—1986 年河南省 TFP 高于全国平均值，之后一直低于全国平均值，而且下降幅度较大，而全国平均值一直稳定在 1 左右。

综合技术效率呈现明显的波动变化趋势，与全要素生产率 TFP、技术进步相比下降幅度较小。26 年间，综合技术效率上升的年份有 12 年，下降的年份有 13 年，2008 年的综合技术效率相当于 1983 年的 60.6%，综合技术效率的波动幅度明显强于 TFP 和技术进步。从烤烟生产综合技术效率河南省与全国烤烟生产平均值相比（图 6-5），尽管河南省综合技术效率值低于全国平均水平，而且波动幅度较大，但与全国平均值相差较小。

技术进步也呈现波动下降的变化趋势，26 年间，上升的年份为 11 年，下降的年份为 14 年，2008 年的技术进步仅相当于 1983 年的 48.5%。1995 年以前技术进步的下降趋势比较明显，但年际间的波动幅度不大，1995 年以后，

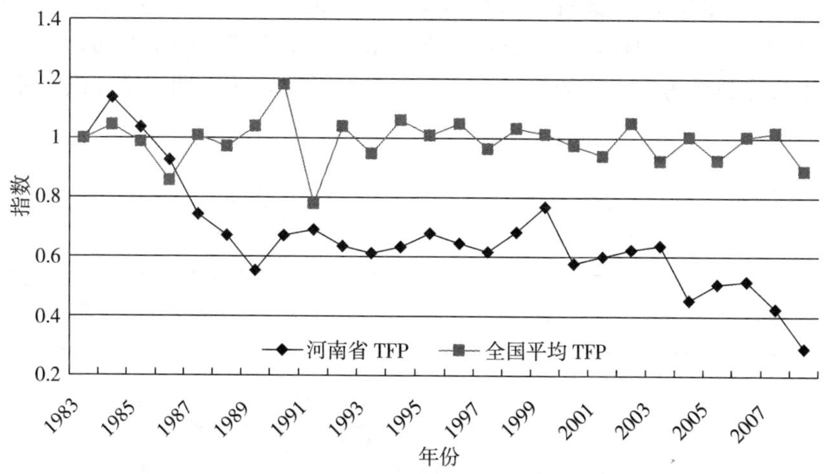

图 6-4 1983—2008 年河南省和全国烤烟生产 TFP 变化趋势

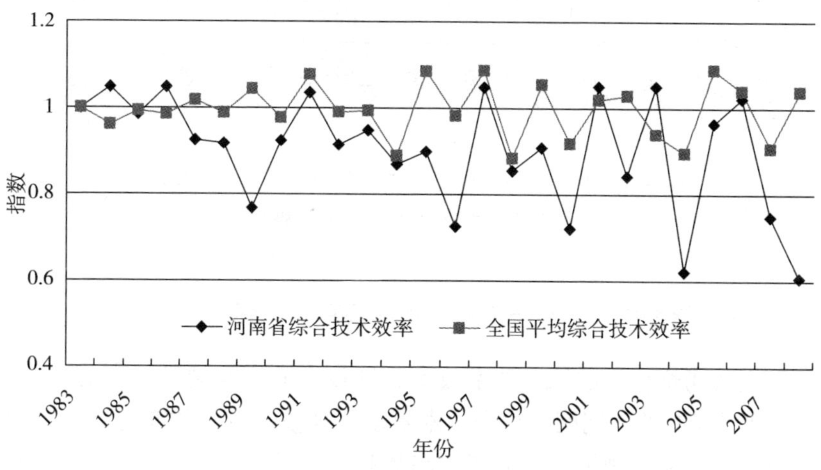

图 6-5 1983—2008 年河南省和全国烤烟生产综合技术效率变化趋势

技术进步下降幅度不大，但年际间的波动幅度加大。从烤烟生产技术进步河南省与全国平均值相比（图 6-6），除 1985 年河南省高于全国平均值外，其他年份均低于全国平均值，而且处于呈波动下降趋势，但下降较为平缓，而全国平均值一直稳定在 1 上下。

从技术进步和综合技术效率的比较看，在 26 年间，仅有 3 年综合技术效率小于技术进步，可见 TFP 的下降主要是由技术进步缓慢引起的。另外，烟叶作为专卖品，由国家制定烟叶收购价格，从 1983—2008 年烟叶交售价格指数和技术进步的波动情况看（图 6-6），从 20 世纪 90 年代后，随着国家加强对烤烟生产的宏观调控，技术进步和价格指数基本表现为同步波动，表明国家对烟叶的管制对烤烟生产的技术进步有着显著影响，而烤烟产量并没有显著的提高。

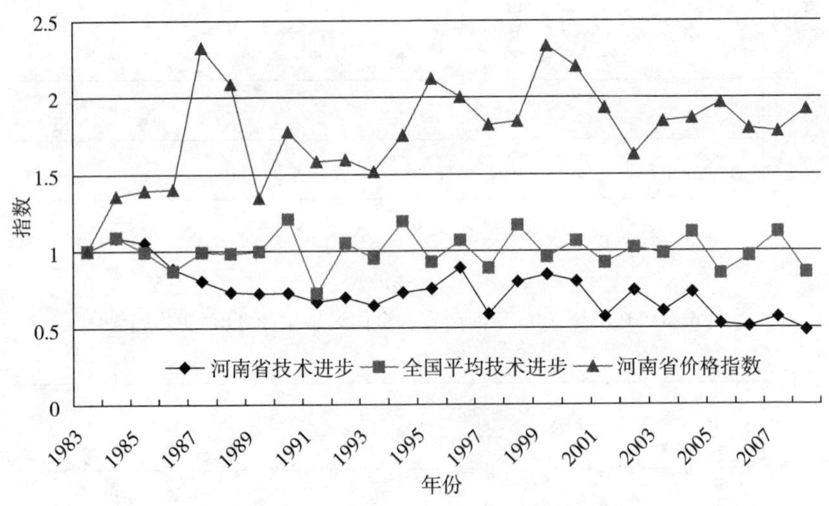

图 6-6　1983—2008 年河南省和全国烤烟生产技术进步与河南省交售价格指数变化趋势

6.3.3　河南省烤烟生产综合技术效率构成及其变化趋势

从河南省烤烟生产的综合技术效率、纯技术效率与规模效率的变化来看，1983—2008 年的 26 年期间，综合技术效率呈现波动下降的变化趋势，大部分年份综合技术效率与规模效率的变化趋势趋于一致（图 6-7）。总体来看，综合技术效率与规模效率的年际间波动较大，而纯技术效率年际间虽然波动也比较大，但与综合技术效率、规模效率相比，其波动的幅度略小一些，26 年间，上升的年份为 12 年，下降的年份为 13 年，2008 年的综合技术效率仅相当于 1983 年的 60.6%。纯技术效率呈现明显的波动变化趋势，总体来看，下降趋势不是十分明显，但年际间的波动幅度有加大的趋势，26 年间，上升的年份为 12 年，下降的年份也为 12 年，1 年不变，2008 年的纯技术效率仅相当于 1983 年的 76.0%。规模效率也呈现出在波动中明显下降的变化趋势，1996 年以后年际间的波动幅度有加大的趋势，26 年间，上升的年份为 12 年，下降的年份为13年，2008年的规模效率仅相当于1983年的79.5%。可见，1983年以来，河南省烤烟生产的效率变化主要受规模效率的影响，而纯技术效率没有显著的提高。

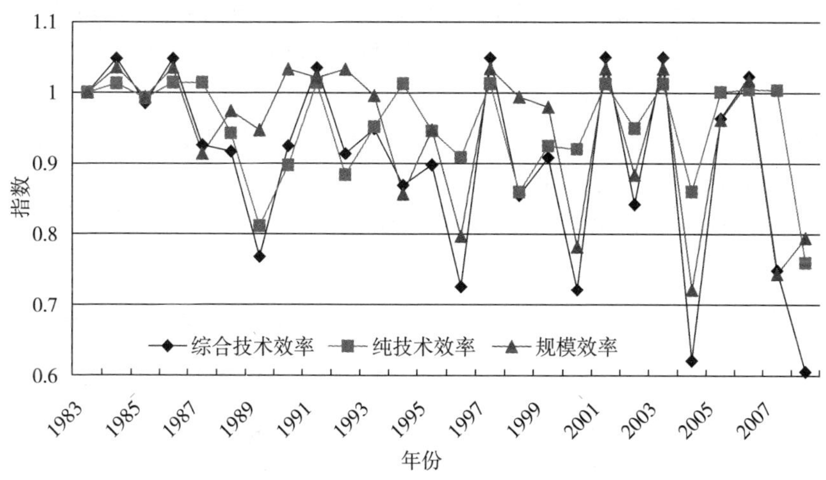

图6-7 1983—2008年河南省烤烟生产综合技术效率、纯技术效率及规模效率变化趋势

6.3.4 河南省烤烟生产效率分析及其改进

根据前面的分析，可以发现，1983年以来，河南省烤烟生产的全要素生产率TFP、技术进步、综合技术效率、纯技术效率与规模效率变化都呈现明显的下降趋势，且年际间的波动较大，因此，应该采取多种措施，有效改善烤烟生产的整体水平。从技术效率的角度来看，应主要采取以下两种途径：

（1）合理确定烤烟生产的要素投入水平及产出水平。要提高综合技术效率，必须合理调整烤烟生产要素投入，不仅要追求最大的产出水平，而且要不断提高技术效率和规模效率，处理好二者的协调关系，使各项投入发挥最佳的作用，实现规模经济。

以2008年为例，采用两种方案来分析河南省烤烟生产中合理的投入值与产出值。第一种是基于投入的VRS模型的DEA分析，即在现有的产出水平下，应如何调整各项投入的数量才能达到有效率状态。从分析结果看，河南省烤烟生产的综合技术效率为0.577，纯技术效率为0.750，规模效率为0.769，存在产出松弛（5.42），不存在投入松弛（表6-12），劳动力和物质费用都存在过量投入问题，会导致边际报酬递减。如果将两项投入减少为原值的75%，即将劳动力调整为 27.11 工日，物质费用调整为 555.07 元，产出还要比原来增加 5.42 千克，即达到 120.12 千克，这样就可以达到有效率状态。

第二种方案是基于产出的 VRS 模型的 DEA 分析，即分析以目前的各项投入数量，应有多大的产出才能达到有效率的状态。从分析结果看，河南省烤烟生产的综合技术效率 0.577，纯技术效率为 0.677，规模效率为 0.853，不存在产出松弛，但存在投入松弛，劳动力投入松弛为 2.05 工日，物质费用投入松弛为 104.03 元。效率改进的方案是，先将投入的松弛量减去，而产出则可以增加为原来的 1.477 倍（即 1/0.677），调整后劳动力投入为 34.1 个工日，物质费用投入为 636.06 元，而产出应达到 169.42 千克才能达到有效率状态（表 6-12）。

表 6-12 2008 年河南省烤烟生产效率改进投入产出量调整参考方案

方案名称	项目类别	项目名称	单位	原值	径向调整后结果	松弛调整量	目标值
以投入最低为目标	产出	烤烟产量	千克	114.70	114.70	5.42	120.12
	投入	劳动力	日	36.15	27.11	0.00	27.11
		物质费用	元	740.09	555.07	0.00	555.07
以产出最大为目标	产出	烤烟产量	千克	114.70	169.42	0.00	169.42
	投入	劳动力	日	36.15	36.15	−2.05	34.10
		物质费用	元	740.09	740.09	−104.03	636.06

（2）重点调整劳动力的投入，但也不能忽视物质费用的作用。通过计算 2008 年河南省烤烟生产效率，可以看出，目前河南省烤烟生产效率不高的主要原因是普遍存在着劳动力和物质费用投入过量现象，其中劳动力最大，总体可缩减 59.11%，其次为物质费用，总体可缩减 40.89%（图 6-8）。说明河南省烤烟生

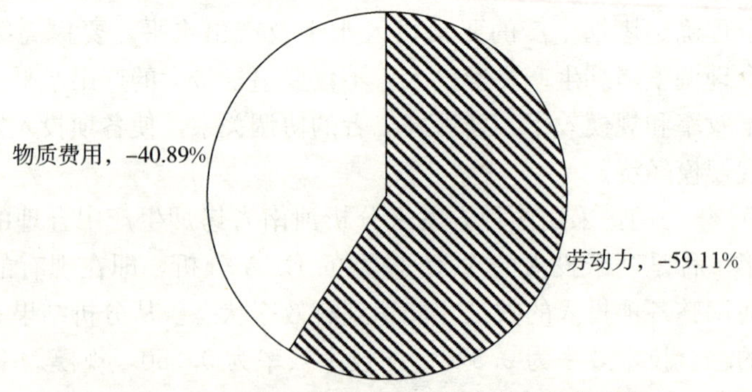

图 6-8 2008 年改善河南省烤烟生产效率劳动力、物质费用综合潜力比较

产劳动力调整空间大，随着河南省经济社会工业化、城镇化速度的加快，烟区劳动力资源将更趋紧张，提高烤烟生产效率应当不断提高烤烟生产机械化水平减少劳动用工，这样相应增加了物质费用投入，同时注重提高物质费用的利用率。

6.4　本章小结

通过省际、县际间以及烤烟与主要竞争作物的成本收益分析，结果表明，河南烤烟单位面积产量高、出售价格较低，生产成本低于全国多数烟叶产区，因此河南烤烟生产净利润、现金收益较高，成本利润率也较高；河南省平原烟区因为单产较高、生产成本较低、净利润较高，而部分丘陵烟区因为具有价格优势，加上适度补贴和较高单产，净利润也较高，如果丘陵山区单产过低，即便有价格优势和较高补贴，净利润仍较低。烤烟单作或小麦/烤烟与其他作物复种方式相比，总成本、产值、现金成本、现金收益高，但净利润、成本利润率低，主要原因是河南烤烟生产主要以家庭劳动力为主进行生产，用工数量多，家庭劳动日工价被明显低估。如果家庭用工折价和雇工作价一致，则人工成本将大幅增加，相应净利润和成本利润率还将进一步下降。另外由于烤烟种植补贴高于粮食生产补贴，烟草部门以烟用物资为主的补贴方式减少烟农种植烤烟的物质投入费用，这也是烟农愿意从事烤烟种植的原因之一。利用2005—2007年3年投入产出数据的平均值，对河南省烤烟生产效率分析可知，与全国其他主要产烟省份相比，河南省烤烟生产的综合技术效率、技术效率与规模效率均处于无效率状态，生产还处于规模报酬递增阶段；宜阳、许昌、郸城3个产烟代表县是烤烟生产有效率的地区，生产处于规模报酬不变阶段；邓州、襄城、渑池3县技术效率为有效率，但规模效率较低，卢氏、柘城2县的技术效率与规模效率都较低，5县生产均处于规模报酬递增阶段。基于Malmquist指数的生产效率分析表明，1983年以来，河南省烤烟生产的全要素生产率TFP、技术进步、综合技术效率、纯技术效率与规模效率变化都呈现明显的下降趋势，且年际间的波动较大，主要受技术进步缓慢和规模效率不高的影响，在此基础上提出了河南省烤烟生产技术效率改进的途径。

7 河南省烟农种植意愿实证分析

烟农在烟叶生产中既是劳动者，是生产力中的根本性因素，又在一定意义上是生产资料的所有者，是生产关系中的主要因素，这就决定了烟农在烟叶生产中的主体地位。烟农种烟行为是烟农在经济利益的驱动下，根据自身条件以及自然、经济和社会环境条件进行的生产性投资选择活动。烟农作为烟草产业链中最基层的合作伙伴，是烟草产业发展的基石。目前我国烟草行业产业链中最基础、最关键的第一环就是烟叶生产者——烟农，据中国烟叶公司统计2007年全国种烟农户数为2 837 731户[167]，一户按2～4人计算，我国烟农在567.55万～1 135.09万人之间。从长远看，维护烟农利益，关爱烟农，增加烟农收入，调动烟农生产积极性，是烟草产业持续稳固发展的基础。本章采取问卷调查的方式，从烟农视角对烟农的种植意愿、解析结构模型（ISM）和烟农种植意愿的影响因素进行实证分析，为实现河南烤烟生产稳定发展提供实践依据。

7.1 烟农的意愿和行为特征

2007年中央一号文件指出，要加强“三农”工作，积极发展现代农业，扎实推进社会主义新农村建设。烟草行业提出了由传统烟叶生产向现代烟草农业转变的烟叶发展战略思路，并将现代烟草农业概括为“一基四化”，即全面推进烟叶生产基础设施建设，努力实现烟叶生产的规模化种植、集约化经营、专业化分工、信息化管理[168]。在推进现代烟草农业建设的背景下，以我国烤烟发源地和曾经的“烟叶王国”豫中烟区（许昌、平顶山、漯河）3市7县为考察对象，2007年对1 920户烟农种植意愿和行为特征进行问卷调查，分析和查找影响烟叶生产稳定发展的障碍因素，为发展现代烟草农业提供参考。问卷调查结果用spss13.0进行归类统计。

7.1.1 烟农素质及种植情况

烟农是烟叶生产的主体，发展现代烟草农业需要一支稳定的高素质烟农队伍。烟农素质及烟叶种植情况见表 7-1。1 920名被调查者有 33 个缺失值，有效人数1 887人，年龄在 20～82 岁，其中 20～30 岁 22 人，占 1.2%，31～40 岁 314 人，占 16.6%，41～50 岁 868 人，占 46.0%，51～60 岁 556 人，占 29.5%，61～70 岁 118 人，占 6.3%，71～82 岁 9 人，占 0.4%，基本符合正态分布，说明调查样本具有较好的代表性。烟农年龄主要分布在 41～60 岁，占 75.5%，烟农年龄偏大。1 920名被调查者的文化程度从文盲到大专不等，除去 34 人没填文化程度外，在剩余1 886名被调查者中，文盲 4 人，占 0.2%，小学文化 292 人，占 15.5%，初中文化1 197人，占 63.5%，高中文化 388 人，占 20.5%，中专和大专共 5 人，占 0.3%。烟农文化程度小学和初中占 79.0%，烟农的文化素质比较低，这也是当前农村劳动力现状的表现之一。受青壮年劳动力外出务工逐渐增多的影响，从事烟叶生产的烟农大部分是中老年人，这种状况势必会影响烟农对科技的接受程度，因此如何加快新型烟农的培育将是现代烟草农业建设的主要难点之一。

表 7-1　烟农素质及烟叶种植情况

年龄结构%		文化程度%		户均种植规模%		轮作情况%	
20～30 岁	1.2%	文盲	2.0%	0.06～0.27 公顷	18.3%	每年轮作	12.3%
31～40 岁	16.6%	小学	15.5%	0.27～0.73 公顷	74.8%	连种两年轮作	13.5%
41～50 岁	46.0%	初中	63.5%	0.73～3.33 公顷	4.3%	连种三年轮作	11.7%
51～60 岁	29.5%	高中	20.6%	3.33～33.33 公顷	2.6%	连种四年轮作	3.9%
61～70 岁	6.3%	中专	0.2%			连种基本不轮作	34.0%
71～82 岁	0.4%	大专	0.1%			地少不能轮作	24.7%

规模化种植是推进烟草农业现代化的必由之路，据统计 2007 年全国烤烟实际移栽面积1 023.79×10^3 公顷，户均种植规模 0.36 公顷[169]。从调查情况看，户均种烟面积从 0.02 公顷到 33.33 公顷不等，除去 6 个缺失值外，其中户均种烟面积在 0.06～0.27 公顷 350 户，占 18.3%，0.27～0.73 公顷1 432 户，占 74.8%，0.73～3.33 公顷 82 户，占 4.3%，3.33～33.33 公顷 50 户，占 2.6%。户均种植面积主要集中在 0.27～0.73 公顷，烟叶种植和其他农作物种植一样仍然呈小而散的生产方式，远远没有形成规模化种植。烟田轮作情况，1 920名被调查者有 24 个缺失值，有效人数1 896人，每年轮作 233 人，占 12.3%，连续种植两年再轮作 256 人，占 13.5%，连续种植三年再轮作 222 人，占 11.7%，连续种植四年再轮作 73 人，占 3.9%，连续种植基本不轮作 644 人，占 34.0%，地少不能轮作 468 人，占 24.7%。总的来看，烟叶种植以不轮作为主体，占 58.7%。针对目前烟叶种植规模及轮作情况，如何推进

烟叶适度规模种植，建立以烟为主的耕作制度，保证合理轮作，加强土壤改良，不仅是烟叶生产稳定发展的基础，也是现代烟草农业建设的基础。

7.1.2 烟农种烟与否原因

调查结果表明（表 7-2），烟农愿意种烟的主要原因（限选三项），认为种烟收入高于其他经济作物1 149人次，占总人次的 25.6%，认为种烟收入稳定、有保证1 171人次，占 26.1%，认为种烟已成习惯1 503人次，占 33.5%，认为政府强制种烟 171 人次，占 3.8%，认为种烟比外出务工收入高 259 人次，占 5.8%，认为其他原因 238 人次，占 5.2%。前三项占 85.2%，说明和种植其他作物比较，烟叶种植收入比较稳定、相对较高，而且老烟区烟农对种烟技术比较熟悉，烟叶已经成为传统经济作物，烟农不愿意放弃。

表 7-2 烟农愿意种烟的原因及障碍因素

愿意种烟的原因%		种烟的障碍因素%	
种烟收入高于其他经济作物	25.6%	投入大收入少	25.1%
种烟收入稳定	26.1%	劳动强度太大	26.0%
种烟已成习惯	33.5%	烟叶病虫害多、风险大	21.9%
种烟比外出打工收入高	5.8%	外出打工比种烟收入高	15.6%
政府强制种烟	3.8%	种植技术比较复杂	2.5%
其他原因	5.2%	土地不适宜种烟、卖烟难等其他	9.0%

影响烟农种烟积极性的主要障碍（限选三项），认为投入大收入少1 276人次，占总人次的 25.1%，认为劳动强度太大1 324人次，占 26.0%，认为烟叶病虫害多、风险大1 113人次，占 21.9%，认为外出务工比种烟收入高 795 人次，占 15.6%，认为种植技术比较复杂 127 人，占 2.5%，认为卖烟难、土地不适宜种烟等其他原因，占 9.0%。认为种植技术比较复杂仅占 2.5%。可见，在现有的技术和投入水平下，影响烟农种烟积极性的主要障碍因素并不是种植技术本身，而是种烟劳动强度大、投入多产出少、烟叶病虫害多和种烟机会成本高等原因。

7.1.3 烟农对现代农业技术及设施的接受程度

烟叶集约化育苗技术是近年来逐步发展和完善的一项先进适用技术，全国各烟区陆续加强育苗工场化的建设和推广[170]。烤房是生产烤烟不可缺少的设备，是提升烟叶内在质量的关键之一，烤房建设就包含在现代烟草农业“一基四化”中的“一基”当中。目前一些烟区按照“两头工厂化、中间专业化”的思路探索烟叶生产模式，已经初步具有现代农业的气息，有效减轻了烟农劳动强度和种烟复杂程度。调查结果表明（表 7-3），烟农最愿意接受的育苗方式有 26 个缺失值，常规育苗 391 人，占 20.6%，漂浮育苗1 427人，占 75.3%，托盘育苗 68 人，占 3.6%，其他育苗方式 8 人，占 0.4%。烟农最愿意接受的育苗方式是漂浮育苗，说明近几年烟草部门大力推广的漂浮育苗技术已经为广大烟农所接受。烟农最喜欢的烤房类型除去 24 个缺失值外，喜欢普通标准小烤房 347 人，占 18.3%，喜欢自动化密集烤房 874 人，占 46.1%，喜欢自动化半密集烤房 304 人，占 16.0%，喜欢普改密烤房 371 人，占 19.6%，喜欢自动化密集烤房比例接近总人数的一半。烟农认为适应密集烤房的种植规模为 0.33～0.67 公顷，有 989 人次，占 52.2%，0.67～1.00 公顷 583 人次，占 30.4%，1.00～1.33 公顷 185 人次，占 9.6%，1.33～1.67 公顷 139 人次，占 7.2%。可以看出，自动化密集烤房由于烟草部门加大补贴力度，能够降低劳动强度，减少劳动用工，节约烘烤用煤，而且烘烤的烟叶质量较好，已被越来越多的烟农所接受，一个密集烤房能烘烤 1.67～2.00 公顷烟叶，密集烤房状况与烟叶种植户均规模还不匹配。据河南省烟草公司统计[171]，2008 年平顶山市户均 0.45 公顷，许昌市户均 0.33 公顷，漯河市户均 0.65 公顷，目前烟草部门只对密集烤房进行补贴，存在几个种烟农户合用一个密集烤房的现象，而每户烟农都是独立的烟叶生产经营主体，52.2%的烟农认为适应密集烤房的种植规模在 0.33～0.67 公顷的原因正在于此。

表 7-3 烟农对现代烟草农业技术及设施的接受程度

最愿意接受的育苗方式%		喜欢的烤房类型%		适应密集烤房的种植规模%	
常规育苗	20.6%	普通标准小烤房	18.3%	0.33～0.67 公顷	52.2%
漂浮育苗	75.3%	自动化密集烤房	46.1%	0.67～1.00 公顷	30.4%
托盘育苗	3.6%	自动化半密集烤房	16.0%	1.00～1.33 公顷	9.6%
其他育苗方式	0.4%	普改密烤房	19.6%	1.33～1.67 公顷	7.2%

7.1.4 烟农希望得到的培训技术及物资补贴

烟草部门在烟叶生产各环节举行的技术培训是提高烟农素质、提高烟叶产量和质量的重要举措，物资补贴是稳定和提高烟农种烟积极性的重要扶持政策之一。调查结果表明（表 7-4），烟农希望得到的种烟技术培训（限选三项），需要测土施肥技术1 332人次，占总人次的 26.6%，需要育苗技术 387 人次，占 7.7%，需要移栽技术 249 人次，占 5.0%，需要病虫害防治技术1 358人次，占27.1%，需要大田管理技术653人次，占13.0%，需要成熟采收技术188人次，占3.7%，需要烘烤技术765人次，占15.3%，需要分级技术83人次，占1.6%。需要病虫害防治技术和测土施肥技术占被调查者的53.7%，说明这两项技术是烟农最需要的种植技术。在烟农最希望得到的种烟专用物资补贴中（限选三项），希望得到烘烤用煤补贴1 228人次，占总人次的24.5%，希望得到化肥补贴1 306人次，占26.0%，希望得到地膜补贴288人次，占5.7%，希望得到农药补贴366人次，占7.3%，希望得到机耕费用补贴1 084人次，占21.6%，希望得到育苗补贴599人次，占11.9%，希望得到其他补贴148人次，占3.0%。烘烤用煤、化肥和机耕补贴是烟农认为投入上涨幅度较大的几项，希望得到烟草部门的补贴。

表7-4 烟农希望得到的培训技术及物资补贴

希望得到种烟技术培训%		希望得到的种烟物资补贴%	
测土施肥技术	26.6%	烘烤用煤	24.5%
育苗技术	7.7%	化肥补贴	26.0%
移栽技术	5.0%	地膜补贴	5.7%
病虫害防治技术	27.1%	农药补贴	7.3%
大田管理技术	13.0%	机耕费用补贴	21.6%
成熟采收技术	3.7%	育苗补贴	11.9%
烘烤技术	15.3%	其他补贴	3.0%
分级技术	1.6%		

7.1.5 烟农希望烟草部门所做的工作及满意度

2005年以来，烟草行业已投入400多亿元用于开展烟叶生产基础设施建设工作，从微观层面来倾听烟农希望烟草部门做什么工作，了解烟农对烟草部门的满意程度，将有利于改进其工作，促进现代烟草农业和建设社会主义新农村相结合。调查结果表明（表7-5），在烟农最需要烟草部门做的工作中（限选三项），认为需要技术服务指导1 275人次，占总人次的26.1%，认为需要加大生产投入1 584人次，占32.5%，认为需要改善收购环境804人次，占16.5%，认为需要加强基础设施1 154人次，占23.7%，认为需要其他62人次，占1.3%。加大生产投入，加强技术指导服务和基础设施建设是烟农认为烟草部门最需要做的工作。烟农对烟草部门服务的满意度，认为烟草部门服务满意694人，占36.5%，认为基本满意870人，占45.8%，认为不太满意272人，占14.3%，认为不满意63人，占3.3%。总体看烟农对烟草部门的服务是满意的，满意和基本满意占 82.3%。

表 7-5 烟农希望烟草部门所做工作及对其满意度

希望烟草部门所做工作%		对烟草部门服务的满意度%	
技术服务指导	26.1%	满意	36.5%
加大生产投入	32.5%	基本满意	45.8%
改善收购环境	16.5%	不太满意	14.3%
加强基础设施	23.7%	不满意	3.3%
其他	1.3%		

7.2 河南省烤烟生产的 ISM 分析

为了找出影响烤烟生产稳定发展的因素，仍利用豫中烟区（许昌、平顶山、漯河）3 市 7 县1 920户烟农问卷调查数据，用 ISM 法梳理它们的层级结构，找到影响烤烟生产稳定发展的主要原因，为制定相应的措施提供参考。

7.2.1 ISM 模型简介

解释结构模型（Interpretive Structure Modeling，简称 ISM），是美国沃菲尔德（J. N. Warfied）教授于 1973 年为分析复杂的、与社会经济系统有关问题而开发出的一种系统分析方法[172]。ISM 模型通过确定影响系统的各种因素及其相互关系，由因素间的相互关系构成一种有向图，把有向图转化为邻接矩阵；对邻接矩阵进行布尔运算，得到可达矩阵；对可达矩阵进行区域分解和级间分解，得到复杂系统要素间的多级递阶结构，使众多因素间交错的因素条理化、清晰化。从而发现主要（关键）因素和因素间的本质联系，为揭示系统结构的内在规律、提取有用信息提供借鉴。ISM 的工作程序如下[173]：①组织实施 ISM 小组；②设定关键问题；③选择构成系统影响关键问题的导致因素；④列举各导致因素的相关性；⑤根据各因素的相关性，建立邻接矩阵和可达矩阵；⑥对可达矩阵分解后，建立结构模型；⑦根据结构模型建立解释结构模型。

7.2.2 ISM 模型的建立

7.2.2.1 分析影响因素

烤烟生产稳定发展受到多种因素的影响与制约，通过对调查问卷的分析，发现烤烟生产稳定发展（S_0）主要受表 7-6 所示的一些因素的影响。

表 7-6　影响烟叶生产稳定发展的因素

名称	代号	名称	代号	名称	代号
烟农文化程度	S_1	烟草品种	S_7	烟田轮作	S_{13}
烟农种烟意愿	S_2	收购价格	S_8	机耕费用	S_{14}
基础设施	S_3	种植技术	S_9	化肥、农药、煤价格	S_{15}
劳动强度	S_4	育苗技术	S_{10}	技术指导	S_{16}
资金投入	S_5	烘烤技术	S_{11}	管理服务	S_{17}
种烟收入	S_6	病虫害	S_{12}	种烟补贴	S_{18}

7.2.2.2　决定要素间的关系

以上因素有些相互交叉、互为关联，更多的则表现出因素中的影响因素，形成十分复杂的递阶因素链。同时，每项大的因素又由许多小的因素构成，分析这些因素对烤烟生产稳定发展的影响，建立系统解释结构模型——ISM，首先要弄清这些因素之间的逻辑关系。通过对调查问卷的分析，给出了如图 7-1 所示的各因素之间的影响关系。图 7-1 中“V”代表行因素对列因素有直接，“A”代表列因素对行因素有直接影响[174]。

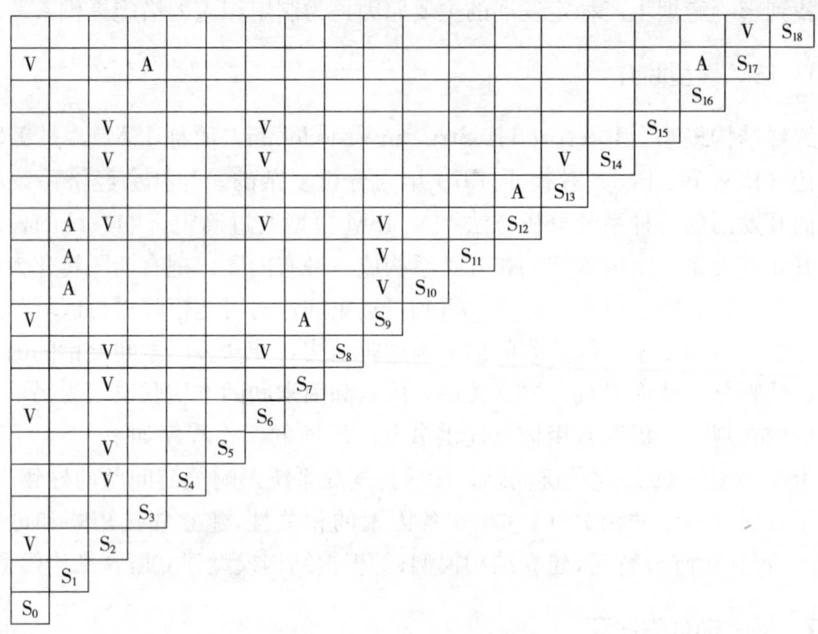

图 7-1　因素间影响关系

7.2.2.3　建立系统的邻接矩阵

根据图 7-1 所示烤烟生产稳定发展影响因素的逻辑关系，建立邻接矩阵 M，M 的行列因素相同，为 19 阶方阵。排列顺序均为 S_0，S_1，S_2，$\cdots S_{18}$，对应矩阵中为 1 的元素表示该行因素对该列因素有影响，（包括自相关，即 S_i 影响 S_i），为 0 的元素则表示该行因素对该列因素无影响或影响可以忽略。

M=

	S_0	S_1	S_2	S_3	S_4	S_5	S_6	S_7	S_8	S_9	S_{10}	S_{11}	S_{12}	S_{13}	S_{14}	S_{15}	S_{16}	S_{17}	S_{18}
S_0	1	0	0	0	0	0	0	0	0	0	0	0	0	0	0	0	0	0	0
S_1	0	1	0	0	0	0	0	0	0	0	1	1	1	0	0	0	0	0	0
S_2	1	0	1	0	0	0	0	0	0	0	0	0	0	0	0	0	0	0	0
S_3	0	0	0	1	0	0	0	0	0	0	0	0	0	0	0	0	0	1	0
S_4	0	0	1	0	1	0	0	0	0	0	0	0	0	0	0	0	0	0	0
S_5	0	0	1	0	0	1	0	0	0	0	0	0	0	0	0	0	0	0	0
S_6	1	0	0	0	0	0	1	0	0	0	0	0	0	0	0	0	0	0	0
S_7	0	0	1	0	0	0	0	1	0	1	0	0	0	0	0	0	0	0	0
S_8	0	0	1	0	0	0	1	0	1	0	0	0	0	0	0	0	0	0	0
S_9	1	0	0	0	0	0	0	0	0	1	0	0	0	0	0	0	0	0	0
S_{10}	0	0	0	0	0	0	0	0	0	1	1	0	0	0	0	0	0	0	0
S_{11}	0	0	0	0	0	0	0	0	0	1	0	1	0	0	0	0	0	0	0
S_{12}	0	0	1	0	0	0	1	0	0	1	0	0	1	0	0	0	0	0	0
S_{13}	0	0	0	0	0	0	0	0	1	0	0	0	1	1	1	0	0	0	0
S_{14}	0	0	1	0	0	0	1	0	0	0	0	0	0	0	1	0	0	0	0
S_{15}	0	0	1	0	0	0	1	0	0	0	0	0	0	0	0	1	0	0	0
S_{16}	0	0	0	0	0	0	0	0	0	0	0	0	0	0	0	0	1	1	0
S_{17}	1	0	0	0	0	0	0	0	0	0	0	0	0	0	0	0	0	1	0
S_{18}	0	0	0	0	0	0	0	0	0	0	0	0	0	0	0	0	0	1	1

7.2.2.4 建立系统的可达矩阵

由邻接矩阵计算可达矩阵 R，由 $(M+I)^4=(M+I)^3$，得可达矩阵 $R=(M+I)^4=(M+I)^3$，表示为矩阵形式：

R=

	S_0	S_1	S_2	S_3	S_4	S_5	S_6	S_7	S_8	S_9	S_{10}	S_{11}	S_{12}	S_{13}	S_{14}	S_{15}	S_{16}	S_{17}	S_{18}
S_0	1	0	0	0	0	0	0	0	0	0	0	0	0	0	0	0	0	0	0
S_1	1	1	1	0	0	0	1	0	0	1	1	1	1	0	0	0	0	0	0
S_2	1	0	0	0	0	0	0	0	0	0	0	0	0	0	0	0	0	0	0
S_3	1	0	0	1	0	0	0	0	0	0	0	0	0	0	0	0	0	1	0
S_4	1	0	1	0	1	0	0	0	0	0	0	0	0	0	0	0	0	0	0
S_5	1	0	1	0	0	1	0	0	0	0	0	0	0	0	0	0	0	0	0
S_6	1	0	0	0	0	0	1	0	0	0	0	0	0	0	0	0	0	0	0
S_7	1	0	1	0	0	0	0	1	0	1	0	0	0	0	0	0	0	0	0
S_8	1	0	1	0	0	0	1	0	1	0	0	0	0	0	0	0	0	0	0
S_9	1	0	0	0	0	0	0	0	0	1	0	0	0	0	0	0	0	0	0
S_{10}	1	0	0	0	0	0	0	0	0	1	1	0	0	0	0	0	0	0	0
S_{11}	1	0	0	0	0	0	0	0	0	1	0	1	0	0	0	0	0	0	0
S_{12}	1	0	1	0	0	0	1	0	0	1	0	0	1	0	0	0	0	0	0
S_{13}	1	0	1	0	0	0	1	0	1	1	0	0	1	1	1	0	0	0	0
S_{14}	1	0	1	0	0	0	1	0	0	0	0	0	0	1	1	0	0	0	0
S_{15}	1	0	1	0	0	0	1	0	0	0	0	0	0	0	1	0	0	0	0
S_{16}	1	0	0	0	0	0	0	0	0	0	0	0	0	0	0	0	1	1	0
S_{17}	1	0	0	0	0	0	0	0	0	0	0	0	0	0	0	0	0	1	0
S_{18}	1	0	0	0	0	0	0	0	0	0	0	0	0	0	0	0	0	1	1

7.2.2.5 对可达矩阵进行级间划分

根据可达矩阵，计算所有因素的可达集 R（S_i），前因集 A（S_i）及 R（S_i）与 A（S_i）的交集[11]，如表 7-7 所示。由于因素 S_0 的可达集等于它的前因集与可达集的交集，即 R（S_0）$=R$（S_0）$\cap A$（S_0），所以因素 S_0 是层次结构模型最高级。

找出最高级要素集 S_0 后，将其从可达矩阵中划去相应的行和列，形成新的可达集和前因集关系表，如表 7-8 所示。

表 7-7 第一级的可达集与前因集

要素	R（n_i）	A（n_i）	R（n_i）$\cap A$（n_i）
S_0	S_0	S_0，S_1，S_2，S_3，S_4，S_5，S_6，S_7，S_8，S_9，S_{10}，S_{11}，S_{12}，S_{13}，S_{14}，S_{15}，S_{16}，S_{17}，S_{18}	S_0
S_1	S_0，S_1，S_2，S_6，S_9，S_{10}，S_{11}，S_{12}	S_1	S_1
S_2	S_0、S_2	S_1，S_2，S_4，S_5，S_7，S_8，S_{12}，S_{13}，S_{14}，S_{15}	S_0，S_2
S_3	S_0，S_3，S_{17}	S_3	S_3
S_4	S_0，S_2，S_4	S_4	S_4
S_5	S_0，S_2，S_5	S_5	S_5
S_6	S_0，S_6	S_1，S_6，S_{12}，S_{13}，S_{14}，S_{15}	S_6
S_7	S_0，S_2，S_7，S_9	S_7	S_7
S_8	S_0，S_2，S_6，S_8	S_8，S_{13}	S_8
S_9	S_0，S_9	S_1，S_7，S_9，S_{10}，S_{11}，S_{12}，S_{13}	S_9
S_{10}	S_0，S_9，S_{10}	S_1，S_{10}	S_{10}
S_{11}	S_0，S_9，S_{11}	S_1，S_{11}	S_{11}
S_{12}	S_0，S_2，S_6，S_9，S_{12}	S_1，S_{12}，S_{13}	S_{12}
S_{13}	S_0，S_2，S_6，S_8，S_9，S_{12}，S_{13}，S_{14}	S_{13}	S_{13}
S_{14}	S_0，S_2，S_6，S_{14}	S_{14}	S_{14}
S_{15}	S_0，S_2，S_6，S_{15}	S_{15}	S_{15}
S_{16}	S_0，S_{16}，S_{17}	S_{16}	S_{16}
S_{17}	S_0，S_{17}	S_2，S_{16}，S_{17}，S_{18}	S_{17}
S_{18}	S_0，S_{17}，S_{18}	S_{18}	S_{18}

表 7-8 第二级的可达集与前因集

要素	$R(n_i)$	$A(n_i)$	$R(n_i)\cap A(n_i)$
S_1	S_1，S_2，S_6，S_9，S_{10}，S_{11}，S_{12}	S_1	S_1
S_2	S_2	S_1，S_2，S_4，S_5，S_7，S_8，S_{12}，S_{13}，S_{14}，S_{15}	S_2
S_3	S_3，S_{17}	S_3	S_3
S_4	S_2，S_4	S_4	S_4
S_5	S_2，S_5	S_5	S_5
S_6	S_6	S_1，S_6，S_{12}，S_{13}，S_{14}，S_{15}	S_6
S_7	S_2，S_7，S_9	S_7	S_7
S_8	S_2，S_6，S_8	S_8，S_{13}	S_8
S_9	S_9	S_1，S_7，S_9，S_{10}，S_{11}，S_{12}，S_{13}	S_9
S_{10}	S_9，S_{10}	S_1，S_{10}	S_{10}
S_{11}	S_9，S_{11}	S_1，S_{11}	S_{11}
S_{12}	S_2，S_6，S_9，S_{12}	S_1，S_{12}，S_{13}	S_{12}
S_{13}	S_2，S_6，S_8，S_9，S_{12}，S_{13}，S_{14}	S_{13}	S_{13}
S_{14}	S_2，S_6，S_{14}	S_{14}	S_{14}
S_{15}	S_2，S_6，S_{15}	S_{15}	S_{15}
S_{16}	S_{16}，S_{17}	S_{16}	S_{16}
S_{17}	S_{17}	S_2，S_{16}，S_{17}，S_{18}	S_{17}
S_{18}	S_{17}，S_{18}	S_{18}	S_{18}

从表 7-7 可知因素 S_2、S_6、S_9、S_{17}是属于第 2 级别的因素，依此类推，可形成表 7-9 和表 7-10，得到第 3 级别的因素为 S_3、S_4、S_5、S_7、S_8、S_{10}、S_{11}、S_{12}、S_{14}、S_{15}、S_{16}、S_{18}；第 4 级别的因素为 S_1、S_{13}。

表 7-9 第三级的可达集与前因集

要素	$R(n_i)$	$A(n_i)$	$R(n_i)\cap A(n_i)$
S_1	S_1，S_{10}，S_{11}，S_{12}	S_1	S_1
S_3	S_3	S_3	S_3
S_4	S_4	S_4	S_4
S_5	S_5	S_5	S_5
S_7	S_7	S_7	S_7
S_8	S_8	S_8，S_{13}	S_8
S_{10}	S_{10}	S_1，S_{10}	S_{10}
S_{11}	S_{11}	S_1，S_{11}	S_{11}
S_{12}	S_{12}	S_1，S_{12}，S_{13}	S_{12}
S_{13}	S_8，S_{12}，S_{13}，S_{14}	S_{13}	S_{13}
S_{14}	S_{14}	S_{14}	S_{14}
S_{15}	S_{15}	S_{15}	S_{15}
S_{16}	S_{16}	S_{16}	S_{16}
S_{18}	S_{18}	S_{18}	S_{18}

表 7-10　第四级的可达集与前因集

要素	$R\ (n_i)$	$A\ (n_i)$	$R\ (n_i)\ \cap A\ (n_i)$
S_1	S_1	S_1	S_1
S_{13}	S_{13}	S_{13}	S_{13}

7.2.2.6　建立结构模型

由此可以得出级间划分的可达矩阵 R^*。R^* 中行和列的排列顺序为 S_0、S_2、S_6、S_9、S_{17}、S_3、S_4、S_5、S_7、S_8、S_{10}、S_{11}、S_{12}、S_{14}、S_{15}、S_{16}、S_{18}、S_1、S_{13}。

$R^*=$

	S_0	S_2	S_6	S_9	S_{17}	S_3	S_4	S_5	S_7	S_8	S_{10}	S_{11}	S_{12}	S_{14}	S_{15}	S_{16}	S_{18}	S_1	S_{13}
L_1S_0	1	0	0	0	0	0	0	0	0	0	0	0	0	0	0	0	0	0	0
L_2S_2	1	1	0	0	0	0	0	0	0	0	0	0	0	0	0	0	0	0	0
S_6	1	0	1	0	0	0	0	0	0	0	0	0	0	0	0	0	0	0	0
S_9	1	0	0	1	0	0	0	0	0	0	0	0	0	0	0	0	0	0	0
S_{17}	1	0	0	0	1	0	0	0	0	0	0	0	0	0	0	0	0	0	0
L_3S_3	1	0	0	0	1	1	0	0	0	0	0	0	0	0	0	0	0	0	0
S_4	1	1	0	0	0	0	1	0	0	0	0	0	0	0	0	0	0	0	0
S_5	1	1	0	0	0	0	0	1	0	0	0	0	0	0	0	0	0	0	0
S_7	1	1	0	1	0	0	0	0	1	0	0	0	0	0	0	0	0	0	0
S_8	1	1	1	0	0	0	0	0	0	1	0	0	0	0	0	0	0	0	0
S_{10}	1	0	0	1	0	0	0	0	0	0	1	0	0	0	0	0	0	0	0
S_{11}	1	0	0	1	0	0	0	0	0	0	0	1	0	0	0	0	0	0	0
S_{12}	1	1	1	1	0	0	0	0	0	0	0	0	1	0	0	0	0	0	0
S_{14}	1	1	1	0	0	0	0	0	0	0	0	0	0	1	0	0	0	0	0
S_{15}	1	1	1	0	0	0	0	0	0	0	0	0	0	0	1	0	0	0	0
S_{16}	1	0	0	0	1	0	0	0	0	0	0	0	0	0	0	1	0	0	0
S_{18}	1	0	0	0	1	0	0	0	0	0	0	0	0	0	0	0	1	0	0
L_4S_1	1	1	1	1	0	0	0	0	0	0	1	1	1	0	0	0	0	1	0
S_{13}	1	1	1	1	0	0	0	0	0	1	0	0	1	1	0	0	0	0	1

R^* 中对角线上的每个单位矩阵，所对应的全部行因素为一个递阶结构层次。从 R^* 中可以看出，影响烟叶可持续发展的因素共有有 3 层，分别是：

第 1 层：S_2、S_6、S_9、S_{17}

第 2 层：S_3、S_4、S_5、S_7、S_8、S_{10}、S_{11}、S_{12}、S_{13}、S_{14}、S_{15}、S_{16}、S_{18}

第 3 层：S_1、S_{13}

这 3 层因素集中反映了影响烤烟生产稳定发展的主要原因，它们之间的层次关系形成了有一定逻辑关系的影响因素链，通过 R^* 可绘出影响因素如

图 7－2的结构模型图。

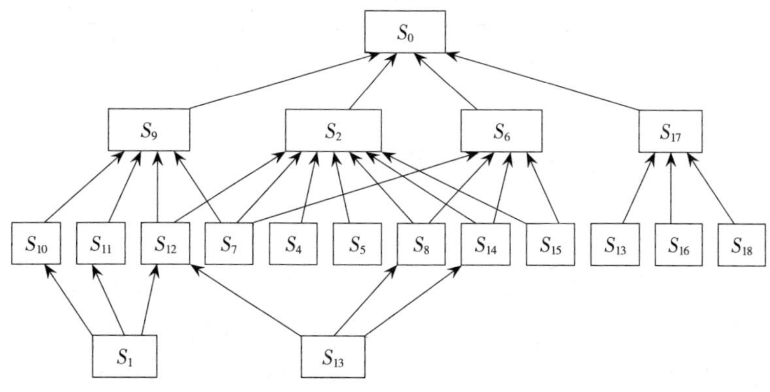

图 7－2　结构模型

根据结构模型建立 ISM 模型，见图 7－3。

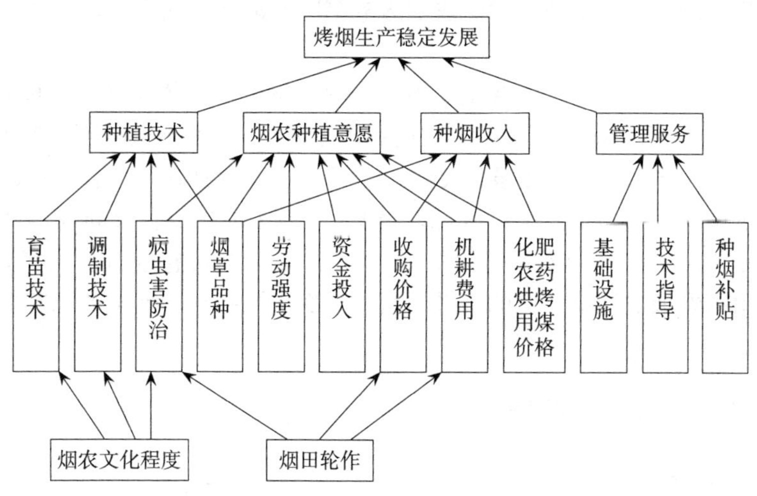

图 7－3　解释结构模型（ISM）

7.2.3　ISM 分析

从图 7－3 所示的递阶解释结构模型可以看出，影响烤烟生产的各个因素及相互关系，在影响烤烟生产稳定发展（S_0）的因素链中，最直接因素，也就是表层现象原因取决于种植技术、烟农种植意愿、种烟收入、管理服务等因素。中层原因为育苗技术、调制技术、病虫害防治、烟草品种、劳动强度、资金投入、收购价格、机耕费用、化肥农药烘烤用煤价格、基础设施、技术指导、种烟补贴等因素。而影响烤烟生产稳定发展的根源则是烟农文化程度和烟田轮作制度。

7.3 烟农种植烤烟意愿影响因素分析

烤烟生产是一个自然再生产与经济再生产的交织过程，与小麦、玉米等大宗农作物相比，对生态环境有特殊的要求，生产周期长、环节多，不可控、不确定因素影响大。同时烟叶作为专卖品，其生产、交售受到严格的政府管制，生产交售过程中任何一个工序出现问题都将对烟农的收入产生很大影响。因此，烟农的个人特征、家庭状况、生产投入以及烟草公司对烟农的服务等因素在很大程度上对农户种烟的积极性产生影响。据以上分析，认为烟农受教育程度的高低、性别、年龄，烟农家庭人口特征、从事烤烟生产的经验、种烟收入和生产投入能力，烟草公司对烟农的服务等因素都会对烟农种烟意愿产生一定的影响。

烟农种烟意愿究竟受哪些主要因素影响，还未有人做过此方面的研究，鉴于此，2009 年对河南省烤烟主产区进行了烟农问卷调查，调查区域有：卢氏县、洛宁县、济源市、襄城县、郏县、汝州市、临颍县、内乡县、社旗县、邓州市、确山县、泌阳县、平桥区和鹿邑县，共 14 个县，发放问卷 700 份，有效问卷 604 份，有效问卷率为 86.3%。下面对调查问卷进行计量经济分析，试图找出影响烟农种烟意愿的关键因素，为稳定河南省烤烟生产稳定发展提供合理依据。

7.3.1 变量定义与模型选择

7.3.1.1 变量定义

根据前面的分析，对影响烟农种烟意愿的因素分为四大类，即个人特征变量，包括性别、年龄和受教育程度；家庭特征变量，包括所处地貌、种烟劳动力人数、种烟烟龄和种烟收入占全部收入的比例；生产投入特征变量，包括资金投入难问题、烟田基础设施、是否进行轮作、有密集烤房数量；种烟环境特征变量，包括对烟草公司技术服务满意度、烤烟种植保险、烤烟生产专业合作社、烟叶收购站的服务。各类影响因素又设置了若干变量，变量定义如表 7-11所示。

表 7-11　变量定义及描述统计

变量名称	变量定义	预期作用方向
被解释变量		
种烟意愿（Y）	愿意=1，不愿意=0	
解释变量		
1. 个人特征变量		
性别（X_1）	男=1，女=0	+/−
年龄（X_2）	30 岁以下=0，31～40 岁=1，41～50 岁=2，51 岁以上=3	+/−
受教育程度（X_3）	文盲=0，小学=1，初中=2，高中及以上=3	+
2. 家庭特征变量		
所处地貌（X_4）	丘陵或山区=1，平原=0	+
种烟劳动力人人数（X_5）	用 2009 年的数据	+
种烟烟龄（X_6）	5 年以下=0，6～10 年=1，11～15 年=2，16 年以上=3	+
种烟收入占全部收入的比例（X_7）	用 2009 年的数据	+
3. 生产投入特征变量		
资金投入难问题（X_8）	存在=1，不存在=0	−
烟田基础设施（X_9）	有配套设施=1，无配套设施=0	+
是否进行轮作（X_{10}）	每年轮作=1，不轮作=0	+
有密集烤房数量（X_{11}）	用 2009 年的数据	+
4. 种烟环境变量特征		
对烟草公司技术服务满意度（X_{12}）	满意=1，不满意=0	+
烤烟种植保险（X_{13}）	愿意参加=1，不愿意参加=0	+
烤烟生产专业合作社（X_{14}）	愿意参加=1，不愿意参加=0	+
烟叶收购站的服务（X_{15}）	满意=1，不满意=0	+

注：“+”表示影响因素对被解释变量起正相关作用，“−”表示影响因素对被解释变量起负相关作用，“+/−”表示不相关或无法确定影响方向。

7.3.1.2　模型选择

为了检验烟农种烟意愿及其影响因素，根据变量分类，将烟农的种烟意愿影响因素设定为以下函数形式：

$$Y=F(X)+\mu$$

式中，Y 为烟农的种烟意愿，含义为“愿意”或“不愿意”，属于二元变量，由于传统的回归模型因变量的取值范围在$-\infty\sim+\infty$，在此不适用，因此将因变量作 Logistic 转换，即：

$$Q=\ln\frac{p}{1-p}=b_0+b_1X_1+b_2X_2+\cdots b_iX_i+b_k$$

p 值表示愿意种烟（$Y=1$）的概率，$1-p$ 表示不愿意种烟（$Y=0$）的概率，i 表示影响种烟意愿的变量个数 b_0 表示回归截距，b_i 表示第 i 个影响因素的回归系数，k 表示影响这一概率的因素个数。

7.3.2 问卷调查统计（见表 7-12）

表 7-12 问卷调查统计表

调查项目	统计结果
种烟意愿（Y）	不愿意 57.28%，愿意 42.72%
性别（X_1）	男性 97.68%，女性 2.32%
年龄（X_2）	30 岁以下 2.98%，31～40 岁 24.17%，41～50 岁 46.36%，51 岁以上 26.49%
受教育程度（X_3）	文盲 0.99%，小学 9.27%，初中 65.56%，高中及以上 24.17%
所处地貌（X_4）	山区或丘陵 51.99%，平原 48.01%
种烟劳动力人数（X_5）	平均种烟劳动力数为 2.63
种烟烟龄（X_6）	5 年以下 12.58%，6～10 年 29.8%，11～15 年 34.11%，16 年以上 23.51%
种烟收入占全部收入的比例（X_7）	平均值 0.63%
资金投入难问题（X_8）	存在 46.36%，不存在 53.64%
烟田基础设施（X_9）	无配套设施 40.4%，有配套设施 59.6%
是否进行轮作（X_{10}）	每年轮作 31.42%，不轮作 68.54%
有密集烤房数量（X_{11}）	平均密集烤房数量 1.31 个
对烟草公司技术服务满意度（X_{12}）	满意 67.88%，不满意 32.12%
烤烟种植保险（X_{13}）	愿意参加 91.72%，不愿意参加 8.28%
烤烟生产专业合作社（X_{14}）	愿意参加 85.43%，不愿意参加 14.57%
烟叶收购站的服务（X_{15}）	满意 65.89%，不满意 34.11%

7.3.2.1 烟农个人基本特征

在 604 份有效问卷中，男性填写占 97.68%，女性仅占 2.32%，其中种烟积极性较高的农户所占比例为 42.72%，种烟积极性不高的农户所占比例为 57.28%，接受调查的烟农年龄大部分在 30～50 岁之间，所占比例为 70.53%，受教育程度主要为初中文化程度，所占比例为 65.56%。

7.3.2.2 烟农家庭基本特征

烟农家庭在山区或丘陵地区占 51.99%，处于平原地区占 48.01%，家庭收入以种烟为主要来源（种烟收入占全部家庭收入的比例≥50%）的家庭为490户，所占比例为81.13%，种烟时间超过5年的家庭共528户，所占比例为87.42%，家庭平均种烟劳动力人数为2.63个。

7.3.2.3 烟农种烟投入基本特征

在种烟过程中存在资金难问题的家庭共280户，占调查家庭的46.36%，烟田基础设施完善所占比例为59.6%，在生产过程中每年轮作的家庭仅占31.42%，这可能与河南省农村人均耕地面积少有关，家庭平均拥有密集烤房数量1.31座。

7.3.2.4 种烟环境基本特征

对烟草公司技术服务满意的家庭共410户，占67.88%，对烟叶收购站的服务感到满意的家庭为398户，占65.89%，愿意给种烟买保险的家庭为554户，占91.72%，愿意参加烤烟生产专业合作社的家庭所占比例为85.43%。

7.3.3 计量结果与分析

7.3.3.1 计量结果

运用SPSS13.0软件对所统计的数据做Logistic回归，并采用“向后筛选”的数据处理方法，即将所有解释变量引入回归方程，进行模拟计量，得到模型一，然后将Wald值最小的解释变量剔除，再进行回归，直到所有的解释变量均达到显著水平为止，得到模型二，结果见表7-13。从模型二的结果来看，模型的判别精度较高，预测准确率达到了77.5%，极大似然值为316.069，Nagelkerke R^2 的值为0.368，说明模型的整体拟合效果较好，回归结果可信度较高。

表7-13 Logit模型估计结果

变量	模型一					模型二				
Variable	回归系数 (B)	标准误 (S.E.)	沃尔德值 (Wald)	显著度 (Sig.)	发生比率 Exp (B)	回归系数 (B)	标准误 (S.E.)	沃尔德值 (Wald)	显著度 (Sig.)	发生比率 Exp (B)
X_1	1.042	1.16	0.807	0.369	2.835	—	—	—	—	—
X_2	0.439	0.185	5.622	0.018	1.552	0.363	0.177	4.228	0.04	1.438
X_3	0.183	0.258	0.501	0.479	1.2	—	—	—	—	—
X_4	0.59	0.353	2.788	0.095	0.554	0.257	0.305	0.711	0.079	0.773
X_5	0.379	0.182	4.331	0.037	1.461	0.428	0.175	5.982	0.014	1.533
X_6	0.232	0.144	2.591	0.107	0.793	0.415	0.242	4.682	0.017	1.674
X_7	2.215	0.746	8.808	0.003	9.158	2.071	0.714	8.413	0.004	7.936
X_8	0.135	0.302	0.199	0.656	1.144	—	—	—	—	—

（续）

变量 Variable	模型一					模型二				
	回归系数（B）	标准误（S. E.）	沃尔德值（Wald）	显著度（Sig.）	发生比率 Exp（B）	回归系数（B）	标准误（S. E.）	沃尔德值（Wald）	显著度（Sig.）	发生比率 Exp（B）
X_9	0.489	0.316	2.399	0.121	0.613	—	—	—	—	—
X_{10}	0.933	0.332	7.88	0.005	2.541	1.012	0.302	11.238	0.001	2.75
X_{11}	0.016	0.094	0.03	0.863	1.016	—	—	—	—	—
X_{12}	0.837	0.36	5.394	0.02	2.308	0.716	0.33	4.721	0.03	2.046
X_{13}	2.904	0.844	11.848	0.001	18.251	2.537	0.789	10.349	0.001	12.641
X_{14}	−0.484	0.466	1.078	0.299	0.616	—	—	—	—	—
X_{15}	1.173	0.452	6.75	0.009	3.233	1.142	0.423	7.302	0.007	3.133
C	−8.395	1.754	22.895	0	0	−7.408	1.185	39.087	0	0.001
预测准确率	79.50%					77.50%				
对数似然值	308.361					316.069				
卡方检验值	104.44					96.732				
Nagelkerke R^2	0.392					0.368				

7.3.3.2 回归结果分析

（1）烟农的年龄（X_2）变量的回归系数为0.363，且通过了5%的显著水平检验，也就是说烟农年龄对种烟意愿有正的影响，烟农年龄越大种烟的意愿越强，年龄大的烟农由于长期种烟已养成种烟习惯，难以改变。

（2）所处地貌（X_4）变量的回归系数为0.257，且通过了10%的显著水平检验，也就是说处于山区或丘陵地区的烟农种烟意愿更强，主要是这些地区种植粮食作物产量低，非农就业机会少，农民倾向于选择种植经济作物。

（3）种烟劳动力人数（X_5）变量的回归系数为0.428，且通过了5%的显著水平检验，也就是说家庭中种烟的劳动力越多，其家庭的种烟意愿越强，同时也说明了其家庭对种烟的依赖性较强。

（4）种烟烟龄（X_6）变量的回归系数为0.415，且通过了5%的显著水平检验，也就是说烟农种烟的时间越久种烟意愿越强，主要是种烟对技术要求较高，经验非常重要。

（5）种烟收入占全部收入的比例（X_7）变量的回归系数为2.071，且通过了1%的显著水平检验，这个结论显而易见，家庭收入主要来源于种烟收入其种烟意愿和积极性就高。

（6）是否进行轮作（X_{10}）变量的回归系数为1.012，且通过了1%的显著水平检验，进行轮作可以减少病虫害和提高烤烟生产的产量、质量，同时也说明河南省烤烟生产轮作困难，这主要与目前农村土地经营制度有关。

（7）对烟草公司技术服务满意度（X_{12}）变量的回归系数为 0.716，且通过了 5%的显著水平检验，烤烟种植与粮食作物种植相比，生产环节多、对技术要求高，因此烟草公司的技术服务越到位，烟农种烟的意愿和积极性也会越高。

（8）烟叶种植保险（X_{13}）变量的回归系数为 2.537，且通过了 1%的显著水平检验，烤烟生产以叶片为收获目的，容易受到自然灾害的影响，因此愿意参加烟叶种植保险的烟农种烟意愿和积极性较高。

（9）烟叶收购站的服务（X_{15}）变量的回归系数为 1.142，且通过了 1%的显著水平检验，烟叶用途单一，而且是专卖品，烟农生产的烟叶只能卖给烟草公司。因此，烟叶收购站的服务质量将会对烟农种烟意愿和积极性产生较大的影响，从回归结果看，烟叶收购站的服务越好烟农种烟意愿和积极性就越高。

（10）性别（X_1）、受教育程度（X_3）、资金投入难问题（X_8）、烟田基础设施（X_9）、有密集烤房数量（X_{11}）、烤烟生产专业合作社（X_{14}）等变量没有通过显著性检验。在调查对象中男性占绝对的高比例，实际上调查数据代表的是烟农整个家庭的种植意愿，因此性别变量并不重要；受教育程度高的农民更倾向于外出打工等非农就业，从而降低了其种烟意愿和积极性，另外从问卷调查统计特征也可以看出，被调查者中年龄在 40 岁以上占 72.87%，初中文化程度占 65.56%，因此有较高文化程度、年龄在 40 岁以下的年轻人种烟意愿并不强。不缺乏生产投入资金并不能增强烟农种烟意愿和积极性，这里存在投入的机会成本问题，烟农可以将这部分资金投入其他用途。烟田基础设施和密集烤房等生产基础设施建设项目近年来主要由烟草行业投资兴建，这与预期的影响方向有偏差，综合分析分为这两项因素在目前烤烟种植中只能起到保健因素，而起不到激励效果。种烟专业合作社由于刚刚起步，广大烟农对其认知度还较低，因此也不构成对烟农种烟意愿和积极性的影响。

7.4 本章小结

本章采取问卷调查的方式，以豫中烟区为对象，在推进现代烟草农业建设的背景下，从烟农视角分析和查找影响烟叶生产稳定发展的障碍因素，结果表明，烟区多数烟农年龄在 50 岁左右，文化程度以初中文化为主，烤烟生产仍然是以“小农生产、分散种植、粗放经营”为主的传统农业生产方式，户均种植规模主要集中在 0.27～0.67 公顷，烟农在长期的实践中对种植技术比较熟悉，烤烟种植收入比较稳定。烤烟种植劳动用工多强度大、比较效益不高、病虫害多和机会成本高是阻碍烟农种烟的主要原因，影响烟农种烟积极性主要是管理问题而不是技术本身。烟农对病虫害防治技术和测土配方施肥技术需求迫切，希望得到生产资料补贴；烟农希望烟草部门加大生产投入，继续做好技术指导，对烟草部门的服务较为满意。ISM 模型分析表明，影响烤烟生产稳定发展的因素链中，直接因素是种植技术、烟农种植意愿、种烟收入、管理服务等因素；中层因素是育苗技术、调制技术、病虫害防治、烟草品种、劳动强度、资金投入、收购价格、机耕费用、化肥农药烘烤用煤价格、基础设施、技术指导、种烟补贴等因素；基础因素是烟农文化程度和烟田轮作制度。对烟农种植意愿影响因素的实证分析表明，烟农年龄、所处地貌、种烟劳动力人数、种烟烟龄、种烟收入占全部收入的比例、是否进行轮作、对烟草公司技术服务满意度、参加烟叶种植保险意愿、烟叶收购站的服务等因素都会对烟农种烟的意愿和积极性产生正的影响，而烟农性别、受教育程度、资金投入难问题、烟田基础设施、有密集烤房数量、烤烟生产专业合作社等因素不对烟农种烟意愿产生影响。另外，烟田基础设施和密集烤房等基础设施建设虽然不能起到激励作用，但作为保健因素在稳定烟农种烟积极性方面不可或缺。

8 河南省烤烟生产稳定发展的关键因素

烤烟生产的稳定发展离不开烟草行业政策、国家宏观经济政策以及所处的农业生产大环境，尤其是在国家大力推进现代化的背景下，工业化、城市化和农业产业化进程加快，烤烟生产的宏观形势发生了巨大变化。本章将探讨烟草行业政策、宏观经济政策、农业经济政策以及生产要素投入等因素对河南省烤烟生产稳定发展的影响，希望从宏观的层面和生产要素投入等方面分析烤烟生产的关键因素，为实现河南省烤烟生产稳定发展提供理论基础。

8.1 经济政策

8.1.1 烟草行业政策

8.1.1.1 北烟南移现象

按地理区域，我国烤烟产区分为五大烟区。一是西南烟区，包括云南、贵州、四川、重庆；二是中南烟区，包括湖北、湖南、江西、福建、广东、广西；三是黄淮烟区，包括河南、山东、安徽、山西、河北；四是东北烟区，包括黑龙江、吉林、辽宁、内蒙古；五是西北烟区，包括陕西、甘肃、宁夏、新疆[175]。习惯上将黄淮烟区、东北烟区和西北烟区称为北方烟区，将西南烟区和中南烟区称为南方烟区。纵观我国烤烟生产几十年来的布局变迁，可以看出生产中心呈逐渐南移趋势，1950—1988 年，北方烟区烤烟收购量占全国总量的 50%以上，1989 年后南方烟区占 50%以上，北烟南移现象更加明显。1950—1987 年黄淮烟区烤烟收购量占全国总量的 40%以上，1993 年之后占全国总量在 20%以下，尤其是 2002 年之后占全国总量在 10%以下，而西南烟区 1988 年之后已经取代黄淮烟区占全国总量在 40%以上，在 2002 年之后占全国总量的 60%以上，中南烟区自 1966 年后占全国总量基本稳定在 10%～20%之间，在 2000 年之后稳定在 15%～20%，东北烟区和西北烟区占全国总量比例较小，近年来分别在 6%、3%左右。20 世纪 80 年代之前，我国烤烟生产布局基本上是北方烟区占主导，之后南方烟区（主要是西南烟区）不断攀升，形成了与我国粮食生产“南粮北移”截然相反的态势（图 8-1）。

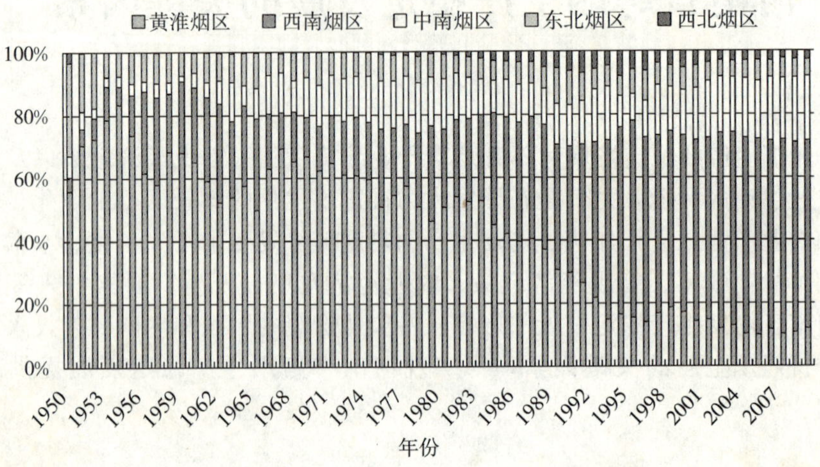

图 8-1 1950—2009 年我国烟区分布变化趋势

在黄淮烟区内部，各产烟省份生产布局也在不断发生变化，河南烟区除少数年份外收购量占黄淮烟区总量基本在 50%以上，2001—2009 年稳定在 60%以上，在黄淮烟区占主导地位；山东烟区在黄淮烟区居第二位，20 世纪 60 年代之前占黄淮烟区总量一度在 40%以上，70 年代后所占比例不断下滑，目前占黄淮烟区的比例在 20%～30%；安徽烟区占黄淮烟区比例也呈下滑趋势，目前在 7%左右；江苏烟区于 1994 年不在种植烤烟，山西、河北占比例较少。由此看来，由于山东、安徽烟区下滑速度较快，黄淮烟区主要靠河南省，河南烟区的兴衰关系到黄淮烟区的存亡，伴随着北烟南移，而河南省正成为我国粮食生产的核心产区，呈现出烟下粮上的态势（图 8-2）。

8.1.1.2 北烟南移的原因

北烟南移的原因是多方面的，一是种烟比较效益下降。黄淮烟区地处我国中东地区，自然资源禀赋优越，是我国粮食生产的主产区，粮食作物的复种方式以小麦—玉米一年两熟为主，而种植烤烟只能是一年一熟；东北、西北烟区由于自然资源限制种植烤烟和其他农作物一样只能实现一年一熟；南方烟区由于光热水等资源相对丰富，种植烤烟可以实现一年内烤烟和粮食等作物的接茬种植。同时，由于黄淮烟区种植烤烟历史悠久，而且多年连作，烟区发病率较

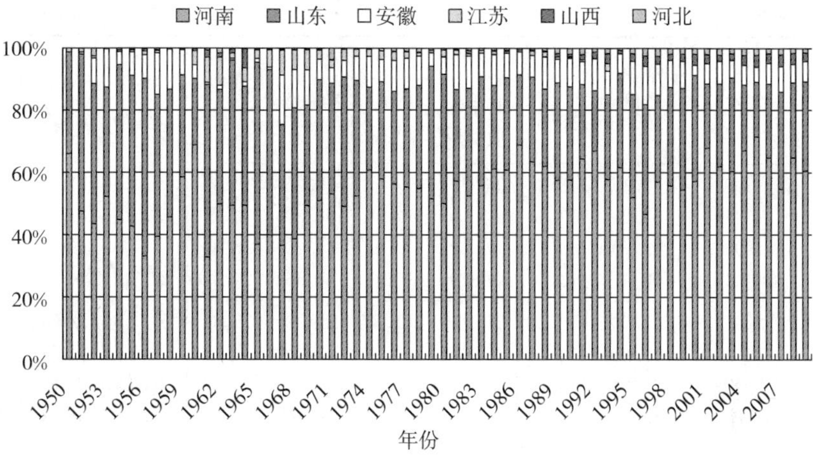

图 8-2 1950—2009 年黄淮烟区分布变化趋势

高，自然灾害频繁，对烤烟生产影响很大。

通过对我国 1990—1992 年、2005—2007 年烤烟与三种粮食（小麦、玉米、水稻）的生产成本收益的比较分析可知，前三年和后三年相比，粮食生产总成本增加 193.30%（其中物质费用增加 161.24%，人工成本增加 173.77%），净利润增加 243.83%，平均出售价格增加 168.04%，用工数量减少 45.99%，产值增加 204.72%；而烤烟生产总成本增加 277.56%（其中物质费用增加 248.95%，人工成本增加 271.23%），净利润减少 40.76%，平均出售价格增加 203.43%，用工数量减少 23.67%，产值增加 191.25%。与粮食生产相比，单位面积烤烟生产投入大、用工量多，而收益较少，前三年种植烤烟是用 1.90 倍的物质投入、6.36 倍的人工投入换取和种植粮食 2.95 倍净利润，后三年种植烤烟是用 2.53 倍的物质投入、4.37 倍的人工投入换取和种植粮食 0.51 倍净利润（表 8-1）。正是由于种烟单位面积生产成本高、比较效益低，加之黄淮烟区非农就业机会增加，因而逐步减少了种植面积；而云贵等西南地区由于自然条件不适合种粮而较适合于种烟，加之交通不便，非农就业机会相对较少，因而增加了种烟面积。可见，“北烟南移”是烟农基于比较收益和机会成本自主选择的结果。

二是市场需求萎缩。在 20 世纪 80 年代之前，黄淮烟区在我国烤烟生产布局中占主导，我国卷烟风格形成以河南浓香型烟叶为主料的卷烟品牌，河南两烟曾经风靡一时。而 80 年代后，随着西南烟区在我国烤烟生产布局中主导地

表 8-1 每亩烤烟与三种粮食平均的成本收益比较表

单位：元、日、元/50 千克

作物	年份	产值	成本			净利润	成本利润率	平均出售价格	用工数量	补贴收入
			总成本	其中物质费用	其中人工成本					
三种粮食平均	1990	199.15	142.89	83.35	50.17	56.26	39.37	26.85	17.30	199.15
	1991	188.26	153.93	85.89	56.88	34.33	22.3	26.12	15.80	188.26
	1992	207.79	163.79	89.62	62.01	44.00	26.86	28.43	15.90	207.79
	三年平均 P_1	198.40	153.54	86.29	56.35	44.86	29.51	27.13	16.33	198.40
	2005	547.60	425.02	211.63	151.37	122.58	28.84	67.35	9.59	9.84
	2006	599.86	444.90	224.75	151.90	154.96	34.83	71.98	8.68	16.58
	2007	666.24	481.06	239.87	159.55	185.18	38.49	78.82	8.18	24.93
	三年平均 P_2	604.57	450.33	225.42	154.27	154.24	34.05	72.72	8.82	17.12
	$(P_2-P_1)/P_1\times100\%$	204.72	193.30	161.24	173.77	243.83	15.38	168.04	−45.99	−91.37
烤烟	1990	507.98	322.64	160.42	157.76	185.34	57.44	176.29	54.4	507.98
	1991	493.32	369.64	164.32	192.24	123.68	33.46	175.35	53.4	493.32
	1992	463.35	375.25	166.32	194.22	88.10	23.48	165.95	49.8	463.35
	三年平均 P_3	488.22	355.84	163.69	181.41	132.37	38.13	172.53	52.53	488.22
	2005	1 393.67	1 255.21	539.11	633.01	138.46	11.03	518.98	40.67	137.25
	2006	1 381.26	1 320.96	567.62	657.07	60.30	4.56	500.24	38.03	178.37
	2007	1 490.87	1 454.39	606.84	730.23	36.48	2.51	551.30	37.33	188.71
	三年平均 P_4	1 421.93	1 343.52	571.19	673.44	78.41	6.03	523.51	38.68	168.11
	$(P_4-P_3)/P_3\times100\%$	191.25	277.56	248.95	271.23	−40.76	−84.19	203.43	−26.37	−65.57
	P_3/P_1	2.46	2.32	1.90	3.22	2.95	1.29	6.36	3.22	2.46
	P_4/P_2	2.35	2.98	2.53	4.37	0.51	0.18	7.20	4.39	9.82

位的确立，形成了以西南烟区尤其是云南清香型烟叶为主料的卷烟品牌，卷烟产品对浓香型烟叶需求相应减少。1997 年我国烤烟生产出现严重的供大于求，烟叶市场由卖方市场转变为买方市场，市场的推动作用，即工业企业对原料的导向作用进一步显现，带动了南方烟区的快速发展，与黄淮烟区收购量大幅下降形成了鲜明的对比。我国卷烟产品创新已经从技术推动悄然变更为市场推动和技术拉动并重方式进行，在由技术推动向市场拉动转变的过程中，卷烟产品对烟叶原料的导向作用逐步放大（图8-3）。需求的力量是巨大的，来自市场的力量也是无穷的。尽管在专卖专营的体制下，在计划色彩浓重的烟草行业，市场机制这只无形的手，也在促进着烟叶资源的重新配置。

三是国家局政策取向。我国对烟草行业实行严格的政府管制，行业政策的

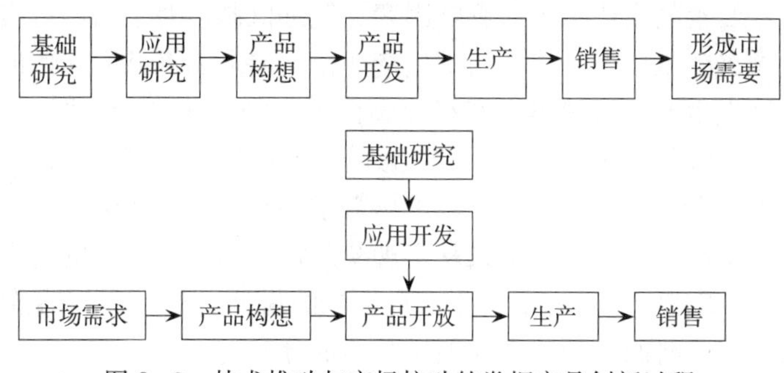

图 8-3 技术推动与市场拉动的卷烟产品创新过程

制定主要由国家局联合国务院有关部委（工信部、发改委、财政部等）出台，行业调控政策促进了北烟南移步伐的加快。近几年来，国家局提出“烟叶种植应从不适宜地区向适宜地区转移”，2003 年，国家局将第三轮《中国烟草种植区划》列为年度重点科研开发项目，项目涉及 20 个烟叶生产省份。同时国家局在种植收购计划的安排上，进一步向南方烟区倾斜，1993 年云南省烤烟收购计划为 22.5 万吨，占全国总量的 23.68%，到 2009 年收购计划达到 79.25 万吨，占全国总量的 34.92%，而河南省 1993 年收购计划为 37.5 万吨，占全国总量的 16.45%，到 2009 年收购计划仅为 15.4 万吨，占全国总量的 6.79%。

针对 1997 年我国烤烟总量失控、供过于求的状况，国家局为增强烟叶发展的宏观调控力度，1998 年底通过烟叶价区价格政策和收购价格总体水平保持不变，不断调整烟叶等级间价差的办法，发挥烟叶收购价格的经济杠杆导向作用。全国分五个价区，云南省产烟地市被定为一价区和二价区，而河南省除三门峡市为二价区外其他为三价区，一、二、三价区中准级收购价格（X2F）每 50 千克分别为 425、410、380 元，到 2009 年分别为 740、730、690 元，河南在价区上不占优势；与此同时 1998 年之后也取消烤烟生产投入补贴，为遏制各省隐形补贴，国家局在 2006 年出台文件规范生产投入补贴标准，但对不同的产区区别对待。2007 年河南省生产投入平均补贴标准为每 50 千克烟叶不超过烟叶收购价格的 17%，尽管高于云南省的 14.3%，但低于福建的 21%，考虑到价区的因素，单位种植面积实际补贴金额不及南方烟区。

8.1.2 宏观经济政策

烤烟生产离不开我国推进工业化、城镇化的大环境，在此背景下，耕地面积减少、农业结构调整，烤烟生产的外部环境不断变化。探讨河南省烤烟生产与需求系统各要素的变化特征、影响因素、促进机制，对于河南省实现烤烟生产稳定发展具有决策参考价值。烤烟生产变化是诸多因素共同作用的结果，从宏观上看，烤烟生产是自然再生产和社会再生产的有机结合，同时受到资源、环境、社会、经济及政策等多种因素的影响。不同地区的烤烟生产资源环境状况、要素投入水平、经济发展特征、市场需求结构、制度与政策偏好的改变，都可能使烤烟生产发生变化。前人从宏观视角将影响粮食生产的因素粗略分为直接因素和间接因素[176]，本章借鉴粮食生产的做法，建立以河南省烤烟生产为研究对象，构建时间序列数据模型进行实证分析。

8.1.2.1 河南省烤烟生产变化的直接影响因素

耕地是农业生产的重要载体，是进行烤烟生产不可或缺的基础要素。耕地资源越丰富的地区，能用于烤烟生产的土地就越多，在当前经济增长阶段，耕地非农化已成为普遍现象，但耕地仍是影响烤烟生产变化的重要原因。复种指数是反映耕地质量、区域水热条件及烟农生产意愿的重要指标。一般来讲，耕地质量好，水热条件优越的地区，烟农生产积极性往往较高，因而复种指数相应较高。烤烟播面比（烤烟种植面积占总播种面积的比重）是烟农在生产过程中耕地资源投入偏好变化的反映，直接受到烟农生产决策的影响。烤烟播面比越高，意味着投入到烤烟生产中的耕地资源相对更多，往往产量也越高。烤烟单产的持续增加是确保烤烟生产稳定发展的重要途径。严格意义上讲，烤烟单产并非烤烟生产的直接影响因素，只是一个计算出来的指标。它是农田水土资源状况、要素投入水平与效率等因素的综合反映。本章用单产作为品种更新、灌溉能力、化肥施用、自然灾害等因素的综合替代变量[177]。

8.1.2.2 河南省烤烟生产变化的间接影响因素

烤烟生产间接影响因素主要体现为经济发展与市场需求、政策因素等。从可度量、易分析的角度出发，选取城镇化、工业化和烟草行业政策三大因素进行分析，即假设河南省烤烟生产变化的间接影响因素可以归纳为城镇化、工业化、烟草生产支持政策等多因素综合影响下的烤烟生产比较效益变化。城镇化、工业化带来城乡居民、不同收入群体农产品消费结构与数量的变化，引致农业生产内部各产业间（尤其是替代作物之间）比较效益的变化，进而影响农户的生产决策，烤烟播面比变化正是这一决策的直接结果；基于烟草产业发展的行业政策也可能影响烤烟播面比的变化，如计划安排，收购价格和生产补贴政策调整，当然，这也是通过影响比较效益来影响农户生产决策。

8.1.2.3 模型构建

根据上述分析，以河南省烤烟总产量（T）作为被解释变量，选取城镇化水平（U）、工业化程度（I）、政策虚拟变量（D）作为关键解释变量，并以耕地面积（A）、复种指数（M）、烤烟播面比（R）、烤烟单产（Y）作为控制变量，探讨烤烟生产变化的间接影响因素。数据来源于1984—2009年《河南省统计年鉴》。模型形式如下：

$$T_{it}=\alpha_i+\beta_1 A_{it}+\beta_2 M_{it}+\beta_3 R_{it}+\beta_4 Y_{it}+\beta_5 U_{it}+\beta_6 I_{it}+\beta_7 D_{it}+\mu_{it}$$

本章以非农人口比重作为衡量城镇化水平的指标。工业化程度由第二产业增加值占GDP的比重来衡量。从图8-4可以看出，河南省城镇化率和工业化率不断提高，城镇化率由1983年的14.6%提高到2008年的36.0%，工业化率由1983年的35.48%提高到2008年的56.92%。至于政策因素，1997年全国烤烟生产出现严重供大于求，烟叶市场由卖方市场转变为买方市场，国家局相继出台了一系列计划、价格、生产投入政策规定，烤烟生产从1998年以来逐步实现了平稳发展。因此，设置政策虚拟变量来实证检验政策因素对河南省烤烟生产的影响是否显著[178]，该变量的取值在1983—1997年为0，1998—2008年为1。

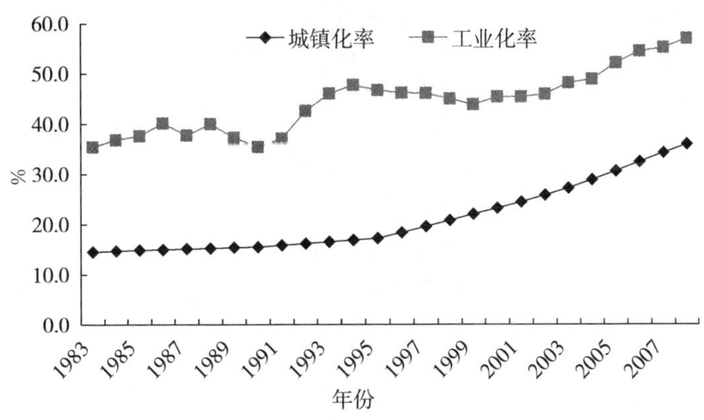

图8-4 1983—2008年河南省城镇化率和工业化率变化趋势

8.1.2.4 结果分析

通过对解释变量的逐步筛选，认为模型二较为合适。从表8-2的模型估计结果来看，耕地面积、城镇化率通过了10%的显著水平检验，其中耕地面积方向为正，城镇化率方向为负；烤烟播面比通过了5%的显著水平检验，方向为正；复种指数、烤烟单产均通过了1%的显著水平检验，且方向均为正。

表明城镇化对烤烟生产的变化有显著的影响，方向为负表明在城镇化水平高的地区，烤烟产量呈下降趋势；工业化未通过显著性检验，表明工业化对烤烟生产变化方向不确定，该因素对烤烟生产的影响较为复杂：一方面，工业化驱动耕地非农化，而当前形势下工业化带来的就业需求对农村劳动力非农转移有着巨大的吸引力，可能导致复种指数降低、烤烟播面比下降，这是负向的；另一方面，工业化能带来农业机械化程度的提高、农药及化肥等要素投入水平和效率的增加，有助于降低烤烟生产劳动强度、减少生产成本、增加生产效率，这对烤烟生产的影响是正向的。1998 年国家局为遏制烤烟生产盲目发展出台了一系列的政策措施，烟叶供大于求的市场形势发生了逆转。从表中政策虚拟变量未通过显著检验看，国家局的政策措施对河南烤烟生产稳定发展的作用收效甚微，烤烟生产仍在地位徘徊，没有改变从 1988 年以来下滑的态势。

表 8-2 影响因素模型估计结果

解释变量	模型一				模型二			
	Coefficient	Std. Error	t-Statistic	Prob.	Coefficient	Std. Error	t-Statistic	Prob.
α	−137.098 7	70.614 2	−1.941 5	0.068 0	−159.420 6	57.774 2	−2.759 4	0.012 1
A	0.007 4	0.005 9	1.271 9	0.219 6	0.009 0	0.004 8	1.858 4	0.077 9
M	0.372 8	0.202 8	1.838 2	0.082 6	0.451 9	0.175 7	2.572 6	0.018 2
R	22.069 9	1.102 7	20.015 2	0.000 0	21.811 3	0.927 6	23.5128	0.000 0
Y	0.016 5	0.002 1	7.994 5	0.000 0	0.016 7	0.001 8	9.332 0	0.000 0
U	−0.646 4	0.443 1	−1.459 0	0.161 8	−0.695 0	0.340 8	−2.039 0	0.054 9
I	0.020 9	0.176 7	0.118 0	0.907 4				
D	1.420 5	1.747 2	0.813 0	0.426 8				
Adjusted R^2	0.981 4				0.980 6			
F-statistic	136.008 7				201.800 4			
Durbin-Watson stat	1.900 2				1.857 6			

8.1.3 农业政策

8.1.3.1 土地经营制度

1978 年后，我国农村土地经营制度进行了一场里程碑式的改革，对农业生产产生了重大而深远的影响，相继实行农村联产承包责任制，统分结合，双层经营，表现出明显的自发演进和自下而上的需求诱导性制度变迁特征。依靠政策手段配置土地资源的"均田制"，突出了公平原则，在农业发展的一定阶段很大程度地释放了个体的潜能，推动了农业生产的发展[179]。但其局限性也十分明显，农户基本平等地搭配了不同地力的土地，而且土地的条块分割严重，经营规模过小，不利于机械化生产，现代农业技术难以有效采用，技术推广成本高、转化率低，物化生产成本以及劳动力成本偏高，规模经济难以发挥，其根本原因在于土地的细碎化。这种土地经营制度是以损失效率为代价，已严重制约了我国农业的现代化进程。烤烟生产和其他农作物生产一样也表现为“小而散”的种植方式，这种分散种植的生产组织管理方式，烟农基本上处于游离状态，缺乏有效的组织，绝大部分生产环节由烟农自己完成，而烟农的文化素质和技术素质普遍偏低，很多烟农难以完全掌握技术难度较大的环节，加之农村劳动力资源短缺，劳动力工资攀升，导致管理粗放，生产水平不高，烟叶质量差异性和波动性大，加大了为工业企业提供数量充足、质量大体一致的优质原料的难度。同时，随着农业大环境的变化及不确定性、不稳定性因素的增加，主要是生产成本居高不下，烟农增收乏力，烟叶生产科技含量不高，种植风险日益扩大，烟区生态环境持续恶化，稳定烟农队伍和稳定规模面临空前压力，烟叶生产稳定发展面临着严峻的考验。

8.1.3.2 农业新政

党的十六大以来，2004—2010 年中央连续 7 年发布以“三农”（农业、农村、农民）为主题的中央“一号文件”，强调了“三农”问题在我国社会主义现代化时期“重中之重”的地位，分别以促进农民增加收入、提高农业综合生产能力、推进社会主义新农村建设、发展现代农业、加强农业基础建设、加大统筹城乡发展力度为主题。农业大环境、农村面貌正在发生新的变化，尤其是中央实施粮食生产性专项补贴政策，主要有价格支持政策（即最低价收购政策）和生产资料补贴政策（“一免四补”优惠政策，即减免农业税；对农民实行粮食直接补贴、良种补贴、农机补贴和综合直补政策），2004 年起国家出台粮食最低收购价政策，2004 年政府实施“三减一补”政策，即粮食直接补贴、良种补贴、农机补贴和减免农业税和农业特产税（2006 年国家废除农业税，河南省于 2005 年废除），2006 年实施对种粮农民的农业生产资料综合直接补贴政策。2008 年党的十七届三中全会强调始终坚持工业反哺农业、城市支持农村和多予少取放活的方针，促进农业增产、农民增收、农村繁荣。农村新的形势，为烤烟生产稳定发展带来交通、信息、科技等新的机遇，但粮食最低收购价和“一免四补”等农业新政策对烟叶生产产生很大影响，单位面积粮食等农产品比较收益的多少势必影响包括烤烟在内的种植业结构调整，进而波及烤烟生产的稳定发展。

8.2 生产要素

8.2.1 土地

8.2.1.1 土地数量

一是可耕地面积减少。河南省人多地少，2008 年全省人口已达9 918万，人均耕地由 1978 年的 0.1 公顷下降到 2008 年的 0.07 公顷，农村人口人均耕地面积由 1978 年的 0.12 公顷下降到 2008 年的 0.11 公顷，下降不多，主要是由于农村劳动力转移促进城镇化发展较快，2008 年城镇化率已达 36.0%，土地资源仍然紧缺[180]（图 8-5）。以下两个因素导致耕地面积进一步减少，第一大因素是退耕还林，该因素在短期内存在，河南省烤烟种植主要集中在黄河以南、京广线以西的广大丘陵山区，该地区是河南省退耕还林的重点区域，所以对烤烟生产有较大影响；第二大因素是国家建设用地，这个因素会长期存在，尽管目前坚持“占一还一”的政策，但占用的多是良田，补充的多是旱地，主要原因是随着县域经济的发展，小城镇建设及城镇基础建设的需要，此外还有国家大型基础设施建设，如高速公路等，直接导致耕地面积减少。二是烟粮、烟经争地矛盾。在粮食生产主产区，由于烤烟生产成本利润率低、机会成本高，存在农民改种粮食或其他经济作物倾向，在非粮食主产区，尽管烤烟生产有一定的优势，但工业化、城镇化的发展导致耕地减少，存在烟粮争地的矛盾。三是烟田轮作倒茬困难。由于人均耕地面积小，烤烟种植连作套种严重，

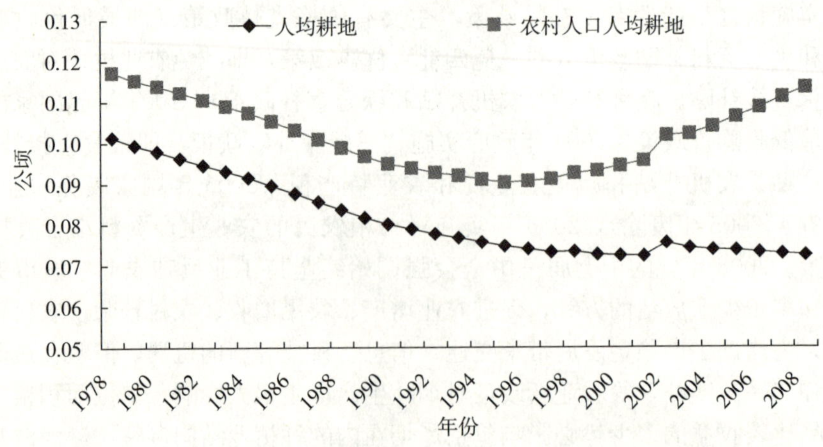

图 8-5　1978—2008 年河南省人均耕地面积和农村人口人均耕地面积变化趋势

对土地实行掠夺式经营，特别是有机质含量下降较为严重，造成土壤板结、团粒结构差，耕作层浅薄，蓄水保肥能力差、不耐旱，病虫害发生频繁，年际间单位面积产量波动较大。

8.2.1.2　土地生产率

土地生产率是指单位面积上的投入与产出的比值，通常用单位面积上的产品量或价值量来表示，其表达式为：土地生产率＝产品量或价值量/土地面积。从 2005—2007 年 3 年全国各省烤烟生产平均土地生产率看（表 8-3），就主产品产量而言，最高为山东，每亩为 176.43 千克，最低为贵州，114.87 千克，河南居第 13 位，为 128.77 千克，低于全国平均水平 135.27 千克；由于全国各省烤烟收购价区不同，收购价格也不同，最高为湖南（二价区），585.69 元/50 千克，最低为黑龙江（四价区），为 393.73 元/50 千克，河南（以三价区为主）据第 11 位，为 499.45 元/50 千克，低于全国平均水平 523.51 元/50 千克；由于单位面积产量和平均出售价格的差异，每亩的主产品产值的排序也有所变化，最高为湖南，为1 800.86元，最低为重庆，为1 091.83元，河南居第 10 位，为1 282.61元，低于全国平均水平1 415.87元。

表 8-3　2005—2007 年 3 年全国各省及河南省代表产烟县烤烟生产平均土地生产率

地区	主产品产量（千克/亩）	平均出售价格（元/50 千克）	主产品产值（元/亩）	地区	主产品产量（千克/亩）	平均出售价格（元/50 千克）	主产品产值（元/亩）
全国平均	135.27	523.51	1 415.87	重　庆	119.57	457.69	1 091.83
辽　宁	159.83	428.96	1 376.69	四　川	130.37	491.19	1 276.56
吉　林	154.4	409.45	1 278.42	贵　州	114.87	499.47	1 147.31
黑龙江	151.33	393.73	1 192.23	云　南	139.57	562.73	1 570.7
安　徽	156.93	544.86	1 711.37	陕　西	123.17	448.02	1 107.77
福　建	132.03	571.03	1 511.86	宜　阳	136.63	603.75	1 650.18
江　西	136.57	559.26	1 535.09	许　昌	145.17	348.78	1 005.8
山　东	176.43	500.33	1 766.51	襄　城	153.83	547.93	1 652.69
河　南	128.77	499.45	1 282.61	渑　池	98.27	411.23	813.32
湖　北	124.3	495.77	1 229.15	卢　氏	92.43	464	860.11
湖　南	153.77	585.69	1 800.86	邓　州	114.37	558	1 267.45
广　东	134.13	550.78	1 482.85	柘　城	134.63	527.14	1 419.66
广　西	131.67	563.29	1 484.75	郸　城	145.43	479.15	1 343.41

从 2005—2007 年 3 年河南省代表产烟县烤烟生产平均土地生产率看（表 8-3），襄城、郸城、许昌居前三位，主产品产量较高，分别为 153.83 千克、145.43 千克、145.17 千克，邓州、渑池、卢氏居后三位，分别为 114.37 千克、98.27 千克、92.43 千克，宜阳、柘城稍高于全省平均水平，从平均销售

价格看，宜阳最高，为 603.75 元/50 千克，许昌最低，为 348.78 元/50 千克，就单位面积产值而言，襄城最高，每亩为1 652.69元，渑池最低为 813.32 元。从全国来看，在烤烟价区基本确定、平均出售价格相差不大的情况下，河南省烤烟生产要提高土地生产率必须立足于提高单位面积产量，就省内而言，豫中、豫东烟区要稳定单位面积产量，豫西、豫西南烟区要提高单位面积产量。

土地生产率的高低，受光、热、水、土、气等自然因素和土地集约化（包括劳动力、资金、技术等）水平，耕作制度，施肥、灌溉制度，土地利用方式，经营管理水平等社会技术经济因素的制约和影响。从 1983—2008 年河南省烤烟与主要竞争作物每亩土地生产率比较情况看（表 8－4），不管是烤烟单作还是小麦/烤烟复种，烤烟生产单位面积产值始终高于其他作物单作或复种方式，其比值呈先下降后稍有回升趋势。纵向比，按 1978 年可比价格，烤烟单作土地生产率 2008 年是 1983 年的 1.91 倍，而同期的小麦、玉米、大豆、棉花分别是 2.29、1.89、1.61、0.67 倍，若考虑复种方式，小麦—玉米、小麦—大豆、小麦/烤烟、小麦/棉花土地生产率 2008 年分别是 1983 年的 2.11、2.05、1.94、0.89 倍，烤烟土地生产率低于小麦、玉米生产。可见，若以单位面积的产值衡量土地生产率，尽管烤烟生产率提高加快，但不及粮食作物小麦、玉米，若考虑复种方式（小麦/烤烟），烤烟生产低于小麦—玉米、小麦—大豆，略高于小麦/棉花。

表 8－4　1983—2008 年河南省烤烟与主要竞争作物每亩土地生产率

单位：元

年份	小麦	玉米	大豆	小麦—玉米	小麦—大豆	棉花	烤烟	小麦/烤烟	小麦/棉花
1983	78.48	64.70	60.61	143.18	139.09	179.18	216.29	242.45	210.57
1984	125.15	81.30	47.14	206.45	172.29	214.02	289.49	331.21	264.08
1985	106.17	75.97	69.36	182.14	175.53	165.34	336.50	371.89	207.81
1986	124.35	97.51	71.51	221.86	195.86	213.88	287.62	329.07	263.62
1987	123.10	102.92	72.34	226.02	195.44	221.83	600.45	641.48	271.07
1988	124.29	116.15	80.17	240.44	204.46	173.35	514.06	555.49	223.07
1989	124.29	116.15	80.17	240.44	204.46	173.35	514.06	555.49	223.07
1990	154.66	133.84	97.16	288.50	251.82	397.37	452.55	504.10	459.23
1991	105.48	140.29	97.77	245.77	203.25	394.04	443.51	478.67	436.23
1992	179.49	157.57	142.82	337.06	322.31	170.07	397.46	457.29	241.87
1993	215.36	221.03	190.24	436.39	405.60	308.31	392.28	464.07	394.45
1994	287.73	270.87	209.23	558.60	496.96	502.92	485.68	581.59	618.01
1995	426.29	484.37	269.32	910.66	695.61	684.82	811.50	953.60	855.34
1996	495.97	320.55	347.26	816.52	843.23	652.49	887.73	1053.05	850.88

（续）

年份	小麦	玉米	大豆	小麦—玉米	小麦—大豆	棉花	烤烟	小麦/烤烟	小麦/棉花
1997	439.20	322.89	292.63	762.09	731.83	894.19	790.55	936.95	1 069.87
1998	326.65	374.12	233.83	700.77	560.48	965.48	745.71	854.59	1 096.14
1999	353.79	294.06	214.56	647.85	568.35	295.20	1 081.34	1199.27	436.72
2000	285.80	269.68	290.42	555.48	576.22	606.89	780.71	875.98	721.21
2001	333.03	358.12	222.28	691.15	555.31	548.72	960.28	1 071.29	681.93
2002	288.66	364.18	253.21	652.84	541.87	662.78	845.53	941.75	778.24
2003	374.33	333.00	234.26	707.33	608.59	590.18	1 149.44	1 274.22	739.91
2004	578.62	462.08	373.09	1 040.70	951.71	572.03	1 046.68	1 239.55	803.48
2005	470.70	449.26	294.98	919.96	765.68	712.37	1 306.07	1 462.97	900.65
2006	568.72	528.77	329.10	1 097.49	897.82	882.83	1 381.71	1 571.28	1 110.32
2007	623.29	648.33	472.69	1 271.62	1 095.98	842.75	1 160.06	1 367.82	1 092.07
2008	696.96	622.90	526.73	1 319.86	1 223.69	638.48	2 194.71	2 427.03	917.26

单位面积的产值＝单位面积产量×平均出售价格，从每亩的主产品产量看，1983—2008年，河南省小麦、玉米产量在不断提高，小麦由1983年的234.5千克提高到2008年的426.7千克，玉米由1983年的278千克提高到2008年的440.7千克，大豆产量稍有提高，由1983年的88.5千克提高到2008年129.8千克，棉花产量变化不大，在60千克左右，而烤烟产量却呈下降趋势，由1983年的165.5千克下降到2007年112.3千克，2008年回升幅度较大，达163.8千克（图8-6）。从每50千克主产品的平均销售价格看，尽管烤烟和其他竞争作物平均销售价格在年际间不断波动，但呈上升趋势，与烤烟相比，小麦、玉米、大豆、棉花销售价格的上升幅度均小于烤烟，小麦由1983年的16.73元上升到2008年的81.67元，玉米由1983年的11.64元上升到2008年的70.67元，大豆价格由1983年的34.24元上升到2008年的202.90元，棉花由1983年的133.72元上升到2008年的550.41元。从1992年国务院决定在河南等省进行棉花流通体制改革的试点后，棉花价格出现较大波动，1998年政府又出台了新粮改的具体措施，其主要内容是按保护价敞开收购农民余粮，确保了粮食价格的稳定[181]，烤烟由1983年的65.34元上升到2008年的669.94元（图8-7）。由此可见小麦、玉米、大豆单位面积产值的提高是产量和价格共同作用的结果，而烤烟和棉花产值的提高主要是价格的提升，尤其是烤烟，在产量有所下降的情况下，产值不断提高，更是由于价格上涨的原因。

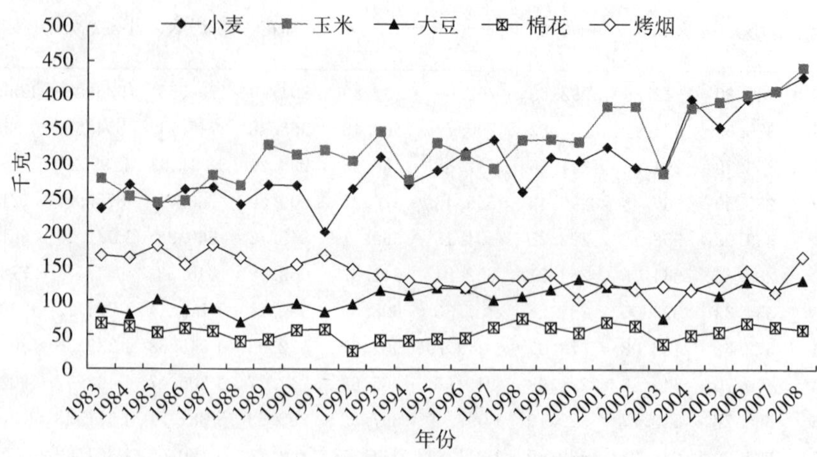

图 8-6　1983—2008 年河南省烤烟与主要竞争作物每亩产量变化

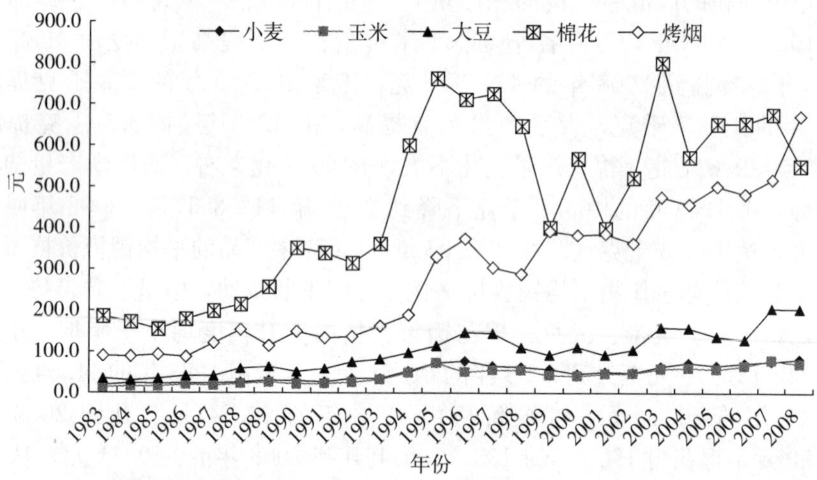

图 8-7　1983—2008 年河南省烤烟与主要竞争作物每 50 千克平均销售价格变化

8.2.2　资本

8.2.2.1　基础设施建设

基础设施建设投入属于长期成本，主要包括烟田、烟水、烟炕、烟机、烟路、育苗工场和防灾减灾体系等八个方面，在基础设施建设方面，尤其以水利设施方面表现更为突出。一是原有基础设施维护不足、老化严重，现有水利设施大部分是在20世纪50—60年代修建，经过40多年的运行，特别是土地联产承包责任制以来，由于维护不足，造成水库淤积，库容和蓄水量减小；渠系老化、不配套、年久失修；机井利用率低。二是政府和烟草部门投资不足。家庭承包制以来政府和烟草部门投资不足，水利基础设施比以前变差，已有设施维护困难，新增投入不足，建设速度赶不上折旧速度，有效灌溉面积逐年减少。三是集体和农户建设动力不足。实行承包制以来，农村集体与农户进行农田水利建设积极性不高，难以组织群众开展农田水利基本建设，农田水利基础设施有人使用但无人管理，出现"公共地悲剧"。2005年烟草行业加强烟叶生产基础设施建设，截至2009年，河南省共建设烟水配套项目2.29万个，投入资金7.93亿元，建设烟路、烟田、烟炕、烟机等项目8.50万个，投入资金10.22亿元，烟叶综合生产能力有所改善，但烟田基础设施配套还不够完善，生产发展与基础设施落后的矛盾依然存在，抵御自然灾害能力仍然不强。

8.2.2.2 生产投入

当年的生产投入属短期成本，对当年烤烟生产影响较大。资金生产率是指生产中投入的资金与生产成果的比率，其表达式：资金生产率＝产量（产值）/物质费用投入。从2005—2007年3年全国各省烤烟生产平均资金生产率看（表8-5），不管是单位投入的产量还是产值，河南省居前列，分别居第1位（0.32千克/元）、第2位（3.24元/元），而且高于全国平均水平（0.24千克/元、2.48元/元）。从2005—2007年3年河南省代表产烟县烤烟生产平均资金生产率看（表8-5），若就单位投入的产量而言，许昌、襄城、宜阳分别为0.46千克/元、0.35千克/元、0.35千克/元，高于全省平均水平，柘城最

表8-5 2005—2007年3年全国各省及河南省代表产烟县烤烟生产平均资金生产率

地区	资金生产率		地区	资金生产率		地区	资金生产率	
	千克/元	元/元		千克/元	元/元		千克/元	元/元
全国平均	0.24	2.48	湖北	0.23	2.24	河南	0.32	3.24
辽宁	0.31	2.64	湖南	0.18	2.16	宜阳	0.35	4.18
吉林	0.30	2.46	广东	0.19	2.11	许昌	0.46	3.22
黑龙江	0.38	2.96	广西	0.24	2.67	襄城	0.35	3.75
安徽	0.23	2.54	重庆	0.24	2.18	渑池	0.26	2.16
福建	0.19	2.19	四川	0.31	3.01	卢氏	0.25	2.30
江西	0.21	2.35	贵州	0.24	2.43	邓州	0.30	3.31
山东	0.23	2.32	云南	0.22	2.47	柘城	0.24	2.51
河南	0.32	3.24	陕西	0.29	2.62	郸城	0.25	2.36

低，为0.24千克/元；若以单位投入的产值而言，宜阳、襄城、邓州分别为4.18元/元、3.75元/元、3.31元/元，高于全省平均水平，以渑池最低，为2.16元/元。总的来看，河南省烤烟生产资金生产率在全国范围内较高，在省内豫中烟区较高，豫东烟区较低，豫西南烟区居中，豫西烟区差异较大，有高有低。

从1983—2008年河南省烤烟与主要竞争作物每亩资金生产率比较情况看(表8-6)，就单作而言，烤烟生产资金生产率始终高于小麦，多数年份高于玉米、低于大豆和棉花，如果考虑复种方式，烤烟生产资金生产率除个别年份外，低于小麦—玉米、小麦—大豆和小麦/棉花，而小麦/烤烟与烤烟单作相比提高资金生产率明显，提高幅度在10%以上，这也说明了为什么在河南部分产区尽管小麦/烤烟对烟叶质量提高不利，但该种复种方式却屡禁不止。从纵向看，烤烟生产资金生产率逐年降低，而其他竞争作物却逐年提高，按1978年可比价格，烤烟单作资金生产率2008年是1983年的0.63倍，而同期的小麦、玉米、大豆、棉花分别是1.83倍、0.99倍、0.99倍、0.33倍，若考虑复种方式，小麦—玉米、小麦—大豆、小麦/烤烟、小麦/棉花土地生产率2008年分别是1983年的1.43倍、1.53倍、0.74倍、0.51倍。可见，就资金生产率而言，烤烟生产不仅逐年下降，而且与其他竞争作物，尤其是粮食作物小麦、玉米、大豆相比逐渐丧失优势。

表8-6 1983—2008年河南省烤烟与主要竞争作物资金生产率比较

单位：元/元

年份	小麦	玉米	大豆	小麦—玉米	小麦—大豆	棉花	烤烟	小麦/烤烟	小麦/棉花
1983	1.86	3.18	4.65	2.29	2.52	3.26	4.30	3.76	2.93
1984	2.75	3.92	3.61	3.11	2.94	4.00	6.29	5.41	3.68
1985	2.23	3.33	4.32	2.59	2.76	4.06	4.88	4.39	3.48
1986	2.50	4.19	4.23	3.04	2.94	5.14	4.70	4.23	4.29
1987	2.33	3.95	4.92	2.86	2.89	4.69	6.05	5.49	3.96
1988	2.05	3.63	4.90	2.59	2.65	2.93	4.70	4.28	2.67
1989	1.94	3.84	5.48	2.59	2.64	2.84	2.02	2.00	2.57
1990	1.56	2.74	4.97	1.95	2.13	5.10	3.36	3.01	3.91
1991	1.28	3.12	4.55	1.93	1.95	4.29	3.24	2.91	3.49
1992	1.87	3.25	5.26	2.34	2.62	1.81	2.85	2.67	1.83
1993	2.15	4.47	5.22	2.92	2.97	2.79	2.87	2.73	2.62
1994	2.33	3.38	4.82	2.74	2.97	3.18	3.01	2.87	2.98
1995	2.77	5.07	6.75	3.65	3.59	3.47	4.57	4.16	3.30
1996	2.77	3.04	6.23	2.87	3.59	3.48	4.35	3.99	3.28

（续）

年份	小麦	玉米	大豆	小麦—玉米	小麦—大豆	棉花	烤烟	小麦/烤烟	小麦/棉花
1997	2.39	2.86	4.68	2.57	2.97	4.11	3.19	3.03	3.67
1998	1.85	4.11	4.79	2.62	2.49	3.58	3.45	3.11	3.22
1999	2.01	3.08	4.97	2.38	2.59	1.67	5.63	4.78	1.76
2000	1.75	3.02	5.64	2.20	2.68	3.72	4.32	3.72	3.16
2001	2.17	3.38	4.24	2.67	2.70	3.86	4.20	3.83	3.35
2002	1.79	3.15	4.35	2.36	2.47	4.58	4.21	3.70	3.72
2003	2.50	3.21	4.70	2.79	3.05	4.14	5.16	4.67	3.65
2004	3.46	3.75	5.62	3.59	4.08	3.15	2.99	3.05	3.23
2005	2.29	3.62	4.47	2.79	2.82	4.46	3.54	3.34	3.72
2006	2.63	3.94	4.37	3.13	3.08	3.86	3.42	3.30	3.52
2007	2.80	4.33	5.72	3.41	3.59	3.88	2.79	2.79	3.57
2008	2.71	3.28	5.12	2.95	3.40	2.31	2.97	2.94	2.42

8.2.3 劳动力

随着工业化、城镇化的加快，农村大量剩余劳动力涌入城市，转入第二产业和第三产业，直接带来两种情况。一是种烟劳动者的数量减少。2008 年河南省农村劳动力转移就业总量达到2 155万人，约占农村劳动力的 1/3[182]，农村剩余劳动力转移对烤烟生产有一定的影响，主要是因为河南省烤烟生产主要分布在丘陵山区，种烟机械化程度低，劳动用工多，但有利于户均种植规模的提高，发挥规模经济；二是种烟劳动者的素质下降。外出务工的增加导致烟区农业生产出现“老人”农业、“妇女”农业，种烟劳动力素质普遍不高。据豫中烟区的调查，目前从事烤烟种植的劳动力年龄主要分布在 50 岁左右，文化程度以初中文化为主[183]，烟农年龄偏大、文化程度低，大多数烟农是凭经验种田，制约了新技术的推广和普及。

劳动生产率是单位劳动时间所生产的农产品数量。劳动生产率的提高反映了单位农产品劳动消耗的节约。劳动生产率越高，则单位农产品的劳动消耗量就减少，经济效益就越大。劳动生产率的表达式为：劳动生产率＝农产品产量或产值/活劳动时间。从 2005—2007 年 3 年全国各省烤烟生产平均劳动生产率看（表 8-7），无论每劳动日的产量还是产值而言，黑龙江最高，为 8.59 千克、67.59 元，贵州最低 3.13 千克、31.32 元，河南居第 14 位，为 3.29 千克、32.73 元，在全国排名靠后，低于全国平均水平 3.5 千克、36.61 元。从 2005—2007 年 3 年河南省代表产烟县烤烟生产平均劳动生产率看（表 8-7），就单位劳动日的产量而言，许昌、襄城、郏城居前三位，分别为5.79千克、4.34千克、4.32千克，高于全省平均水平，其他各县低于全省平均水平，其中宜阳、卢氏、渑池居后三位，分别为2.83千克、2.36千克、2.13千克；就单位劳动日的产值而言，襄城、许昌、郏城居前三位，分别为46.66元、40.08元、39.86元，柘城、卢氏、渑池居后三位，分别为30.06元、21.93元、17.62元，前三位和郏城、宜阳高于全省平均水平，其他各县低于全省平均水平。在全国范围内，河南省烤烟生产劳动生产率较低，不仅低于东北烟区，也低于同属黄淮烟区的山东、安徽，而且低于全国平均水平；在省内，豫中、豫东烟区劳动生产率较高，豫西南烟区次之，豫西最低。总的来看，河南省发展烤烟生产应当以提高劳动生产为主，尤其是在河南烤烟生产的主产区豫西、豫西南烟区更为迫切。

表8-7　2005—2007年3年全国各省及河南省代表产烟县烤烟生产平均劳动生产率

地　区	劳动生产率		地　区	劳动生产率		地　区	劳动生产率	
	千克/日	元/日		千克/日	元/日		千克/日	元/日
全国平均	3.50	36.61	湖　北	3.20	31.68	河　南	3.29	32.73
辽　宁	5.00	43.09	湖　南	3.52	41.23	宜　阳	2.83	34.14
吉　林	7.88	65.27	广　东	3.14	34.75	许　昌	5.79	40.08
黑龙江	8.58	67.59	广　西	3.87	43.68	襄　城	4.34	46.66
安　徽	4.75	51.76	重　庆	3.51	32.02	渑　池	2.13	17.62
福　建	3.67	42.04	四　川	4.34	42.50	卢　氏	2.36	21.93
江　西	3.72	41.80	贵　州	3.13	31.22	邓　州	2.84	31.48
山　东	4.24	42.44	云　南	3.19	35.94	柘　城	2.90	30.60
河　南	3.29	32.73	陕　西	3.63	32.66	郏　城	4.32	39.86

劳动生产率的状况是由社会生产力发展水平决定，具体说，决定劳动生产率高低的因素主要有：劳动者的平均熟练程度，科学技术的发展程度，生产过程的组织和管理，生产资料的规模、效能和自然生态条件等。从1983—2008年河南省烤烟与主要竞争作物每亩劳动生产率比较情况看（表8-8），不管复种方式如何，除棉花单作外，烤烟生产劳动生产率均低于其他作物单作或复种方式，与棉花单作相比，26年中有13年烤烟生产劳动生产率低于棉花。纵向比，烤烟生产劳动生产率提高的幅度远低于其他竞争作物，按1978年可比价格，烤烟单作劳动生产率2008年是1983年的2.88倍，而同期的小麦、玉米、大豆、棉花分别是7.78、4.32、2.77、1.43倍，若考虑复种方式，小麦—玉米、小麦—大豆、小麦/烤烟、小麦/棉花劳动生产率2008年分别是1983年的5.85、5.26、3.09、1.99倍。可见，就劳动生产率而言，烤烟生产小于粮食作物，略高于经济作物棉花，因此在大农业环境不断变化的状况下，发展河南

省烤烟生产必须依靠科学技术、先进生产工具的应用、生产组织管理方式等，逐步提高烤烟生产劳动生产率。

表 8-8 1983—2008 年河南省烤烟与主要竞争作物劳动土地生产率

单位：元/日

年份	小麦	玉米	大豆	小麦—玉米	小麦—大豆	棉花	烤烟	小麦/烤烟	小麦/棉花
1983	4.48	4.28	6.81	4.39	5.27	3.31	3.76	3.82	3.45
1984	7.53	6.06	5.41	6.87	6.80	4.39	5.47	5.66	4.77
1985	7.10	5.26	7.10	6.19	7.10	4.31	5.82	5.92	4.68
1986	8.64	6.88	9.66	7.77	8.98	5.47	5.68	5.94	5.88
1987	9.43	7.57	10.42	8.48	9.77	6.61	8.78	8.82	6.99
1988	10.86	8.70	15.21	9.70	12.23	4.33	7.66	7.83	5.00
1989	11.39	12.02	16.01	11.70	12.92	6.98	4.70	5.20	7.64
1990	11.21	10.14	12.95	10.69	11.82	11.54	8.33	8.56	11.50
1991	9.27	11.06	13.75	10.21	10.99	9.80	7.41	7.52	9.75
1992	13.86	11.79	19.73	12.81	15.96	4.89	6.81	7.29	6.05
1993	17.78	14.81	21.99	16.14	19.54	7.92	6.30	7.00	9.01
1994	24.18	19.42	28.78	21.61	25.92	11.49	8.80	9.83	12.74
1995	34.88	35.46	34.57	35.19	34.76	16.21	14.49	15.87	18.15
1996	40.65	22.90	46.30	31.16	42.80	17.63	17.17	18.88	20.32
1997	39.93	23.23	37.52	30.61	38.93	22.87	14.72	16.33	24.59
1998	31.81	29.86	29.98	30.74	31.02	31.16	16.30	17.38	31.24
1999	32.64	24.44	29.64	28.33	31.44	8.68	24.67	25.28	11.39
2000	30.73	22.29	33.77	25.96	32.19	20.43	17.74	18.60	21.58
2001	37.42	28.88	27.79	32.45	32.86	19.25	22.92	23.88	21.27
2002	36.08	32.52	34.22	34.00	35.19	23.34	20.98	21.92	24.63
2003	47.99	29.21	33.47	36.84	41.12	24.69	33.51	34.53	27.38
2004	89.43	55.94	67.83	70.65	79.51	21.34	28.95	32.36	27.33
2005	68.62	57.97	58.64	62.97	64.40	27.45	31.43	33.37	31.39
2006	103.03	73.95	59.08	86.62	80.96	31.59	35.06	38.09	36.82
2007	124.41	98.08	105.75	109.43	115.61	29.63	31.70	35.74	35.87
2008	135.33	94.24	101.88	112.23	118.57	25.10	57.48	60.83	33.36

8.2.4 技术

烤烟生产与粮食作物生产相比具有多技术、多环节性。烤烟种植分为备耕、起垄、育苗、移栽、覆膜、打顶抹叉、分级、烘烤等环节，很多环节都有特定的技术，例如烘烤阶段，就需要有烘烤设备——烤房和技术才能生产，这就使得烤烟生产成为一个特别复杂的过程。目前河南省烤烟生产仍缺乏关键技术支撑，一是科技投入不足，创新不够，技术成果转化为现实生产力的步伐缓慢。尤其是河南烟区一直缺乏一些优质、适产、抗逆性好的当家品种，这已经成为制约烟区发展的技术瓶颈。二是缺乏先进的烤烟生产工具，机械化程度低。生产工具是生产力发展水平的标志，是科学技术的凝结。农用机械技术的推广应用可以显著提高烤烟生产效率，减轻劳动强度，降低作业成本，提高种烟效益，特别是有利于发展种烟大户，但当前烟叶生产的机械化程度还不高，生产过程多数环节靠人力来完成，与粮食生产的大规模机械化推进形成鲜明对比。三是信息技术的推广应用还处于起步阶段。信息技术是经济增长的“倍增器”、发展方式的“转化器”、产业升级的“助推器”，改造传统烟叶生产方式离不开信息技术，但从河南省烤烟生产的实际看，信息技术仅在烤烟生产、流通的个别环节有所应用，整体上看还处于起步阶段。

生产率指数反映了生产率的变化状况，计算公式为：生产率指数＝报告期生产率/基期生产率。为了消除物价因素对测算结果的影响，以 1978 年为基期，分别用当年的物质费用除以当年农业生产资料价格指数、当年的烤烟价格除以当年烟叶价格指数消除通货膨胀的影响。从 1983—2008 年土地、资金、劳动生产率指数可以看出（图 8-8），河南省烤烟生产的土地生产率曲线较为

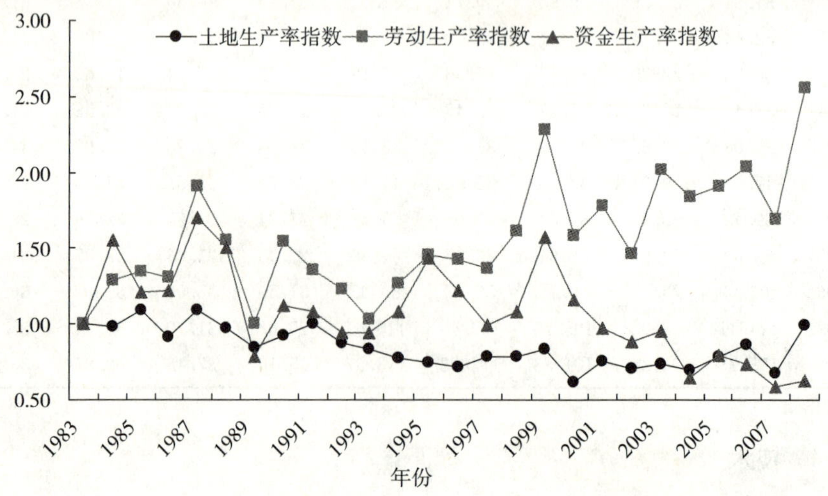

图 8-8　1983—2008 年河南省烤烟生产土地、资金、劳动生产率指数变化

平缓，从变化趋势上看呈下降趋势；资金生产率指数呈下降趋势，1983—1999年波动较大，1999年后下降幅度较大并趋于稳定；劳动生产率指数呈上升趋势，1993年之后表现明显，与土地生产率指数变化同步。总的来看，近26年来河南省烤烟生产是以节约劳动为主导方向的技术进步模式。

8.3 经济管理

8.3.1 稳控矛盾

“稳控”矛盾一直困扰我国及各省的烤烟生产。从国家局的层面，烤烟生产的数量目标是既“稳得住”又“控得住”，烟叶不能多也不能少，不能多是因为：一是国内市场需求基本是个定数，多了工业企业无法消化，而国际市场无竞争力，难于大量出口；二是烟叶与粮食等农产品相比难于长期保存；三是烟叶用途单一，过多必然导致“谷贱伤农”，1997年全国烟叶严重超种超收出现卖烟难，过多对持续提高烟农收入不利；四是在部分产区，如河南省，存在烟粮争地矛盾，过度发展烤烟生产不利于保障粮食安全。其结果是烟叶多了政府、烟农和社会都不满意。同时，烟叶又不能少，原因是：一是烟叶是卷烟生产的必备原料，少了影响卷烟工业生产；二是影响产区政府财政收入，对增加烟区农民收入不利；三是影响主产区烟草公司的生存；四是国际市场不能满足国内卷烟生产需要。从宏观层面，对烤烟生产而言，理想的目标是供给等于需求，即总量均衡。而事实上要实现当年烟叶生产的总量均衡是不可能的，这是因为烟叶生产主体分散，烟农有选择是否种植烟叶的自由，同时，烟叶生产周期较长，受制于自然环境条件，尤其是烟叶生产与粮食作物相比以收获叶片为目的，较粮食作物更易受到自然环境等因素的影响，较长时间如3～5年实现基本均衡是大致可以做到，但每年年内实现均衡难度较大。因此，与烟叶相关的各方基于不同的出发点，对数量的要求也有所不同：国家局要求总量均衡，宁少勿多；卷烟工业企业要求宁多勿少；烟草公司和烟农和地方政府要求我多他少。在诉求的反应上，国家局对控得住措施要严于稳得住措施；卷烟工业对少的反应要强于多的反应；烟草公司、烟农和地方政府则更关注争取计划和政策支持。在此背景下，河南省烤烟生产每年都受稳控的困扰，少的时候提出要大抓烟叶、打烟叶翻身仗，多的时候又严控产区生产计划。目前烟叶资源是国家计划配置，而不是市场配置，河南省占全国烟叶总量比例较小，不足10%，尽管浓香型烟叶深受工业企业的青睐，但在我国烟叶生产格局中话语权有限，在生产计划和政策支持方面难以出现大的突破，这为河南省烤烟生产谋求稳定发展增添了不小的难度。

8.3.2 组织管理

近几年来，我国烟叶产区先后出现了烟叶生产合作社、烟农协会、烟叶农场、生产互助组等生产的组织管理形式，其中许昌县的烟叶生产合作社，宜阳县的烟农协会，商丘市的烟叶农场都对烟叶生产组织管理形式进行了尝试，尽管如此，一家一户分散种植仍然是当前河南省乃至全国烟叶生产的主要组织管理方式，烟叶需求主体（卷烟工业企业）相对集中与烟叶供给主体（农户）高度分散是当前烟叶生产的客观现实。

组织管理形式创新是逐步解决小农户和大市场的关系的根本出路。从调研的情况看，河南省烤烟生产在这些方面还处于落后的局面[184]，主要表现在：一是烤烟种植集中度不高。2008 年全省 80 千公顷烟叶分布在 12 个地市、58 个县、近 20 万户烟农，县均种植面积约 1.3 千公顷，年收购量 1.5 万吨以上的市公司只有 5 个、0.5 万吨以上的县公司不足 10 个，全省户均种植面积 0.45 公顷，低于全国户均 0.51 公顷的平均水平。种植大户或家庭农场种植规模的扩大同时带来高的风险；规模化种植与落后的生产管理还存在矛盾；规模化种植与机械化落后劳动强度大存在矛盾，种烟用工矛盾还比较突出等。二是集约化经营水平不高。集约化经营要求一定面积的土地上投入较多的劳动、资金和技术，以期取得较多的单位面积产量，又能减少每单位产品劳动耗费，提高土地利用率和劳动生产率[185]。从河南省的实际情况看，机械化程度还较低，种烟仍存在用工多强度大的问题；生产投入体系不健全，政府投入不够，烟农对烟草部门投入依赖性强；生产标准化体系建设尚需进一步完善，烟叶品种问题制约突出，烟叶风格特色不突出等。三是组建专业化组织的机制不够灵活。虽然烟叶产区按照“两头工场化，中间专业化”的发展思路，利用“三户三队”（烟叶种植专业户、育苗专业户、烘烤专业户和机械化服务专业队、植保专业队、分级专业队）建设大力推进专业化分工，但基层烟站未适应专业化分工带来管理难问题，原有以农户为基础的户籍化管理模式已不能适应专业化分工的要求，技术推广服务体系还不完善。

8.4 本章小结

本章分析了经济政策（包括烟草行业政策、宏观经济政策和农村经济政策）、生产要素和经济管理对河南烤烟生产的影响，结果表明，种烟比较效益下降，市场需求萎缩和国家局政策取向加剧了北烟南移步伐。烤烟种植面积和单产是影响河南省烤烟生产变化相对活跃的因素，城镇化烤烟生产产生了一定程度的负向影响，工业化对带动烤烟生产发展有待进一步加强，烤烟生产支持政策还需要进一步强化。农村土地经营制度是导致烤烟“小而散”种植方式的根本原因，2004 年以来中央的农业新政为烤烟生产稳定发展带来机遇，同时面临巨大的挑战。从全国来看，河南省烤烟生产要保持资金生产率较高的前提下，不断提高土地生产率和劳动生产率，在省内豫中烟区要立足于稳定土地、资金、劳动生产率，豫东烟区要稳定土地、劳动生产率，提高资金生产率，豫西、豫西南烟区要提高土地、资金和劳动生产率。与其他烤烟竞争作物相比，烤烟生产单位面积产值的提高主要靠价格上涨实现，1983 年以来烤烟生产土地、资金生产率增长幅度和劳动生产率下降幅度远不及其他竞争作物。河南烤烟生产还缺乏关键技术支撑，尤其是优质、适产、抗逆性好的当家品种和先进的生产工具。在经济管理上，稳控矛盾仍然困扰河南烤烟生产发展，规模化种植、集约化经营、专业化分工还有待进一步加强。

9 实现河南省烤烟生产稳定发展的对策建议

通过对河南省烤烟生产发展稳定性问题的理论分析与实证研究，认为自1983年实施烟草专卖制度以来，河南省烤烟生产与需求发生巨大变化，尤其是1997年之后，面对全国烤烟供求关系由卖方市场转变为卖方市场的大背景，河南省烤烟供给却严重不足，中式卷烟的提出、卷烟减害降焦的重视、大品牌战略以及卷烟上水平规划的实施，给河南烟叶原料上保障水平提出了更高的要求。河南省烤烟生产的波动，生产布局和种植业结构调整，比较效益和生产效率，烟农的种植意愿等问题已经成为河南省烤烟生产稳定发展的关键问题。为此，必须围绕河南省烤烟生产建设载体、物质基础、组织保障、布局调整、技术支撑、烟农增收和政策支持等方面下功夫，促进河南省烤烟生产稳定发展，全面提升浓香型特色优质烟叶的原料保障能力，为我国卷烟上水平、增强中国烟草总体竞争力作出贡献。

9.1 农工商研牵手，加快品牌导向型基地单元建设

伴随着卷烟工业企业联合重组的加快，品牌集中度进一步提高，到2008年，我国卷烟品牌已经减少到155个，前10个牌号的品牌集中度达到39.5%[186]。对卷烟工业企业而言，要想做大品牌，必须有大基地，烟叶基地是工商合作的桥梁和纽带。农工商研合作共建品牌导向型基地是新形势下烟草行业应对市场竞争的共同选择，也是进行资源配置方式改革的必然要求。按照国家局的定义[187]，基地单元是指地市级公司根据工业企业卷烟品牌原料质量特色需求，将烟叶风格特色、生态环境基本一致的区域，划分为烟叶生产、收购、调拨的基本单位，制定一个生产技术方案，执行一套业务流程和标准，服务一家卷烟工业企业。基地单元规模原则为1 133.33公顷、0.25万吨左右，单元内划分片区，以片区为单位组织烟叶生产。

9.1.1 作用机制

以卷烟工业企业重点骨干品牌对河南浓香型特色优质烟叶原料需求为导

向，以基地单元建设为载体，坚持“工业主导、商业主体、烟农主力、科技支撑”的原则，以“提高质量水平、突出风格特色”为工作重点，用现代烟草农业发展理念，完善设施装备、彰显烟叶风格特色，提高烟叶综合生产能力，增强优质烟叶原料保障能力。烟农、卷烟工业企业、烟叶产区和技术依托单位在

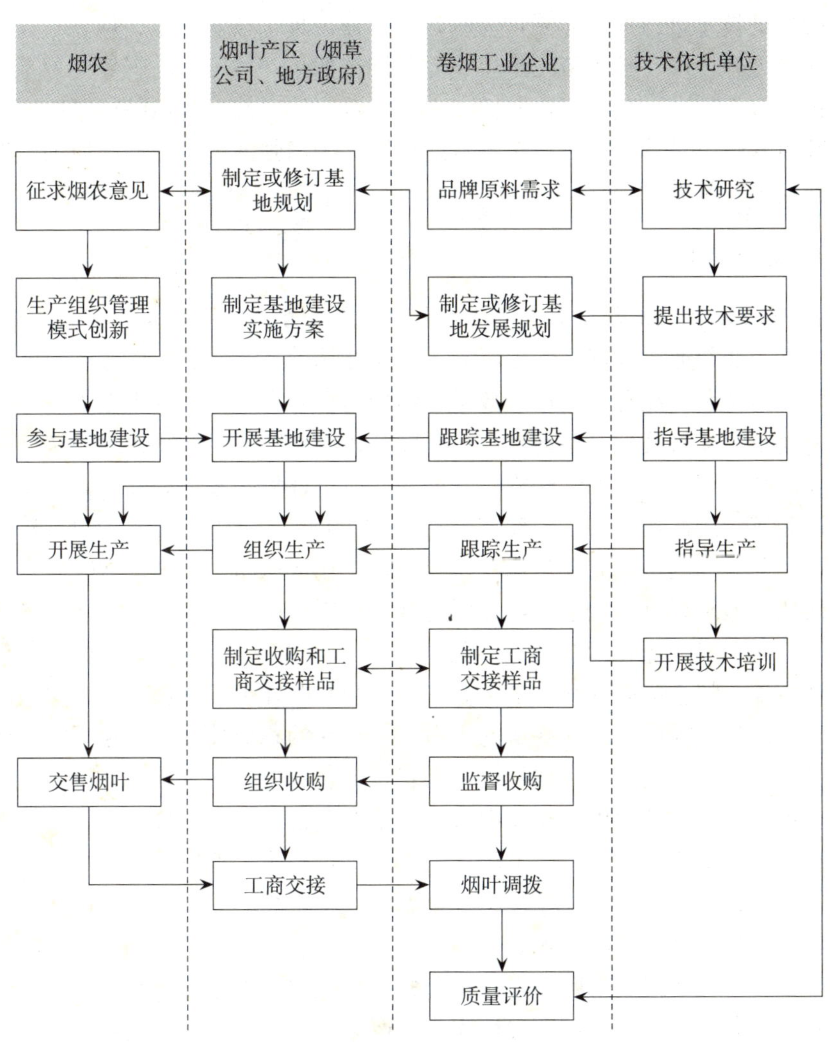

图9-1 品牌导向型烟叶基地单元“四位一体”建设框架示意图

基地单元建设平台上要注意理顺产业利益链接机制，尤其要维护烟农正当利益，形成利益共同体，进行深入合作。卷烟工业企业要对基地烟叶的质量提出明确要求，与烟叶产区形成伙伴关系，建立烟叶原料稳定供应体系；烟叶产区烟草商业公司和地方政府以为卷烟工业企业提供优质烟叶、稳定烟区生产规模、提高质量水平为目标，加强技术研究和集成推广，形成标准化生产、规范化管理和产业化经营的基地运作模式；技术依托单位要对烟叶特色形成和稳定发展的关键技术进行深入研究，为基地单元建设提供技术支撑。烟农、卷烟工业企业、烟叶产区、技术依托单位充分利用“四位一体”的品牌导向型基地单元载体和合作平台，建立工作制度、工作规范、质量控制与追踪体系，考核评价与政策保障体系等，充分发挥各自的作用，为增强河南浓香型优质烟叶保障能力奠定坚实基础（图 9-1）。

9.1.2 对策建议

1. 全面落实“工业主导、商业主体、烟农主力、科技支撑”的工作机制

卷烟工业企业要根据品牌发展需求，提出未来 3～5 年原料需求预测，明确烟叶风格特色，品种、质量、数量与结构需求等，立足产区生态条件，配合制订基地单元建设规划。主动参与、深度介入，共同制定方案并组织实施，跟踪指导烟叶生产，监督烟叶收购，开展烟叶质量评价，参与烟叶仓储、复烤设施建设和复烤工艺再造，推广配方模块加工。烟叶产区应根据品牌原料需求，与工业企业共同制定、完善基地单元规划，优化区域布局，根据烟叶风格特色和烟区地形地貌划分基地单元，配套完善烟叶生产基础设施，建立适宜的烟叶生产组织体系和专业化服务体系，建立业务流程和工作标准，推进信息化管理，规模生产特色优质烟叶，按工业需求组织收购加工。烟农是烟叶生产的主体，是建设品牌导向型烟叶基地的主力军，烟农的积极性最终决定烟叶生产规模和质量水平。基地单元规划要征求烟农意见、尊重烟农意见，通过政策引导使烟农积极投身于基地单元建设中来。烟草商业公司和地方政府要加强技术培训、提高服务水平，创新烟叶生产管理模式等，提高基地单元生产水平。技术依托单位要充分发挥科技支撑作用，根据重点骨干品牌原料需求、产区生态特点和烟叶质量风格，开展技术研究、技术培训和技术指导，强化特色优质烟叶生产技术的落实，提高烟叶生产科技含量。形成农、工、商、研良性互动、共同发展、互利共赢的局面，实现一体化生产。

2. 充分发挥龙头工业企业的主导与带动作用

在烟叶产业化体系中，基地单元是产业的载体，而卷烟工业企业是烟草竞

争市场的主体，处于产业链的主导地位。工业企业的经营规模和品牌的市场竞争力决定了对基地的带动力和服务能力，对基地建设具有不可替代的重要作用。龙头工业企业的强弱决定着一个烟区烟叶产业化水平，没有龙头工业企业的快速发展，就没有烟叶产业化。近几年来，国家局出台一系列政策发展壮大了卷烟工业企业，全国原来有 180 多家工业企业，现在有法人资格的只剩下 27 家，卷烟产品牌号最多时有2 000多个，现只剩下 130 多个[188]。但就河南烟区而言，仍然存在“部分产区基地没有龙头、龙头带动作用不强”的问题。因此，加强基地单元建设，必须充分发挥基地的龙头导向和带动作用，以烟叶产业化带动烟草农业现代化，促进龙头工业企业深化与烟叶产区、专业合作组织、烟农的联结，增强其对基地主导和带动功能，为促进河南烟叶产业化经营创造有利条件。

3. 依靠科技创新，彰显河南浓香型烟叶质量特色

烟叶原料是卷烟品牌扩张的基础，是工业企业的生命线，原料的优劣直接关系到品牌的兴衰。农工商研四方应该根据工业企业品牌对烟叶原料的质量要求，结合基地单元的烟叶质量状况、生态条件、轮作制度、生产水平等因素，以烟叶“特色、优质、安全”为中心，制定出切合实际的实施方案和技术体系。不断加大向基地单元的科技投入，开展影响烟叶品质的关键技术研究，彰显烟叶风格特色，提高烟叶质量水平，充分发挥科研单位的科技支撑作用，推进基地单元技术创新，提高烟叶生产技术指导到位率，利用信息化手段建立烟叶生产可追溯体系，强化原料质量的全过程追踪，确保烟叶原料合格率高、可用性高、纯度好、质量相符性好、均匀性好，安全、优质、稳定。

4. 完善基地利益联结机制，提升产业化经营水平

由于烟草行业的特殊管理体制，烟叶收购是典型的买方垄断，加工流通环节均在烟草行业内进行，利益分配机制是否科学、合理，主要体现在工商企业对基地烟农或专业合作社的扶持上。在基地单元建设上，和其他各方相比，烟农处于劣势，应强化基地利益联结机制，不断加大对基地烟农生产各环节的补贴和扶持，让烟农真正受益。要不断创新生产组织形式，提高烟叶生产的集约化和规模化水平。通过引导、扶持，特别是龙头工业企业的带动，使基地烟叶生产逐步向专业化转变，扶持一批专业大户、专业村、专业乡，实行集中连片开发，形成规模效益。推广“工商研＋基地＋农户”或“工商研＋基地＋专业合作社＋农户”的农业产业化运行模式，不断提升烟叶产业化经营水平。

9.2 大力推进现代烟草农业建设

现代农业是继原始农业、传统农业之后，农业发展的新阶段，是农业生产力发展的最高阶段，由其他阶段向现代农业转化的过程就是所谓的农业现代化，农业现代化就是建立现代农业的过程。现代农业发展是建立在农业科技进步与技术扩散基础之上，由于农业科技发展的阶段性和递进性，形成了现代农业发展的阶段性和层次递进性，现代农业发展是由较低层次向较高层次逐步推进的动态发展过程[189]。现代农业和现代工业、现代城市，都是现代经济社会的重要组成部分。推进现代烟草农业建设，必须运用现代发展理念、现代物质条件、现代科学技术、现代管理形式，改造传统烟叶生产，转变增长方式，构建有竞争力的现代烟草农业产业体系，这是一项长期而又紧迫的艰巨任务。

9.2.1 提高对现代烟草农业的认识

发展现代烟草农业，是以科学发展观统领烟叶工作的必然要求，是顺应我国国民经济发展的客观趋势，是行业的重大历史任务，符合烟叶生产发展规律，代表烟叶生产发展的基本方向。现代烟草农业和现代农业一样是一个相对的、动态的概念，必将随着烟叶生产的客观条件变化而变化。按照建设领域，现代烟草农业属于现代种植业的一部分。把烟草农业融入大农业，以现代农业为背景，加大资源整合力度，形成推进现代烟草农业建设的整体合力，既带动大农业的发展，又在大农业的影响促进下更加深入发展。通过现代烟草农业建设，实现基础牢、队伍稳、用工少、效益高、质量优、特色显，增强河南优质烟叶保障能力。推进现代烟草农业建设是方式和途径，目标是提高烟叶综合生产能力，为卷烟生产提供风格多样、优质而稳定的烟叶原料，增加烟农收入，保护和维持烟叶赖以生存的生态环境，实现烟叶生产健康发展。

9.2.2 搞好现代烟草农业规划，提高设施装备水平

要认真总结现代烟草农业试点建设工作经验，高度重视现代烟草农业建设的规划工作。坚持整体规划、系统设计、整体推进，体现烟田、烟水、机耕路、育苗设施、烘烤设施、烟草农机具、基层站点、防灾减灾工程等八大配套设施建设的综合配套。搞好基本烟田规划，实施沃土工程，“藏烟于田”，大力加强农田水利建设，烟水配套要特别关注水源，加快烟田道路建设，把农机当作发展现代烟草农业的基础工作抓实抓好，育苗工场、烘烤工场要体现设施农

业的特征，根据生产布局调整做好基层站点整合，建立防灾减灾体系等。加强已建成项目的管护，建立管护长效机制，提高综合生产能力，改善烟叶生产经营环境，为推进现代烟草农业提供物质基础。现代烟草农业建设，要体现普惠制、广受益，务求实效，不搞形式主义、形象工程。

9.2.3 发展规模经营，解决“小而全”的问题

没有规模的优势，就不是真正的优势。规模化种植关键在土地流转，要在产区政府协调下，在依法、自愿、有偿的原则下，通过转包、出租、互换、转让、股份合作（土地银行）等多种形式进行流转，实现土地资本化、规模化经营。一是要健全服务机制，进一步发挥乡村两级土地流转服务组织的职能作用，“以政府引导、烟草支持、村委组织、农民自愿、专业户承包”的土地流转模式，使烟叶种植逐步向种植大户、职业烟农转移；二是在推进烟叶种植集中连片的基础上提高户均种植规模，力争 3 年内河南省户均种植规模达到 0.67 公顷以上；三是要注意适度规模经营，规模经济是由以技术进步为主体的生产诸要素的集中程度决定的[190]，从目前情况看，大户种植规模以 1.33～3.33 公顷为宜。只有规模才能专业，只有专业才能上水平，只有上水平才能有效益，只有效益才能有健康发展。

9.2.4 加快传统生产方式向集约化生产经营方式转变

农业集约化是发展现代农业的必由之路，集约化经营是以质量经营、集团规模经营、效益效率经营、高科技经营和人才经营为主要特征[191]。目前，集约化经营已经在土地、农机具、育苗设施、烘烤设施以及植保、分级的集约经营等方面有所体现，设施农业有了初步探索。一是完善烟叶技术推广服务体系，落实现有成熟的技术，尤其是品种的选择，大力推广生产标准化，充分彰显河南烟叶的风格特色；二是增强烟叶生产科技自主创新能力，提高科技对烟叶生产发展的贡献率；三是加大基层烟叶从业人员和烟农培训，提高队伍素质，尤其要加强对种烟大户、家庭农场的技术指导；四是完善风险救助机制，建立烟叶政策性保险和烟叶风险基金，解除烟农后顾之忧。

9.2.5 坚持走专业化分工、社会化服务的道路

专业化分工和社会化服务是稳定烟叶种植面积、稳定烟农基本队伍，使烟农相对轻松、简单种烟的重要措施。专业化分工不仅体现在烟叶种植者和专业服务者的分离，还体现在基层站点人力资源的业务培养和岗位分工等，甚至在

社会化分工方面也有了体现。要坚持“两头工场化、中间专业化”的工作思路，突出烟农主体地位，引入市场机制，完善补贴办法，积极推进专业化分工、社会化服务体系建设，为烟农提供优质的服务。大力推进“三户三队”建设，努力实现育苗、烘烤的工场化作业、中间专业化服务，减轻烟农劳动强度和降低种烟复杂程度，着力发挥市场作用，推动专业化服务市场化，减少单位面积生产成本。

9.2.6 依靠现代信息技术，全面提升生产经营管理水平

信息化管理是实现现代农业必不可少的重要部分，信息技术已成为克服农业分散性、区域性、时变性、经验性以及稳定程度和可控程度低的有力武器[192]。信息化是现代烟草农业的重要方面，要用信息化技术改造传统烟叶生产，逐步从烟叶经营环节向生产管理环节延伸，信息化管理不仅体现在收购数据的传报，而且向育苗、烘烤控制的信息化，规划设计的信息化、业务管理的全方位信息化等方面扩展。通过“产—学—研”一体化管理，建立基础信息库，在不同层次进行信息沟通、传递和应用，实行烟叶生产经营过程的流程再造和信息化管理，实现从烟田到卷烟制品的全过程、全产业链的控制，提高烟叶生产经营管理整体水平。

9.3 创新烟叶生产组织管理模式

当前烟草行业的改革不断深化，尤其是国家局把全面推进“卷烟上水平”作为行业当前和今后一个时期的基本方针和战略任务，卷烟上水平的核心是品牌上水平，优势品牌对优质烟叶原料的需求将急剧增加，一家一户分散种植的烟叶生产组织管理方式在满足工业企业原料要求、提供原料保障方面越来越显得步履维艰，小农户和大市场之间的矛盾越来越突出，已成为制约烤烟生产稳定发展的主要障碍。创新烟叶生产组织管理模式，实现对烟叶生产全过程的科学管理，进而提高烟叶资源配置效率，增强优质烟叶的保障能力，是烟叶产区正在探索和实践的重大课题，同时也是推进现代烟草农业建设的关键问题[193]。

9.3.1 需要解决的问题

1. 土地有效流转问题

集中连片种植是创新烟叶生产组织管理模式最迫切需要解决的问题。土地

流转实施难度较大，一方面是相当一部分农民的土地观念还比较强，认为其承包土地是维持生活最牢固的依靠，不肯轻易将土地流转出来；另一方面是国家出台了一系列支持粮食生产的惠农政策，加之外出务工人员多，造成租地成本大、请工难、工钱高、管理跟不上等问题，影响种植规模的扩大。因此要协调好烟农、村委会和烟草部门三者之间的关系，设计科学合理的利益分配链条，依靠利益驱动，解决土地有效流转，发挥规模经济优势。

2. 烟农如何有效组织问题

创新烟叶生产组织管理模式就是要把烟农有效组织起来，成立烟农专业合作社，形成合力。烟农的组织仅靠行政力量和烟草部门组织、管理是行不通的，必须建立有效的机制体制，提高烟农自我组织、自我管理的意识和能力，促进烟农形成一个利益紧密联系的集体，才能真正把烟农有效组织起来。

3. 高效开展专业化服务问题

目前农村青壮劳动力外出务工较多，种烟的多为留守的妇女和老人，而且素质普遍偏低，又不便于组织和管理，极易造成烟叶生产贻误农时，技术落实无法得到保障。创新烟叶生产组织管理模式，需要建立一支有一定素质、种烟技术较好的专业化服务队伍，全面开展烟叶生产各环节高质量的专业化服务。

9.3.2 当前主要的烟叶生产组织管理模式

按照“统分结合、双层经营、规模种植、专业服务”的原则，建立和完善种植主体分户经营，烟农专业合作社统一专业化服务的现代烟叶生产方式，促进适度规模种植，推进专业分工和集约经营。因地制宜选择种烟专业户、家庭农场、烟农专业合作社等主体开展适度规模种植，形成与生产力水平、管理水平相适应的生产组织形式。

1. 分户生产经营

主要包括两种形式。一是种植专业户，指在家庭承包经营的基础上，具有生产能力的农户通过土地经营权的流转，集中 0.67～6.67 公顷土地，进行烟叶生产经营的主体。种植专业户部分土地来自流转，部分用工来自雇工；收益包括土地收益、投资收益和投工收益。二是家庭农场，指具有一定经济实力和生产管理能力的人员通过土地经营权的流转，集中 6.67 公顷以上土地，进行烟叶生产经营的主体。家庭农场家庭成员以管理为主，用工以聘工作业为主，家庭经济收入以种烟为主；种烟土地主要依靠流转；收益包括经营土地产生的收益、资金投入收益和经营管理收益。分户经营一定要因地制宜，把握好经营规模的“度”，经营规模低于一定面积规模效益会显著下降，随着经营规模的扩大，虽然单位面积平均物资投入成本下降，但单位用工监督成本却大幅攀升，烟叶质量也会因管理不善下降，从而降低实际净收益（图 9-2）。

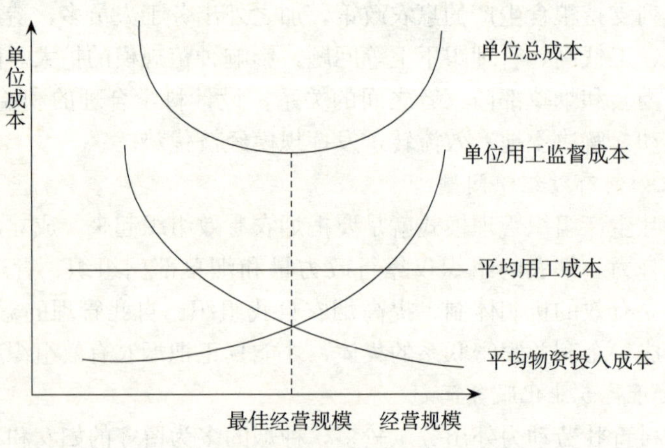

图 9-2　经营规模与单位成本的关系

2. 区域规模经营

推进农业规模经营不一定非要进行土地流转，在保持家庭承包经营、不进行土地流转的情况下，同样可以有效地推进规模经营。主要是通过将分散的地块整理成为集中连片的大片农田，通过提供生产各环节的社会化服务，实现真正意义上的规模经营。这种经营方式称之为“区域规模经营”[194]。

烟农专业合作社是区域规模经营的主要载体，是推进烟叶生产互助合作、专业服务、集约经营的有效形式。烟农专业合作社是指在农村家庭承包经营基础上，烟叶生产经营者或烟叶生产专业化服务的提供者、利用者，自愿联合、民主管理、利益共享、风险共担的互助性、经营性经济组织。合作社依法组建、民主管理。合作社成员入社自愿、退社自由。合作社以服务成员为宗旨，谋取全体成员的共同利益。主要对劳动强度大、用工量多、技术要求高或种植主体单家独户作业效率较低、作业质量较差的育苗、机耕、植保、烘烤、分级等环节，统一提供专业化服务。依靠合作服务完成一家一户解决不了的问题，实现统一服务、集约经营，降低生产成本，提高生产效率。

近年来，河南烟区对种烟大户、烟叶农场、烟叶生产合作社生产管理形式进行了探索，如商丘的烟叶农场、许昌的烟叶生产合作社，宜阳的烟农协会等。就全国而言还有其他形式的管理形式，如陆良的烟叶生产互助组等。实践证明，烟叶的生产组织管理形式，必须结合实际，尊重烟农意愿，不断改革创新。

9.4 加快烤烟种植向优势产区转移和种植结构调整

9.4.1 影响机制

河南省烤烟种植主要集中在洛阳、三门峡、南阳、许昌、平顶山、漯河和驻马店等七个地市，从地理分布上看主要集中在黄河以南、京广线以西地区，经济社会发展水平差异较大，地貌差异也较大，有平原，也有丘陵和山区。河南省工业化、城镇化的进一步发展将给人地系统带来两个显著的效应：一是非农建设对土地的需求进一步加大，即面临着更大的耕地非农化压力；二是城镇化地区的人口聚集能力将进一步增强，加之工业化进程中非农就业压力、农产品需求结构发生变化，而当前以粮食生产为主的支持政策和烟草专卖管理政策通过影响作物生产比较效益的变化影响农户决策，造成农地利用变化，最终体现为烤烟生产布局的变化（图 9-3）。烤烟生产是一个比较经济效益低的弱势产业，在城乡转型发展的新阶段，只有把握新机遇，才可能实现烤烟生产的稳定发展。

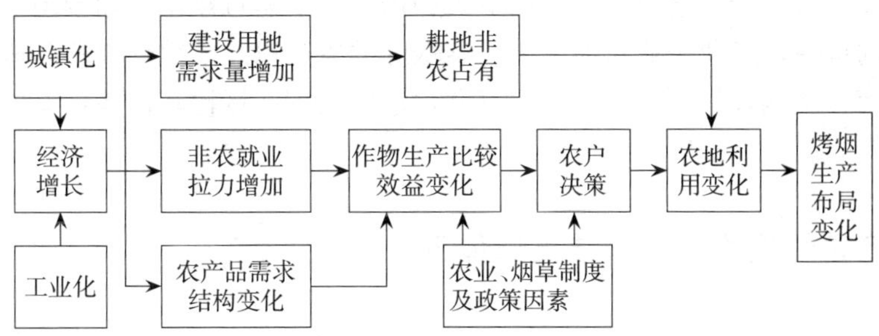

图 9-3 河南省烤烟生产布局优化调整影响机制

9.4.2 对策建议

1. 保护和挖掘耕地资源，优化烤烟生产布局和强化补贴力度

一是统筹城乡、区域发展，坚定不移地走工业化、城镇化与农业产业化协调发展道路，在城镇化、工业化推动区域经济增长过程中，提高建设用地效率、减少耕地非农占用，促进土地集中经营；二是鼓励产区按照比较优势和市场需求的原则，优化烤烟生产布局，促进烤烟生产向主要产区、优质烟产区集中，重点培植大县、大乡、大村和大户；三是加强烟叶生产基础设施建设，完善烤烟生产补贴机制，强化补贴力度，提高抗灾减灾和应对各种风险的能力，

增强农户的种烟积极性，促进河南省烤烟生产持续发展长效机制的构建和创新。

2. 推进烤烟生产布局调整，加快烤烟产业带建设

要充分利用河南省气候、生态资源丰富多样的优势，对不同产区烟叶品质进行科学定位，科学规划包括烤烟在内的农作物区域布局，合理调整种植业结构。紧紧抓住烟草行业发展现代烟草农业和开发特色烟叶的难得机遇，积极争取资金、技术等生产要素向优势区域集中，加快烤烟产业带建设。目前，河南省已经初步形成了豫中（许昌、平顶山、漯河）、豫西（洛阳、三门峡）和豫西南（南阳）颇具特色的烤烟种植区域，但烤烟产业带的建设尚处于依靠农业自然资源和环境条件来驱动和主导的初级阶段，要完善和推进烤烟产业带建设，必须依托产业带建设促使比较优势和竞争力之间形成良性循环。

3. 正确处理烤烟生产与粮食生产的关系

河南省是全国粮食生产核心区，烤烟相对于其他粮食作物而言面积较小，全省不足 10 万公顷，而小麦种植面积达 521.33 万公顷[195]，而且烤烟生产主要集中在黄河以南、京广线以西地区，多数烟区为丘陵山区，粮食作物产量低，发展烤烟生产不会对粮食生产造成冲击。尤其是近年来，随着国家局对黄淮烟区的重视，工业企业对河南浓香型烟叶的青睐以及“北烟南移”速度的减缓，河南省烤烟种植面积将会稳中有升，这对发挥区域比较优势，避免种植业结构的趋同有积极作用。

9.5 完善烤烟生产的科技支撑体系

科技创新是农业发展的不竭动力，它通过对生产力诸要素的物化，使生产力发生质的变化。只有依靠科技创新，通过农业科技的突破性成果和新技术的推广应用，实现农业的持续发展，最终实现农业和农村现代化。因此，农业可持续发展必须以农业科技不断创新为前提条件[196]。河南烟区从总体上来看还处于传统农业生产阶段，要发展现代烟草农业，实现烤烟生产稳定发展，必须坚持“科学技术是第一生产力”，建立一整套科技支撑体系，把烤烟稳定发展建立在依靠科技进步和劳动者素质提高上来，变外延式增长为内涵式增长。

9.5.1 搭建烟草科技创新平台工程，破解生产技术难题

要不断深化科技创新，包括对原始创新、集成创新与消化吸收再创新，要

齐头并进。不断增加科技投入，由烟草商业联合相关工业企业，研究制订创新型烟草科技创新体系规划，整合高校、科研机构的力量，搭建烟草科技创新平台，围绕烤烟生产中存在的良种良法、优质稳产、增香降害、减工降本生产机械等重大应用技术问题，联合进行科技攻关，集成创新，形成具有不同地区区域特色的技术体系，为主产区烤烟生产提供坚实的技术支撑。尤其要在烤烟品种选育和引进、烟草机械研发，提高肥料利用率和烤烟用煤的转化效率上取得突破，不断提高烤烟生产土地生产率、劳动生产率和资金投入产出率。

9.5.2 加大生产投入，促进烟叶生产新技术集成创新与转化

河南烤烟生产单产水平低是影响区域比较优势发挥的重要原因，因此，应依据河南省情，加大生产投入。投入的重点主要包括：烤烟优良新品种引进和推广；增施有机肥，培育土壤肥力；推广先进适用栽培技术；对耕作制度改革和优化；浓香型特色烟叶开发；优化烤烟调制工艺等，引导烟农进行标准化生产，提高土地产出率，增强烤烟生产的区域比较优势及市场竞争力。加强“产学研”结合，以提高烟叶品质为着力点，以增加单产和经济效益为目标，建立适宜于不同产区的烤烟优质稳产单项技术和区域技术集成体系，提高技术指导入户率、到位率和科技成果转化率，促进资源的高效利用，推动烟叶增效、烟农增收和烟区发展。

9.5.3 加强对烟农的技术培训，提高烟农科技水平

现代烟草农业的发展要求不断提高烟农的素质，强化烟农的主体地位。随着烟叶生产的发展，广大烟农需要更多的烟草知识、技术培训等方面的服务。烟草科研院所和各级烟草部门应主动承担培养新型烟农的任务，培养更多高素质的烟农。提高广大烟农对新思想、新信息、新技术的接受能力，打破传统文化和习惯束缚，同时，要抓好烟农技术培训方式创新，充分利用信息网络平台的作用，及时地把市场需求形势、先进技术传递给烟农。尤其是以种烟大户为载体，以点带面，通过向烟农推广先进适用技术，引导烟农采纳新技术，通过各种技术培训，造就一批烟叶基层管理人才和种烟能手，促进烤烟优质稳产技术的普及与应用，解决烟农种烟技术难掌握问题。

9.5.4 加强科技能力建设，完善烟草农业科技服务体系

注重促进烟草科技能力建设，为保证主产区技术推广提供支撑。在加强烟草科技能力建设方面，要稳定烟草科技队伍，建立健全有效的激励机制，调

动广大科技推广人员的积极性。加强县乡两级信息服务网络队伍建设，逐步向重点乡镇、种烟能手和烟叶合作社延伸，用各种方式使信息真正传递到烟农手中。通过烟草科技信息网络，带动主产区烤烟生产发展，扩大烟草农业、烟草工业的合作与交流，推动烟叶产业快速发展；抓好烟叶专业合作社技术服务能力的建设，并开展烟叶信息网络的建设，开发和应用烟草农业专家系统等，集聚专家智慧，服务广大烟农。通过烟草科技能力建设，使各个烤烟主产区在做好技术引进和示范的同时，建立起自身适应行业管理体制要求的、职责明确、管理规范的烟草科技服务体系，为烤烟增产增收提供有力的保障。

9.5.5 依托现代烟草农业建设，大力推进烤烟优质稳产技术示范

结合现代烟草农业的大力实施，配合烟草科研院所和各级烟草部门技术推广体系，分区域、分层次、有重点、有目标地进行烤烟优质稳产技术示范。一方面，各烟区要在现代烟草农业建设中突出工作重点，抓好“三区”建设，即核心区、示范区、辐射区建设，同时在主产区建立优质烤烟生产示范基地，通过示范基地建设和技术推广体系建设，带动烟叶产业化开发。另一方面，建立以烟草部门为主导，政府、烟农广泛参与的多元化生产投入体系，有效整合优势烤烟生产资源，加强资金集成和配套，建成一批集中连片、旱涝保收、优质稳产的烤烟核心产区，发展种烟大户、家庭农场和烟农专业合作社，探索组织管理经验。

9.6 提高种植烤烟的比较效益，促进烟区农民增收

“三农”问题（农业、农村、农民）的核心是农民问题，而农民问题的核心则是收入问题。应千方百计从增加农民收入入手来解决三农问题，这不仅关系到农业和农村的发展和稳定，更关系到全面建设小康社会和现代化国家战略目标的实现。烟叶、烟区、烟农是烟草行业的“三农”问题，其核心是烟农的增收问题，种烟比较效益好坏是烟农是否愿意种烟的关键所在。多年来烟草企业发展“两烟”生产，取得了丰厚利润，为国家做出了重要贡献，但国家和企业留给烟农的利益却很少，农民只是充当了烟草企业的廉价劳动力。正是由于烟叶产业链中各市场主体之间的利益均衡机制的缺失，导致烟农种烟积极性不高。因此，要在保持烟叶质量的基础上不断提高烟叶单产水平，提高单位面积的种烟收益。

9.6.1 影响机制

影响烟农种植面积的因素分为收入因素和成本因素两类。收入因素包括农民外出打工收入、种养收入。实现家庭收入最大化有两个途径：外出打工或留在本地。如果农民通过外出打工获得更多收益他们会选择外出打工，外出打工多选择二三产业；留在当地的农民从事农业生产或非农工作，本地的非农工作主要指在当地从事二三产业。农民外出打工或留在当地从事非农工作收益一般高于农业生产。农民一旦确定留在当地务农，必然将其耕地与劳动力资源合理地在种养业、各种农作物间进行分配。在河南烟区烤烟生产最大的竞争作物是粮食作物，烤烟生产的比较效益是影响烤烟种植面积的主要因素。成本因素包括烤烟种植的机会成本和生产要素投入成本。机会成本是指在面临多方案择一决策时，被舍弃的选项中的最高价值者是本次决策的机会成本。机会成本又称为择一成本、替代性成本。机会成本对烟农而言，可以是利用一定的时间或要素生产烟叶时，而失去的利用这些资源生产其他最佳替代品的机会就是机会成本。生产要素投入成本主要取决于烤烟生产过程中所使用的劳动、资本、土地、科技等各种资源价格和数量的多少（图 9-4）。

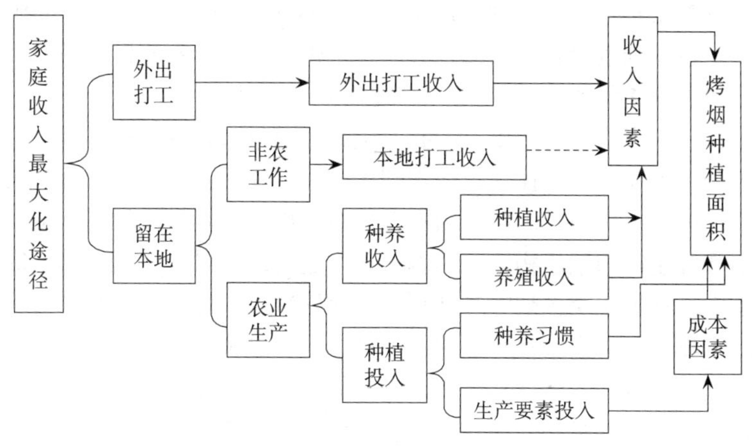

图 9-4 烤烟种植面积影响因素示意图

此外，烟农的种烟习惯也是影响种烟面积的影响因素之一，河南烟区是我国烤烟生产的老烟区，在主产区农民有种烟习惯。调查还显示，烟农的家庭农业劳动人口的数量、年龄、教育水平、家庭实际经营的耕地面积等也是影响烤烟种植面积的重要因素。应该看到，随着我国工业化、城镇化加快推进，烟区

二、三产业发展较快，农村劳动力转移，农业比较效益下降，烤烟生产的增效增收作用降低。外出打工收入越高，就会吸引越多的受过较高教育的青年农民外出打工，从而导致从事烤烟生产劳动力老龄化，数量越少，教育水平越低；而打工的人越多，将促进农村土地流转效率的提高，客观上讲留在农村的农民实际种烟面积也会越大，但这还取决于各种农作物比较效益的高低。

9.6.2 对策建议

1. 提高烟农种烟收入的关键在于减少劳动用工，让烟农轻松种烟

随着河南省工业化、城镇化速度的加快，农民就业门路增多，农民外出打工人数增多，种烟的机会成本增加。目前，河南烟区农民不仅种植规模小、种烟收益少，而且从育苗、起垄、移栽、大田管理、烘烤、分级等环节的工作主要由烟农来承担，劳动用工多、劳动强度大，技术要求高，生产成本高。专业化分工和社会化服务是现代农业生产的主要特征，推行育苗、机耕、移栽、施肥、植保、采收、烘烤、分级等环节的专业化分工和社会化服务，可以把烟农从繁重的劳动中解放出来，提高劳动效率，提高烟叶生产的整体水平。通过烟叶生产专业化分工和社会化服务，减少劳动用工，减轻烟农劳动强度及技术难度，使烟农轻松种烟。如果种烟每亩用工能减少到 20 个左右，种烟成本就会大幅下降，劳动强度也将大大减轻，对稳定烟农队伍起到积极作用。

2. 解决烟农种烟投入难问题，让烟农无负担种烟

烤烟种植是高投入高产出，没有一定的产前投入，烟叶的产量、质量就没有保障，种烟效益就无法体现。河南烟区大多是贫困落后地区，烟农从事烟叶生产缺乏产前投入资金，因此必须加大扶持力度，减轻烟农种烟负担。一是对烟农用于烟叶生产的烟用物资，由烟草部门进行统一采购，以优惠的价格发放到烟农手中，在烟农交售烟叶时抵扣，从而解决烟农种烟资金困难问题。二是及时跟踪市场变化，当粮食和烟用物资价格上涨过快，造成种烟比较效益下降时，提高烟叶扶持补贴标准，保护好烟农的种烟积极性，确保烟叶种植规模稳定。三是对烟农种烟必需的烟叶生产基础设施进行全方位的改造，加大投资补贴力度，提高烟叶综合生产能力。

3. 通过各种手段保护烟区烟农利益，让烟农收益不减少

要从保护烟农种烟惯性并防止粮食、经济作物过度替代烤烟两方面着手。保护烟农种植惯性就是保证烟农所受的外界冲击不要过于强烈，烤烟种植收益波动幅度不能太大。防止竞争作物对烤烟的替代要保证合适的粮烟比价，尤其是烤烟种烟要有不低于竞争作物的比较效益。河南省是老烟区，烟农有较强的

种烟惯性和丰富的种植经验，在种烟收入下降不是太多的情况下，他们会继续种植烤烟。地方政府和烟草部门要采取价格、补贴、技术培训等各种手段保护烟区烟农利益，并使其收益相对稳定，从而保护烟农的种植习惯不被破坏。河南省要争取国家局适当提高烟叶收购价格并对价区进行调整，全省调为二价区，浓香型烟叶典型代表豫中烟区可以调整为一价区，保证合理的粮烟比价。通过各种手段，缩小种烟收入与外出打工收入之间的差距，稳定豫中、豫西和豫西南等主产区的种植面积。

9.7　建立和完善烟叶生产扶持政策

在现有体制下，要和卷烟工业企业一道积极制定“工业反哺农业、城市支持农村”政策，按照现代农业产业化发展理念，加大烟叶生产投入扶持力度，帮助烟农消化部分生产成本，维持合理的种烟效益。充分调动烟农、烟草行业和地方政府的投入积极性，建立烟叶生产长效投入机制，建立和完善以投入为重点的烟叶生产政策保障体系建设，转变烟叶生产发展方式，不断提高河南浓香型烟叶的保障能力。

9.7.1　建立和完善烟叶生产投入保障机制

主要包括三个方面。一是加强基本烟田保护和基础设施配套。耕地是农业生产最重要的自然资源，烤烟生产也是如此，烟田是烟草行业生存之本。河南省人多地少，人均耕地不足 0.1 公顷，仅 0.07 公顷[197]，加之又是国家的重要农产品生产基地，因此保护基本烟田面积，是保证河南浓香型烤烟生产持续满足工业需求的前提。应加强基本烟田建设，“藏烟于田”，实施“沃土工程”，培肥地力，切实加强烟田水利和生态环境建设，提高灌排能力和抗灾能力，进一步扩大旱涝保收烟田面积，稳定提高持续生产能力。近年来，通过大规模开展生产基础设施配套建设，烟区烟叶生产条件有所改善，提高了烟田综合生产能力。但目前河南省烟草农业的基础总体上还不稳固，与国内先进省份相比，烟叶生产基础设施条件、机械化作业率仍处于较低水平，依然是行业的薄弱环节，仍需继续围绕基本烟田搞好建设统一规划，加大烟田整治、土壤改良和水利建设力度，加强密集式烤房、烟叶基层站等建设，加强先进农业机械尤其是烟叶专用机械的研发与推广，提高机械化作业水平。

二是完善生产补贴投入政策。近年来，在国家局对烟叶生产补贴总量和比例控制下，产区对烟叶生产实行了以烟叶生产物资补贴为主的多项补贴政策，较好地发挥了政策效应，促进了烟叶生产的平稳发展。但也存在扶持导向不明确、政策随意性和变化大等问题。要实现烟叶生产的稳定发展，必须按照现代烟草农业的发展理念，在土地流转、专业化扶持、农机购置、密集式烤房建设等方面实施重点补贴。同时，要统筹兼顾，将社会化服务补贴、职业烟农补贴、部分产区土地整理补贴等一并纳入补贴政策覆盖范围，形成有利于规模化种植发展和烟叶生产方式转变的良好政策氛围。根据烟区实际，因地制宜、突出重点，坚持有所为有所不为，努力提高烟叶生产投入效率。积极探索政策投入机制，最终形成补贴目标清晰、烟农直接受益、补贴形式灵活、操作简便有效的补贴机制。

三是依靠科技进步和劳动者素质提高。坚持走以质取胜、内涵式发展的道路，加大科技投入，要建立和完善烟草科研创新和技术推广体系，支持科研院所、高等院校、烟草企业发挥各自优势，整合科技资源，加强科技研发、技术集成和自主创新，对于制约河南省烟叶生产的关键技术，实施联合攻关、重点突破，为烟叶生产提供持续动力。加速科研成果向现实生产力的转化，提高新技术、新专利、新产品的转化率和利用率。采取多种形式的教育培训，实现知识更新，努力提高烟叶从业人员和烟农的整体素质，为河南省烟叶生产稳定发展提供强有力的人才保障，尤其是建立健全基层烟叶从业人员的激励、约束机制，充分发挥他们的主观能动性。

9.7.2 建立和完善支持烟叶生产的融资制度

目前，烟农借贷主要分两种，满足其为种植烟叶而需要的生产性借贷和为满足生活而需要的消费性借贷。购买化肥、农药等烟用物资的资金需求主要依靠信用社的农户贷款解决，农民的消费性借贷主要依靠民间借贷解决。由于金融部门管理体制的特殊性，服务相对滞后，项目比较单一，提供的金融服务与农民对金融的需求相比还有很大差距。因此，需要国家及各级地方政府的政策性金融支持，如允许农业发展银行开办烟叶生产综合开发贷款、烟叶生产贷款、农村烟水配套工程基础设施建设贷款等业务。为了更好地引导土地向种烟大户（家庭农场）集中，实现规模化、集约化和专业化生产，进一步发挥信贷的杠杆作用，应向烟农提供更加优惠的低息甚至无息贷款。现在，当务之急是先建立烟农小额贷款烟草行业贴息制度。河南省烟农交售烟叶烟草公司支付货款主要通过邮政储蓄银行，可以通过邮政储蓄银行实现对烟农的生产性借贷，在与烟农签订产购合同后，凭合同向邮政储蓄银行贷款，每亩 300～500 元，烟草行业贴息，财政支持，用于烟叶生产，时间半年，帮助烟农解决雇工，购置烟用物资所需资金。

9.7.3 改革和完善烟叶收购价格、分级标准体系

目前，我国烟叶收购价格实行的是政府定价，确定烟叶收购价格的重要依据之一是烟粮比价。在我国人多地少情况下，粮食安全是第一位的重要问题，在河南省更是如此。政府定价对市场反应较为迟缓，在烟叶收购实践中，往往因烟叶资源量的丰歉造成以标准变动调整价格。为保护烟农种烟积极性和保持烟叶价格的相对稳定，目前世界上绝大多数国家对烟叶实行保护价格政策，建议建立国家收购价格调节机制，在保护农民受益的基础上，给予烟叶产地公司更大的自主权，将收购价格调整为最低保护价，烟叶保护价格既要考虑到生产成本和各项费用，也要考虑到烟农的实际收益和烟叶与其他经济作物的比较效益。一般而言，烟农从事烟叶生产的平均工作日净收入可以低于当地农民外出务工同一指数的10%左右，同时要略高于烟农从事其他作物生产的同一指数。要根据实际情况，制定不同烟叶等级的价格差异，缩小等级价差，缓和供需结构矛盾，改变死价格活标准的现状。针对河南省烟叶收购价格偏低，争取向国家局申请全省调整为二价区，在适当的时候将豫中、豫西、豫西南等重点烟区调整为一价区。

现行烤烟国家标准为强制性国家标准，适用于国内烟草行业烟叶贸易的各个环节的等级质量交接。在农商环节，现行国标设置等级较多，有42个等级，对烟农要求高，不利于烟农掌握，从每年烟叶收购的实践看“四混”问题（混部位、混颜色、混组、混级）依然没有得到有效解决。而在工商交接环节，由于现行国标分组中部位、颜色划分、分级因素设置无法全面描述烟叶质量特征，不能完全适应烟叶深加工的要求，限制了卷烟工业企业对烟叶资源特殊需求的体现。建议国家局借鉴国外分级标准体系的设计思想和定级方法，尽快完善制订能够全面描述烟叶不同地区质量特征，既能够符合中式卷烟配方需要，又适用于农商交接和工商交接贸易形式的分级体系，解决现行农商交接和工商交接过程中执行标准与客户可用性间的矛盾。

9.7.4 建立和完善烟叶生产风险分摊机制

烤烟生产不仅存在市场风险，而且存在政策风险和自然风险。由于国家局实行严格的“双控”措施，通过全面推行计划种植、合同收购，种烟的市场风险和政策风险变小，种烟的风险主要是自然灾害风险。烤烟生长季节正是气候条件多变的季节，而烟叶生产以收获叶片为目的，易受灾害性天气（如干旱、

冰雹、洪涝、大风等）和病虫害的影响，烟叶种植风险始终存在而且不可避免。目前，烟叶种植保险问题尚未从机制上得到解决，产区投保形式多种多样，理赔程序复杂、难度大、效果差，农民参保积极性不高。为稳定烟叶生产发展，需要建立和完善烟叶生产风险分摊机制。主要从以下三个方面入手：一是建立救助式风险防范基金。按照当年种植面积或收购产值或销售产值的一定比例提取，风险防范基金可以以省为单位存入专门账户进行管理，按照基本保障标准进行补贴，主要用于重大灾害损失的救助。二是积极争取将烟叶种植保险纳入政策性农业保险。2007 年 9 月河南省出台了《河南省政策性农业保险试点方案》，选定洛阳、三门峡两市开展烟叶保险工作，由中华财险河南分公司独家承办试点工作，从 2008 年两地实施的情况看，还存在政府补贴到位难、保费收缴难、灾后理赔难等问题，还需要进一步完善政策措施。三是探索成立专业保险公司。烟草行业成立政策性烟草保险公司，利用行业的宏观政策实行强制性保险，在不增加现有行业补贴负担的基础上，争取解决投保面窄的问题，使烟农投保实现低保费、高保障。通过多种形式，不断扩大烟叶保险种类和保险范围，由目前以产烟县市为主体，逐步过渡到以省为单位乃至全国统一建立风险保障机制，增强烟农信心和稳定烟农队伍。

9.7.5 建立和完善烟叶储备体系

现行的烟叶收购计划是指令性计划，尽管通过与烟农签订产购合同的形式将种植收购计划层层分解落实到农户，但指令性计划的刚性需求和生产波动较大的矛盾愈显突出。烟草部门上级对下级、烟草部门对烟农的要求是控多不控少，全国烟叶多了，哪个产区烟叶多下年烟叶生产将受到严控，产区烟叶少了被视为给全国作贡献；全国烟叶少了，哪个烟叶产区多受到表彰，产区烟叶完不成计划将核减下年生产计划。在总量控制的前提下，省内各产区的多与少也存在类似的情况。由于烟叶种植面积为指导性面积，烟叶多了，以提高单位面积产量瞒报种植面积，烟叶少了，虚报种植面积要保持本产区的地位。由于烟叶生产易受气候、政策、烟粮比价变化等多种因素的影响，烟叶丰产时，由于烟草公司只能严格按计划收购，不能把多产的烟叶收购下来，造成烟农丰产不丰收，工业急需的部分等级烟叶被留在行业外；烟叶歉产时，烟草公司无法足量收购，烟叶质量下降，烟农收益受到损失，工业企业烟叶计划执行不足。

从实际看，不管是全国，还是那个省那个市年度内刚好完成收购计划的年份很少，烟叶生产始终面临着控与稳、多与少问题，在这种情况下需要一定的超产储备计划平衡歉产年份或歉产地区的影响，把烟叶的丰歉控制在合理的范围之内，使得建立和完善烟叶储备体系显得尤为重要。建立储备体系是国家对烟叶市场进行宏观调控的有力手段，是发挥以丰补歉作用，防止烟叶生产大起大落，支持卷烟骨干品牌生产的重要保障。我国2001年之前曾设有国家烟叶储备机制，但1996年、1997年烟叶严重超种超收，国家储备烟叶在一段时期内成为资金包袱和保存拖累，自2002年起，国家烟叶储备计划被取消。烟叶储备制度的建立是一项长期而艰巨的任务，其进程取决于烟叶市场的发展状况和烟叶流通体制改革的进展程度。在烟叶总量供给适度偏紧的情况下，产区烟叶不愁卖，提高烟叶质量的紧迫性和积极性不高。只有烟叶供给总量略大于总需求量，工业才有选择调整的余地，商业才有提高质量的压力。这就要求在流通环节微有节余，这也要求启用国家烟叶储备机制进行年际之间的缓冲调整。

9.8 本章小结

本章在前文理论分析与实证研究结论的基础上，针对河南省烤烟生产供求矛盾，生产波动周期及影响因素，区位移动及生产布局现状，比较效益和生产效率不高，烟农的种植意愿影响因素等烤烟生产稳定发展的关键问题，在分析影响因素作用机制的基础上，提出了加快河南省烤烟种植向优势产区转移和调整种植结构；提高烟农种植烤烟的比较效益，促进烟区农民增收；大力推进现代烟草农业建设；创新烤烟生产组织管理模式；完善河南省烤烟生产的科技支撑体系；农工商研牵手，加快品牌导向性基地单元建设；建立和完善烟叶生产扶持政策等一系列对策建议。在针对河南省烤烟生产稳定发展提出建议的同时，对实现我国烟叶生产稳定发展有一定程度的涉及。

10 结论与展望

10.1 主要结论

通过对已有烤烟生产稳定发展的相关文献进行梳理和分析发现，虽然国内外有学者都对其进行过研究，但是这些研究大都停留在描述性、经验性的层次上，未能从实证研究的层面建立起模型以系统的测度和比较，而仅仅是统计数据的对比分析。从个别角度谈论单个问题，尚缺乏全面、系统的分析。为此，本文以河南省为例对烤烟生产稳定性问题进行了系统、深入的探讨，试图修补国内外在烟叶生产稳定发展研究中所存在的宏、微观研究裂痕。

本文基于经济学相关理论，在总结已有研究成果，吸取其中有益的理论分析和论证方法的基础上，针对河南省烤烟生产发展实际，以理论分析与实证分析相结合，定量分析与定性分析相结合等分析方法，系统深入地分析了影响河南省烤烟生产稳定发展的障碍性因素，揭示了相关因素对烤烟生产发展影响效应及存在问题，为河南省烤烟生产稳定发展提供思路和对策。本文的主要结论如下：

1. 分析了我国及河南省烤烟供给与需求状况

结果表明，烟叶作为一种自然属性与经济属性相互交织的农产品，生产受自然、经济、社会、政府管制等多种因素影响，需求弹性与供给弹性差别很大，供给的调整总是相对滞后于需求的变化，烟叶生产的周期性波动和烟叶市场的供需失衡难以完全避免，尤其是烤烟收购的完全买方政府垄断和烟农自由种植之间的矛盾越来越突出。河南省烤烟生产和全国烤烟生产一样，每年都面临着“稳与控”、“多与少”的压力，国家局中式卷烟的提出以及我国加入《烟草控制框架公约》对减害降焦的新要求，给河南省烤烟发展带来了机遇。河南省烤烟生产应把有限的烤烟种植计划用足、做实，稳定种植面积，在保持河南烤烟浓香型风格特色的基础上，提高单位面积产量，避免产量出现大的波动，并根据市场需求状况，不断向国家局争取种植收购计划，力争规模稳定在17.5万～20万吨，占我国烤烟市场份额稳定在8%以上，提高特色优质烟叶的保障能力。

2. 对河南省烤烟生产波动进行了实证分析

结果表明，在1988年之前河南省和全国烤烟生产波动基本一致，大部分年份占全国总量在20%以上，年收购量均在35万吨以上，1988年之后河南烤烟生产总体呈下降趋势。建立烟草专卖体制后的1983—1992年是豫中烟区发展最好的时期，占全省总量一直保持在30%以上，之后逐渐被豫西烟区代替。HP滤波法测定烤烟生产波动表明，河南省烤烟产量以1986年为分界点明显分为上升和下降2个大阶段，2005年后又开始缓慢平滑向上；根据周期波动理论，可以将河南省1950—2009年烤烟生产波动划分为12个阶段，波动的平均年距为4.75年，烟草管理体制的建立并没有抑制烤烟生产稳定性差的状况。进一步分析显示，种植面积2003—2009年呈缓慢平滑向下，而单产1999—2009年呈较快平滑上升，种植面积进一步恢复的难度较大。影响河南省烤烟产量波动最主要的因素是种植面积、物质投入（正效应），其次是自然灾害（负效应），其他因素影响较小。

3. 对河南烤烟区位移动及生产布局调整进行了分析

结果表明，不管是与其他产烟省份相比，还是在省内与其他竞争作物相比，河南烤烟生产都具有较强的综合比较优势，但从近十年的发展趋势看比较优势正在不断丧失，从整体看，河南省烤烟生产的比较优势有待加强。河南烤烟生产的效率比较优势不明显，较高的综合比较优势主要靠规模优势来维持，发挥河南烤烟生产综合比较优势必须依靠省内烤烟生产布局调整和提高效率比较优势。河南省烤烟生产优势具有显著的地域差异，生产的优势区主要分布在豫西烟区的三门峡、洛阳和济源，豫中烟区的平顶山、许昌和漯河以及豫西南烟区的南阳；豫中、豫东烟区效率比较优势高于规模比较优势，而豫西、豫西南烟区则相反，规模比较优势高的地区要以提高土地生产率为主，而效率比较优势高的地区要以提高烟叶质量为主。从烤烟产区移动的状况看，生产重点区域呈现由平原向丘陵山区、东部向中西部、经济发达地区向经济欠发达地区转移的趋势。

4. 对河南省烤烟生产比较效益与生产效率进行了分析

结果表明，河南烤烟单位面积产量、出售价格、生产成本较低，净利润、现金收益、成本利润率较高；河南省平原烟区单产较高、生产成本较低、净利润较高，而部分丘陵烟区具有价格优势，加上适度补贴和较高单产，净利润也较高，如果丘陵山区单产过低，即便有价格优势和较高补贴，净利润仍较低。烤烟单作或小麦/烤烟与其他作物复种方式相比，总成本、产值、现金成本、现金收益高，但净利润、成本利润率低，主要原因是河南烤烟生产以家庭劳动力为主进行生产，用工数量多，家庭劳动日工价被明显低估。对河南省烤烟生产效率分析可知，与全国其他主要产烟省份相比，目前河南省烤烟生产的综合技术效率、技术效率与规模效率均处于无效率状态，生产还处于规模报酬递增阶段。基于 Malmquist 指数的生产效率分析表明，1983 年以来，河南省烤烟生产的全要素生产率 TFP、技术进步、综合技术效率、纯技术效率与规模效率变化都呈现明显的下降趋势，且年际间波动较大，主要是受技术进步缓慢和规模效率不高的影响。

5. 分析了河南省烟农烤烟种植意愿和影响因素

结果表明，烟区多数烟农年龄在 50 岁左右，文化程度以初中文化为主，烤烟生产仍然是以“小农生产、分散种植、粗放经营”为主的传统农业生产方式，户均种植规模主要集中在 0.27～0.67 公顷，烟农在长期的实践中对种植技术比较熟悉，烤烟种植收入比较稳定。烤烟种植劳动用工多强度大、比较效益不高、病虫害多和机会成本高是阻碍烟农种烟的主要原因，影响烟农种烟积极性主要是由于管理问题而不是技术本身。烟农对病虫害防治技术和测土配方施肥技术需求迫切，希望得到生产资料补贴；烟农希望烟草部门加大生产投入，继续做好技术指导和服务。ISM 模型分析表明，影响烤烟生产稳定发展的因素链中，直接因素是种植技术、烟农种植意愿、种烟收入、管理服务等因素；基础因素是烟农文化程度和烟田轮作制度。对烟农种植意愿影响因素的实证分析表明，烟农年龄、所处地貌、种烟劳动力人数、种烟烟龄、种烟收入占全部收入的比例、是否进行轮作、对烟草公司技术服务满意度、参加烟叶种植保险意愿、烟叶收购站的服务等因素都会对烟农种烟的意愿和积极性产生正的影响，烟田基础设施和密集烤房等基础设施建设虽然不能起到激励作用，但作为保证因素在稳定烟农种烟积极性方面不可或缺。

6. 对河南省烤烟生产的外部政策环境和要素投入进行了分析

结果表明，种烟比较效益下降，市场需求萎缩和国家局政策取向加剧了“北烟南移”步伐。烤烟种植面积和单产是影响河南省烤烟生产变化相对活跃的因素，城镇化对烤烟生产有一定程度的负向影响，工业化对带动烤烟生产发展有待进一步加强，烤烟生产支持政策还需要进一步强化。农村土地经营制度是导致烤烟“小而散”种植方式的根本原因，2004 年以来中央的农业新政为烤烟生产稳定发展带来了机遇与挑战。与其他种烟省份相比，河南省烤烟生产要保持资金生产率较高的前提下，不断提高土地生产率和劳动生产率；与其他烤烟竞争作物相比，烤烟生产单位面积产值的提高主要靠价格上涨实现，1983 年以来烤烟生产土地、资金生产率增长幅度和劳动生产率下降幅度远不及其他竞争作物。河南烤烟生产还缺乏关键技术支撑，尤其是缺乏优质、适产、抗逆性好的当家品种和先进的生产工具，稳控矛盾仍然困扰河南烤烟生产发展。

7. 提出了实现河南省烤烟生产稳定发展的对策建议

在前文理论分析与实证研究结论的基础上，针对河南省烤烟生产现状，在分析影响因素作用机制的基础上，提出了农工商研牵手，加快品牌导向性基地单元建设；大力推进现代烟草农业建设；创新烤烟生产组织管理模式；加快河南省烤烟种植向优势产区转移和调整种植结构；完善河南省烤烟生产科技支撑体系；提高农民种植烤烟的比较效益，促进烟区农民增收；建立和完善烟叶生产扶持政策等一系列对策建议。

10.2 研究展望

论文对河南省烤烟生产发展稳定性问题进行了较为全面、深入的研究，但限于篇幅，对有些涉及的问题未能进一步展开分析。作者认为以下三个问题尚需在未来的研究中继续深入探讨。

1. 关于烟叶管制改革趋势研究

我国烟草专卖制度建立以来，对烟草产业的发展起到了积极的促进作用。但在其实施的二十多年间，中国经济体制发生了深刻的变化，正在由计划经济体制逐步向社会主义市场经济体制转型。大宗农产品，诸如粮食、棉花等都已经实现了市场、价格和经营的放开，基本实现了市场调节，而烟草因计划配置、纵向管理、专卖专营和行政调控的行业特点，烟叶体制市场化改革的步伐明显滞后。在此背景下，计划经济体制色彩的烟草专卖制度与产业链上游烟农种植市场导向不和谐因素越来越明显。同时，近年来世界各国纷纷摈弃烟草专卖制度的背景也对我国的烟草专卖制度造成了冲击。如何在坚持烟草专卖制度的同时又能保持上游市场的稳定，也就成为烤烟生产稳定发展迫切需要解决的重大理论和现实问题。

2. 关于烟农增收机制研究

烤烟生产稳定发展依赖于烟农的持续增收，没有烟农种烟收入的持续增加，烤烟生产稳定发展的目标难于实现。在目前体制下，尤其是粮食等大宗农产品价格的放开，而烟叶收购价格的确定主要参考粮烟比价，价格滞后问题严重，同时国家出于粮食安全的需要，粮食单位面积产量提高的较快，而烤烟产量和质量矛盾突出，单位面积产量处于下降并稳定阶段，因此，烟农增收的核心是提高收购价格和降低种烟成本。收购价格直接影响烟农收益和农民种烟积极性，而现行收购价格和等级标准挂钩、全国只有一个分级标准同时又分设不同的价区，不利于体现优质优价。烟叶生产的外部环境，市场化背景下区域农业结构调整与农业劳动力流动对烟叶生产产生不利影响。需要分析烟叶收购价格对烟农收益的影响，建立种烟与种粮之间、种烟与种植替代经济作物之间的合理比价关系；分析研究烟叶收购价格与生产投入补贴关系；研究建立烤烟各价区、各等级之间合理的差比价关系。借鉴国际经验和做法，研究建立科学的烟叶收购价格和补贴形成机制，合理调节烟农、烟草公司、政府等各方面的利益关系，实现烟草“三农”协调发展。

3. 关于烟叶生产组织管理模式创新

由于河南省烤烟生产效率较低，单位面积产量提高的空间有限，烟叶收购价格受到政府管制，提高种烟收益依赖于生产成本的降低。目前烤烟生产和其他农业生产一样仍以家庭经营为基本单位，要解决烟草小农户与大市场之间的矛盾，必须对现有一家一户分散种植的烟叶生产组织管理方式进行创新，不断降低生产成本（主要是人工成本）。需要分析当前烟叶生产组织化经营的运行机制，阐述不同模式，包括小户经营、大户经营（含家庭农场）和专业合作社经营模式，对烟农行为、种烟效益、烟叶供给以及烟区农村经济发展的影响，弄清不同模式存在与发展的内在规律、适宜条件、存在问题及其在烟叶生产经营过程中的作用，最终阐明与不同经营模式、经营规模相适应的制度与机制的设计与安排，形成专业化、标准化、安全化、规模化、便捷化的现代烟叶生产服务体系，构建现代烟叶生产保障体系，建立专业化、高素质的烟叶种植生产、经营管理、技术服务队伍。通过不断实践和逐步完善，摸索出适合不同烟叶产区、有各自特色的、一整套现代烟草农业烟叶生产管理模式。

此外，由于河南省烤烟生产处于不断的发展过程中，在不同的发展阶段，其稳定发展影响因素等也会有所不同，本文仅研究了近年来的情况，而随着烟草行业改革与发展的不断深入，新情况、新问题会不断出现，比如国家局提出实现“三化”推动原料保障上水平（原料供应基地化、烟叶品质特色化、生产方式现代化），对此涉及的基地单元运行机制、现代烟草农业评价体系等新问题，需要与时俱进地进一步跟踪研究。

参 考 文 献

[1] 陈勇．烟草产业规制——基于需求面的分析框架［J］．财经问题研究，2006（12）：21-28.

[2] 吕忠信．世界烟草经济［M］．合肥：中国科学技术大学出版社，2002：123-124.

[3] World Bank. Curbing the epidemic：governments and the economics of tobacco control Washington，DC：The World Bank，1999.

[4] 李保江，衡丙权．2008年世界烟草发展报告［N］．东方烟草报，2009-03-18.

[5] 国家局经济研究所政策研究室．2004，世界烟草发展回望［J］．中国烟草，2005(10).

[6] 李保江，衡丙权．2008年世界烟草发展报告［N］．东方烟草报，2009-03-18.

[7] 国家烟草专卖局经济运行司．烟草行业2008年12月份经济运行通报，2009，1.

[8] 国家烟草专卖局局长姜成康．2009年全国烟草工作会议报告，2008-01-16.

[9] 龚砚庆．品牌撬动豫烟新崛起［N］．来源：河南省日报，2009-09-29.

[10] 河南省人民政府关于表彰全省烟草工商系统的通报（豫政［2010］14号）［Z］．2010-01-29.

[11] 国家烟草专卖局局长姜成康．2002年全国烟叶生产收购工作座谈会上的讲话，2002-03-16.

[12] 国家烟草专卖局局长姜成康．2005年全国烟草工作会议上的讲话，2005-01-18.

[13] 陈江华，黄晓东，黄雪琴．2006年全球烟叶形势纵览与思考［J］．中国烟草，2007(3)：62-64.

[14] 刘国顺，刘建利．中国烟叶生产实用技术指南［M］．北京：中国烟叶公司，2009，14-15.

[15] 吕忠信．中国烟草2002年发展报告［R］．国家烟草局经济研究所，2003（30）：4-5.

[16] 付双双．“两烟”：历经坎坷谱写华章［J］．中国烟草，2008（S）：2008-12-18.

[17] 中国烟叶公司．市场化条件下的烟叶政策研究［M］．北京：中国农业科学技术出版社，2006，1-2.

[18] 张勇，池宏，王建军．我国烟叶收购价格问题研究［J］．中国管理科学，2007，15(5)：94-100.

[19] 国家烟草专卖局关于印发《中国烟叶生产可持续发展规划纲要（2006—2010）》的通知（国烟办［2006］116号）［Z］．2006-02-10.

[20] 周义和．烟叶之当务之急［J］．中国烟草，2003（19）：52-53.

[21] 张建丽．进军“十多个重点骨干企业”［N］．东方烟草报，2006-12-01.

[22] 国家烟草专卖局关于印发烟叶资源配置改革方案的通知（国烟计［2008］507号）［Z］.2008-10-06.

[23] 王益松.中国农业波动周期与预警分析［J］.农业经济问题，2004（1）：38-42.

[24] 中共中央　国务院关于2009年促进农业稳定发展农民持续增收的若干意见[EB/OL]. http：//news. xinhuanet. com/newscenter/2009-02/01/content _ 10746024. htm.

[25] 张苏平.粮食安全评估指标与方法研究综述［J］.经济研究参考.2007（13）：44-51.

[26] 中国21世纪议程编制领导小组.中国21世纪议程——中国21世纪人口、环境与发展白皮书［M］.北京：中国环境科学出版社，1994，64.

[27] 朱泽.中国粮食安全状况的实证研究［J］.调研世界，1997（3）：22-27.

[28] 李道亮，傅泽田.我国可持续食物安全的实证研究［J］.中国农业大学学报，2000，5（4）：11-14.

[29] 雷玉桃，谢建春，王雅鹏.退耕还林与粮食安全协调机制浅析［J］.农业现代化研究，2003，24（3）：222-224.

[30] 吴志华，胡学君.中国粮食安全研究述评［J］.江海学刊.2003（3）：69-73.

[31] 闻海燕.粮食购销市场化与主销区粮食安全体系的构建［J］.粮食问题研究.2003（2）：16-18.

[32] 钟甫宁，朱晶，曹宝明.粮食市场的改革与全球化：中国粮食安全的另一种选择［M］.北京：农业出版社，2004，11.

[33] 曾宏.粮食安全的本质内涵与研究框架［J］.税务与经济，2006（2）：89-91.

[34] 钟甫宁，朱晶，曹宝明.粮食市场的改革与全球化：中国粮食安全的另一种选择［M］.北京：农业出版社，2004，11.

[35] 陈萌山.对稳定发展粮食生产的几点思考［J］.农业经济问题，2006（7）：21-25.

[36] 尹成杰.关于提高粮食综合生产能力的思考［J］.农业经济问题，2005（1）：5-10.

[37] 葛结根.粮食安全：一个基于持续、稳定发展的经济学分析框架［J］.农业经济问题，2004（4）：4-8.

[38] GB 15091-95，中华人民共和国国家标准食品工业基本术语［S］.

[39] 朱尊权.烟叶的可用性与卷烟的安全性［J］.烟草科技，2000（8）：3-6.

[40] 闫克玉，赵献章.烟叶分级［M］.北京：中国农业出版社，2003，25.

[41] 苏新宏，张冬平.津巴布韦烟叶发展的经验及启示［J］.生产力研究，2010（1）：187-189.

[42] 苏新宏.技术创新与烟叶可持续发展［J］.中国农学通报，2008，24（5）：519-522.

[43] 王歆，王现军.中国烟叶控量备忘录［J］.中国烟草，2003（10）.

[44] 汪世贵.总量控制：烟叶生产平稳发展的基础［J］.中国烟草，2002（18）：58-59，56.

[45] 林智艺."稳、控"结合　坚持协调发展［J］.中国烟草，2009（4）.

[46] 詹伟华，段宁东.原料保障体系建设在中式卷烟可持续发展中的作用［J］.烟草科

学研究，2004（2）：41-46.

[47] 张建平．上烟烟叶原料保障体系建设的实践、探索与思考［C］．中国烟草学会 2008 年学术年会论文集．

[48] 许海建．“中华”：原料保障不优不休［J］．中国烟草，2007（3）：62-64.

[49] 何结望，蔡冰，毕庆文．重点骨干品牌原料保障技术探讨［C］．2007 中国烟草自主创新高层论坛文集，2007，10，521-525.

[50] 张方圆．“替代”推动中国烟叶发展进入新时期［J］．中国烟草，2007（5）．

[51] 付双双．你的烟叶啥特色？［J］．中国烟草，2009（17）．

[52] 周冀衡，张建平．构建中式卷烟优质特色烟叶原料保障体系是新形势下中国烟草的战略选择［J］．中国烟草学报 2008，14（1）：42-46，57.

[53] 张虹，苏建东，程多福．中国特色烟叶开发之路［N］．东方烟草报，2006-06-09.

[54] 何泽华．烟叶生产可持续发展的理性思考［J］．中国烟草学报，2005，11（3）：1-4.

[55] 蒋和胜，毛正中，胡德伟．烟叶生产成本及收益的调查与分析［J］．农村经济，2004（6）：46-48.

[56] 凡福善．云南烟农收入影响因素调查［J］．西南金融，2008（10）：44-46.

[57] 赵兴，周尚勇，张玉征，等．烟叶生产与流通体制的国际比较研究［J］．中国烟草科学，2001（3）：1-4.

[58] 潘家华，周尚勇，李鸣，等．美国烤烟生产和品种的选育推广［J］．中国烟草学报 2006，12（5）：59-65.

[59] Brown B. Flue-cured tobacco situation and outlook［M］. North Carolina Cooperative Extension Service，2006.

[60] 云南省烟草科学研究所．津巴布韦烟叶生产［M］．北京：科学出版社，2007：3-8.

[61] 赵兴，周尚勇，张玉征等．烟叶生产与流通体制的国际比较研究［J］．中国烟草科学，2001（3）：1-4.

[62] George Gay. Rocking the boat［J］. Tobacco Reporter，2009（5）：18-19，22，24，26.

[63] Georg Gay. The Perfect Storm-Like other leaf merchants，Premium Tobacco is wrestling with a tight supply of tobacco across the board［J］. Tobacco Reporter，2008（4）：38-42.

[64] 国家局经济研究所政策研究室．2004，世界烟草发展回望［J］．中国烟草，2005（10）．

[65] Brandy Brinson. Helping Hand-Universal Leaf steps up initiatives to help the people of Brazil［J］. Tobacco Reporter，2007（9）：32-36.

[66] 国家局经济研究所政策研究室．2004，世界烟草发展回望［J］．中国烟草，2005（10）．

[67] Coetzee J. S. Good Agricultural Practice (GAP) in tobacco leaf production［C］. 2004 年 CORESTA 会议第 58 届烟草科学研究会议论文集．

[68] 陈江华，黄晓东，黄雪琴.2006年全球烟叶形势纵览与思［J］.中国烟草，2007（3）：62-64.
[69] 张虹，苏建东，程多福.中国特色烟叶开发之路［N］.东方烟草报，2006-06-09.
[70] 国家烟草专卖局关于印发烟叶资源配置改革方案的通知（国烟计［2008］507号）［Z］.2008-10-06.
[71] 保罗·萨缪尔森，威廉·诺德豪斯.经济学［M］.17版.北京：人民邮电出版社，2004，384.
[72] N. Gregory Mankiw，Principles of Economics［M］.The Dryden Press Harcourt Brace College Publishers. 1998，682.
[73] 奥利维尔·琼·布兰查德，斯坦利·费希尔.宏观经济学（高级教程）［M］.北京：经济科学出版社，1998，359.
[74] David Romer. Advanced Macroeconomics［M］.The McGraw-Hill Education，2001，169-170.
[75] 郭庭选，高铁梅.我国经济循环的测定、分析和预测［J］.数量经济技术经济研究，1989（2）：54-58.
[76] George E. P. Box，G wilym M. Jenkins. 时间序列分析预测与控制［M］.北京：中国统计出版社，1999.
[77] Burns，A. F.，and Mitchell，W. C. Measuring Business Cycles［M］. New York：National Bureau of Economic Research，1946.
[78] R. 科斯，A. 阿尔钦，D诺斯，等.财产权利与制度变迁［M］.上海：上海三联书店，2000，11.
[79] 谭砚文.中国棉花生产波动的实证分析［J］.华南农业大学学报，2005，4（1）：1-5.
[80] 李德耀，孙新占，赵起城，等.着力构建生猪生产稳定发展的长效机制［J］.中国国情国力，2008（3）：9-12.
[81] 王益松.中国农业波动周期与预警分析［J］.农业经济问题，2004（1）：38-42.
[82] Michael P Niemira，Philip A Klein. 金融与经济周期预测［M］.北京：中国统计出版社，1998.
[83] 王学真，石雪莲，高峰.山东省粮食生产波动影响因素分析［J］.山东理工大学学报（社会科学版），2006，22（6）：18-22.
[84] 李国祥.建国以来我国粮食生产循环波动分析［J］.中国农村观察，1999（5）：44-51.
[85] 谢云.中国粮食生产对气候资源波动响应的敏感性分析［J］.资源科学，1999（11）：13-17.
[86] 张峭.中国粮食生产波动的因素分析［J］.调研世界，1998（11）：15-19.
[87] 林善浪.粮食波动的原因：是绝对利益还是比较利益［J］.福建论坛，2000（4）：28-30.
[88] 张越杰，王军.吉林省粮食产量波动分析［J］.农业技术经济，2007（3）：74-79.
[89] 谭砚文.中国棉花生产波动的实证分析［J］.华南农业大学学报，2005，4（1）：

1 - 5.

[90] 钟甫宁，胡雪梅．中国棉花生产区域格局及影响因素研究［J］．农业技术经济，2008（1）：4 - 9.

[91] 方福平，王磊，廖西元．中国早稻生产波动及成因分析［J］．中国农村经济，2006（2）：11 - 17，26.

[92] Baxter，M. and R. G. King. Measuring Business Cycles：Approximate Band - Pass Filters for Economics Time Series［J］. Review of Economics and Statistics，1999，81：575 - 593.

[93] Baxter M.，R. G. King. Measuring Business Cycles：Approximate Band - Pass Filters for Economic Time Series［J］. The Review of Economics and Statistics，1999，November，81（4）：575 - 593.

[94] Hodrick，R.，and E. C. Prescott. Post - war U. S. Business Cycles：An Empirical Investigation［J］. Journal of Money，Credit and Banking，1997，29：1 - 16.

[95] Cogley，T.，J. M. Nason. Effects of Hodrick - Prescott Filter on Trend and Difference Stationary Time Series：Implications for Business Cycle Research［J］. Journal of Economic Dynamics and Control，1995（a），19（1 - 2）：253 - 247.

[96] Harvey，A. C. and Jaeger A. Detrending，Stylized Facts and the Business Cycle［J］. Journal of Applies Econometrics，1993，8（3）：231 - 241.

[97] 庄丽娟．比较优势、竞争优势与农业国际竞争力分析框架［J］．农业经济问题，2004（3）：59 - 61.

[98] 姜开宏，陈江龙，陈雯．比较优势理论与区域土地资源配置——以江苏省为例［J］．中国农村经济，2004（12）：16 - 21.

[99] 刘成玉．对特色农业、产业化经营与农业竞争力的理论分析［J］．农业技术经济，2003（4）：1 - 5.

[100] 徐志刚，钟甫宁，傅龙波．中国农产品的国内资源成本及比较优势［J］．农业技术经济，2000（4）：1 - 6.

[101] 于爱芝，裴少峰，李崇光．中国粮食生产的地区比较优势分析［J］．农业技术经济，2001（6）：4 - 9.

[101] 辛良杰，李秀彬，谈明洪．中国区域粮食生产优势度的演变及分析［J］．农业工程学报，2009，25（2）：222 - 227.

[102] 钟甫宁．用国内资源成本测定比较优势的缺陷及其纠正方法［J］．南京农业大学学报（社会科学版），2003，3（2）：25 - 29.

[103] 农业部软科学委员会办公室．粮食安全问题［M］．北京：中国农业出版社，2001，77 - 78.

[103] 胡求光，霍学喜．基于比较优势的水产品贸易结构分析［J］．农业经济问题，2007（12）：20 - 26.

[103] 唐礼智．我国花生国际竞争力的比较分析与提升对策［J］．农业经济问题，2007（12）：70 - 74.

[104] 农业部软科学委员会办公室．粮食安全问题［M］．北京：中国农业出版社，2001，77-78.

[105] 胡求光，霍学喜．基于比较优势的水产品贸易结构分析［J］．农业经济问题，2007（12）：20-26.

[106] 唐礼智．我国花生国际竞争力的比较分析与提升对策［J］．农业经济问题，2007（12）：70-74.

[107] 高帆，吴政．中国地区粮食生产的优势：一个比较分析［J］．当代经济科学，2005（6）：19-25，39.

[108] 王明利，李志军．我国粳稻生产：区域布局变化及粮食安全政策含义［J］．农业经济问题，2005（6）：66-70.

[109] 王学强，贾志宽，李轶冰．河南省主要农作物比较优势分析［J］．西北农林科技大学学报（自然科学版），2007，35（11）：48-52.

[110] 汪晓春．竞争力和竞争优势学说回顾与展望［J］．中国经贸导刊，2004（20）：35-36.

[111] 刘国亮，薛欣欣．比较优势、竞争优势与区域产业竞争力评价——以山东省制造业为例［J］．产业经济研究，2004（3）：35-41.

[112] 朱春奎．产业竞争力的理论研究［J］．生产力研究，2003（6）：18-22.

[113] 陈红儿，陈刚，区域产业竞争力评价模型与案例分析［J］．中国软科学，2002（1）：99-104.

[114] Porter，E.M. 竞争战略［M］．陈小悦译．北京：华夏出版社，1997，32-35.

[115] 金碚．中国工业国际竞争力——理论、方法与实证研究［M］．北京：经济管理出版社，1997，45-70.

[116] 裴长洪，王镭．试论国际竞争力的理论概念与分析方法［J］．中国工业经济，2002（4）：41-45.

[117] 张超．提升产业竞争力的理论与对策探微［J］．宏观经济研究，2002（5）：51-54.

[118] 盛世豪．经济全球化背景下传统产业集群核心竞争力分析——兼论温州区域产业结构的“代际锁定”［J］．中国软科学，2004（9）：114-120.

[119] 迈克尔·波特．竞争战略［M］．陈小悦译．北京：华夏出版社，1997，25-39.

[120] 迈克尔·波特．竞争优势［M］．陈小悦译．北京：华夏出版社，1997，15-25.

[121] 迈克尔·波特．国家竞争优势［M］．李明轩，邱如美译．北京：华夏出版社，2002，65-122.

[122] 段永瑞．数据包络分析——理论和应用［M］．上海：上海科学普及出版社，2006，1-3.

[123] 胡永宏，贺思辉．综合评价方法［M］．北京：科学出版社，2000.

[124] 徐琼．技术效率与前沿面理论评述［J］．财经论丛，2005（12）：29-34.

[125] Koopmans T. C. Activity analysis of production and allocation，Cowles Commission［M］. Wiely，New York，1951，33-97.

[126] Farrell M. J. The measuremnet of production efficiency［M］. Roy. Stat. Soc. Series

A. 1957, 120: 253 - 281.

[127] Charnes A., Cooper W. W. and Rhode E., Measuring the efficiency of decision making units [J]. European Journal of Operational Research. 1978, 2: 429 - 444.

[128] Banker R D, Charnes A and Cooper W W., Some Models for Estimating Technical and Scale Inefficiencies in Data Envelopment Analysis [J]. Management Science, 1984, 30 (9): 107 - 109.

[129] Charnes A, Cooper W W, Golany B, Seiford L and Stutz J., Foundations of Data Envelopment Analysis for Pareto - Koopmans Efficient Empirical Production Functions [J]. Journal of Econometrics, 1985, 30 (1): 91.

[130] Aigner, D. J., Lovell, C. A. K, Schmidt, P. Formulation and estimation of Empirical application function Models[J]. Journal of Econometrics, 1977, 6: 21 - 37.

[131] Aigner, D. J., Lovell, C. A. K, Schmidt, P. Formulation and estimation of Empirical application function Models [J]. Journal of Econometrics, 1977,6: 21 - 37.

[132] W. Meeusen and J. Vanden Broeck, Efficiency Estimation from Cobb - Douglas Production Functions with composed Error [J]. International Economics Review, 1977, 18: 435 - 444.

[133] Battese, G. E. and Coelli, T. J. Fronfier Production Functions, Technical Efficiency and Panel Data: With Application to Paddy Farmers in India [J]. Journal of Productivity Analysis, 1992, 3: 153 - 169.

[134] Shephard R W. Cost and Production Functions [M]. Princeton, New Jersey: Princeton University Press, 1953.

[135] Caves, Douglas W., Christensen, Laurits R. and Diewert, W. Erwin, 1982a, Multilateral comparison of output, input and productivity using superlative index numbers, Economic Journal, 95 (365): 73 - 86.

[136] Caves, Douglas W., Christensen, Laurits R. and Diewert, W. Erwin, 1982b, The economic theory of index numbers and the measurement of input, output and productivity, Econometrics, 50 (6): 1393 - 1414.

[137] Färe, Rolf, Grosskoff, Shawna and Lindgren, Björn and Roos, Pontus, 1992, Productiviity changes in Swedish Pharmacies 1980 - 1989: A Nonparametric Malmquist Approach, Journal of Productivity Analysis, 3 (3): 85 - 101.

[138] Färe, Rolf, Grosskoff, Shawna and Lovell, C. A. 1994, Production Frontiers, Cambridge: Cambridge University Press.

[139] 李新．我国烟叶生产连续 12 年保持平稳发展 [N]．东方烟草报，2009 - 10 - 19.

[140] 国家烟草专卖局关于印发《中国烟叶生产可持续发展规划纲要（2006—2010)》的通知（国烟办 [2006] 116 号）[Z]．2006 - 02 - 10.

[141] 刘国顺，刘建利．中国烟叶生产实用技术指南 [M]．北京：中国烟叶公司，2009，14 - 19.

[142] 张建丽．1997 年烟叶大超产的调整 [J]．中国烟草，2009 (S)，2009 - 09 - 20.

[143] 王现军．粮价变动对烟叶生产影响的历史回顾［J］．中国烟草，2004（1），2004-01-01.
[144] 陈园媛．“补贴”烟叶有规可依［J］．中国烟草，2007（1）.
[145] 财政部国家发展改革委关于规范烟叶生产投入补贴若干问题的意见（财建［2006］710号）［Z］.2006-11-01.
[146] 聂和平，王胜雷．烤烟标准的三次变革［J］．中国烟草，2010（2），2010-01-15.
[147] 中国烟叶公司．市场化条件下的烟叶政策研究［M］．北京：中国农业科学技术出版社，2006，1-2.
[148] 黄祖辉，邵科．农产品买方垄断下的农民专业合作社发展问题——基于竞争尺度视角的分析［EB/OL］.http：//huangzuhuiblog.blog.163.com/blog/static/1211330532009898148428/,2009-09-09.
[149] 王现军，李成贵．市场化条件下烟叶政策选择［J］．中国烟草学报，2005，11（5）：3-8.
[150] 国家烟草专卖局关于印发《烟叶调拨价格管理办法》的通知（国烟法［1996］3号）［Z］，1996-02-12.
[151] 国家烟草专卖局关于印发《中国卷烟科技发展纲要》的通知（国烟科［2003］630号）［Z］，2003-11-10.
[152] 周冀衡，张建平．构建中式卷烟优质特色烟叶原料保障体系是新形势下中国烟草的战略选择［J］．中国烟草学报2008，14（1）：42-46，57.
[153] 黄雪琴．浓香型烟叶开发“在路上”［J］．中国烟草，2009（13），2009-07-01.
[154] 姜成康．全面推进“卷烟上水平”努力保持行业持续健康发展——在2010年全国烟草工作会议上的报告［EB/OL］.http：//www.echinatobacco.com/101542/101574/101724/102529/102530/49400.html，2010-01-19.
[155] 宋先锋，李勇敢．朱尊权总是不停地解决问题［J］．创新科技，2007（1）：25-27.
[156] 姜成康．全面推进“卷烟上水平”努力保持行业持续健康发展——在2010年全国烟草工作会议上的报告［EB/OL］.http：//www.echinatobacco.com/101542/101574/101724/102529/102530/49400.html，2010-01-19.
[157] 王益松．中国农业波动周期与预警分析［J］．农业经济问题，2004（1）：38-42.
[158] 方福平，王磊，廖西元．中国早稻生产波动及成因分析［J］．中国农村经济，2006（2）：11-17，26.
[159]《中国烟草通志》编纂委员会．中国烟草通志［M］．北京：中华书局出版，2006.
[160] 王学真，石雪莲，高峰．山东省粮食生产波动影响因素分析［J］．山东理工大学学报（社会科学版），2006，22（6）：18-22.
[161] 苏新宏，蔡宪杰，张冬平．我国烤烟生产科技进步贡献率的测算与分析［J］．中国烟草学报，2010，16（3）：67-71.
[162] 周冀衡，张建平．构建中式卷烟优质特色烟叶原料保障体系是新形势下中国烟草的战略选择［J］．中国烟草学报2008，14（1）：42-46，57.
[163] 李建林，陈瑜琦，江清霞，等．中国耕地破碎化的原因及其对策研究［J］．农业经

济问题，2006（6）：21-23.

[164] 辛良杰，李秀彬，谈明洪．中国区域粮食生产优势度的演变及分析［J］．农业工程学报，2009，25（2）：222-227.

[165] 人民网-河南视窗．河南外出务工人员队伍呈现出四大特点［EB/OL］．http：//henan. sina. com. cn/news/2010-02-23/160916002. html，2010-02-23.

[166] 郑州日报．河南省劳务输出人数已达1900万 已赚回1000亿［EB/OL］．http：//www. henan. gov. cn/jrhn/system/2007/10/24/010045949. shtml，2007-10-24.

[167] 刘国顺，刘建利．中国烟叶生产实用技术指南［M］．北京：中国烟叶公司，2008，14-15.

[168] 姜成康在全国烟草专卖局长公司总经理座谈会上的讲话（摘登）［EB/OL］. http：//www. eastobacco. com/ReadNews. asp? NewsID=57292，2007-07-18.

[169] 刘国顺，刘建利．中国烟叶生产实用技术指南［M］．北京：中国烟叶公司，2008，14-15.

[170] 郭言平．书写现代烟草农业新篇章［EB/OL］．http：//www. echinatobacco. com/101588/101728/101752/21952. html，2008-12-01.

[171] 苏新宏．推进现代烟草农业建设　保持烟叶生产健康发展［J］．农业科技管理，2009，28（2）：64-67.

[172] 汪应洛．系统工程［M］. 3版．北京：机械工业出版社，2003.

[173] 白思俊，郭云涛，陈玥希，等．系统工程［M］．北京：电子工业出版社，2006，7.

[174] 张广平．解释结构模型法（ISM）在科研技术装备管理职能作用分析中的应用[J]．科研管理，2000，3（21）：68-74.

[175]《中国烟草通志》编纂委员会．中国烟草通志［M］．北京：中华书局出版，2006.

[176] 罗万纯，陈永福．中国粮食生产区域格局及影响因素研究［J］．农业技术经济，2005（6）：58-64.

[177] 李裕瑞，刘彦随，龙花楼．江苏省粮食生产时空变化的影响机制地理科学进展[J]．地理科学进展，2009，28（1）：125-131.

[178] 钟甫宁，刘顺飞．中国水稻生产布局变动分析［J］．中国农村经济，2007（9）：39-44.

[179] 方福平．宏观政策对我国水稻生产发展的影响分析［J］．农业经济问题，2004（9）：11-15.

[180] 河南省统计局，国家统计局河南调查总队．河南省统计年鉴（2008）［M］．北京：中国统计出版社，2008.

[181] 何大昭．粮食棉花流通体制改革比较及其对烟叶流通的启示［J］．中国烟草学报，2000，6（4）：39-42.

[182] 人民网-河南视窗．河南外出务工人员队伍呈现出四大特点［EB/OL］．http：//henan. sina. com. cn/news/2010-02-23/160916002. html，2010-02-23.

[183] 苏新宏，郭三党，蔡宪杰，等．现代烟草农业背景下烟农的意愿和行为特征——基于豫中烟区1920户烟农问卷调查分析［J］．中国烟草学报，2010，16（1）：76-

80，84.

[184] 苏新宏．推进现代烟草农业建设　保持烟叶生产健康发展［J］．农业科技管理，2009，28（2）：64-67.

[185] 胡久生，邱波．推进现代农业建设的基本思路［J］．宏观经济管理，2006（7）：35-37，43.

[186] 颉虎平，张建平．烟叶资源配置改革：大品牌发展的"呼唤"［J］．中国烟草，2009（17）．http：//news. cnfol. com/090108/101，1606，5313031，00. shtml，2009-09-01.

[187] 中国烟叶公司关于印发现代烟草农业基地单元建设工作规范（试行）的通知（中烟叶生［2010］2号）［Z］，2010-01-28.

[188] 程永照．论"卷烟上水平"的重要意义［EB/OL］．http：//www. tobaccochina. com/news/analysis/wu/20104/2010331145350_402646. shtml，2010-04-01.

[189] 张冬平．现代农业的层次递进性分析［J］．农业现代化研究，2008，29（3）：272-275.

[190] 汪艳，徐勇．试论农业产业化的理论基础［J］．农业经济问题，1996，17（12）：13-17.

[191] 张同佑. 立足基本国情，完善"集约"体系　促进社会主义建设事业又好又快发展[EB/OL]. http：//www. lrn. cn/zjtg/societyDiscussion/200712/t20071219_180261. htm，2007-12-19.

[192] 刘斌，张兆刚，霍功．中国三农问题报告[M]. 北京：中国发展出版社[EB/OL]．http：//business. sohu. com/20040711/n220949925. shtm，2004-04-01.

[193] 王津军．关于创新现代烟草农业烟叶生产组织管理模式的思考［EB/OL］．http：//www. tobaccochina. com/tobaccoleaf/roundup/management/200811/2008111392053_332057. shtml，2008-11-18.

[194] 李炳坤．加快构筑现代农业产业体系［J］．农业经济问题，2007（12）：4-8.

[195] 河南省统计局，国家统计局河南调查总队．河南省统计年鉴（2008）［M］．北京：中国统计出版社，2008.

[196] 苏新宏．技术创新与烟叶可持续发展［J］．中国农学通报，2008，24（5）：519-522.

[197] 河南省统计局，国家统计局河南调查总队．河南省统计年鉴（2008）［M］．北京：中国统计出版社，2008.

后　记

本书是我在河南农业大学经济与管理学院攻读博士学位的学位论文的基础上完成的。在这里，要特别感谢我的导师——郑州市政协副主席、河南农业大学国际教育学院院长、农业政策与农村发展研究中心主任张冬平教授，张老师在工作十分繁忙的情况下，对我的论文研究倾注了大量的心血，常常令我茅塞顿开。从论文选题，方向确定，技术路线和研究思路上的指导，到论文的完成，都凝聚了导师大量的心血。在重返母校的学习生涯中，导师在生活中关心、学习中谆谆教诲，给予我求学的动力和完成学业的信心，使我受益终身。导师渊博的专业知识、严谨的治学态度、不倦的敬业精神，将不断地激励我奋发向上，值此书稿出版之际，谨向导师致以诚挚的感谢和崇高的敬意！

感谢河南省烟草专卖局（公司）为研究提供资助；感谢河南省烟草专卖局（公司）领导、烟叶管理处领导、科技处领导对我的关心和支持；感谢河南农业大学经济与管理学院吴一平教授、马恒运教授、唐华仓教授、刘旗教授、郭善民副教授、温暖老师、张玉香老师等，他们为我的写作提供了大力支持与无私帮助；感谢河南财经政法大学国际经济贸易学院王洪庆副教授，河南农业大学经济与管理学院冯继红副教授、信息与管理科学学院郭三党老师，三位老师在数据处理和模型建立方面给予了鼎力支持；感谢平顶山市烟草专卖局顾建国博士、河南中烟工业有限责任公司技术中心韦凤杰博士、郑州烟草研究院烟草农业研究室蔡宪杰高级农艺师的指点和帮助，和他们的讨论与交流，加深了我对有关问题的认识和理解；感谢河南农业大学研究生处、经济与管理学院、农学院的所有领导和老师，在我的求学成长道路上，离不开他们的关心、爱护和鞭策。

最后，我要深深感谢我的妻子、儿子和所有家人。家人的关怀、鼓励始终是我战胜困难、勇往直前的力量源泉。爱妻张新景女士，为支持我顺利完成学业，一直默默奉献，无怨无悔，感激之情，难以言表。在论文撰写过程中赶上儿子的降生，他伴随着我撰写论文的全过程，给我带来无限的欢乐。

谨以此书对所有关心和帮助过我的人们表示衷心的感谢！

苏新宏

2011年4月于郑州